佛藏經講義

——第二十一輯

平實導師　述著

ISBN 978-626-96703-1-4

佛法是具體可證的，三乘菩提也都是可以親證的義學，並非不可證的思想、玄學或哲學。而三乘菩提的實證，都要依第八識如來藏的實存及常住不壞性，才能成立；否則二乘無學聖者所證的無餘涅槃即不免成爲斷滅空，而大乘菩薩所證的佛菩提道即成爲不可實證之戲論。如來藏心常住於一切有情五蘊之中，光明顯耀而不曾有絲毫遮隱；但因無明遮障的緣故，所以無法證得；只要親隨眞善知識建立正知正見，並且習得參禪功夫以及努力修集福德以後，親證如來藏而發起實相般若勝妙智慧，是指日可待的事。古來中國禪宗祖師的勝妙智慧，全都藉由參禪證得第八識如來藏而發起；佛世迴心大乘的阿羅漢們能成爲實義菩薩，也都是緣於實證如來藏才能發起實相般若勝妙智慧。如今這種勝妙智慧的實證法門，已經重現於臺灣寶地，有大心的學佛人，當思自身是否願意空來人間一世而學無所成？或應奮起求證而成爲實義菩薩，頓超二乘無學及大乘凡夫之位？然後行所當爲，亦不行於所不當爲，則不唐生一世也。

——平實導師

如聖教所言，成佛之道以親證阿賴耶識心體（如來藏）為因，《華嚴經》亦說**證得阿賴耶識者獲得本覺智**，則可證實：證得阿賴耶識者方是大乘宗門之開悟者，方是大乘佛菩提之眞見道者。經中、論中又說：證得阿賴耶識而轉依**識上所顯真實性**、**如如性**，能安忍而不退失者即是**證真如**，即是大乘賢聖，在二乘法解脫道中至少為初果聖人。由此聖教，當知親證阿賴耶識而確認不疑時即是開悟眞見道也；除此以外，別無大乘宗門之眞見道。若別以他法作為大乘見道者，或堅執**離念靈知**亦是實相心者（堅持意識覺知心離念時亦可作為明心見道者），則成為實相般若之見道內涵有多種，則成為實相有多種，則違**實相絕待**之聖教也！故知宗門之悟唯有一種：親證第八識如來藏而轉依如來藏所顯眞如性，除此別無悟處。此理正眞，放諸往世、後世亦皆準，無人能否定之，則堅持離念靈知意識心是眞心者，其言誠屬妄語也。

——平實導師

目次

自序

《佛藏經》之所以名爲「佛藏」者，所說主旨即以諸佛之寶藏爲要義。諸佛之寶藏即是萬法之本源——如來藏，《楞嚴經》中說之爲「如來藏妙眞如心」，《入楞伽經》卷七〈佛性品〉則說：「大慧！阿梨耶識者名如來藏，而與無明七識共俱，如大海波常不斷絕，身俱生故；離無常過，離於我過，自性清淨。餘七識者心，意、意識等念念不住，是生滅法。」大略解釋其義如下：

【所謂阿梨耶識（通譯阿賴耶識）又名如來藏，含藏著無明種子與七轉識種子，並與所生之無明及七轉識同時同處，和合相共運行而成爲一個五陰有情。七轉識與無明相應而從如來藏中出生，每日運行不斷；意根每天一早促使意識等六心生起之後相續運作，與意識等六心和合似一，看似常住而不斷之心，其實是從如來藏中種子流注才出現的心，就是一般凡夫大師說的「清清楚楚明明白白」的心，早上睡醒再次出生以後，就與處處作主的意根和合運作看似一心。這七識心的種子及其相應的無明種子，每天同時從如來藏中流注出來，猶如大海波一般「常不斷絕」，因爲是與色身共俱而出生的緣故。

如來藏離於無常的過失，是常住法，不曾刹那間斷過；無始而有，盡未來際永無中斷或壞滅之時。如來藏亦離三界我等無常過失，迥無我見我執或我所執；其自性是本來清淨而無染污，無始以來恆自清淨，不與貪等六根本煩惱及其餘隨煩惱相應。其餘七轉識都是心，即是意根、意識與眼等五識，即是面對六塵境界時清楚明白的前六識，以及處處作主的意根；這七識心與無明種子都是念念不住的，因爲是從如來藏中流注這七識心等種子於身中才有的，當色身出生以後，意根同時和合運作，意識等六識也就跟著現行而與色身同在一起，所以是與色身同時出生而存在的。而種子是刹那刹那生滅的，以此緣故說意根與意識等七個心是生滅法。若是證阿羅漢果而入無餘涅槃時，由於我見、我執、我所執的煩惱已經斷除的緣故，這七識心的種子便不再從如來藏流注出來，死時就不會有中陰身，不會再受生，便永遠消滅了，亦因此故是生滅法。】

在三種譯本的《楞伽經》中，都不說此如來藏心是第八識（第八識是通俗的說法），而是將此心與七轉識區分成二類，說如來藏一心是常住的，是出生「**意**」與「**意識等**」六識者，也說是出生色身者，不同於七識等心。所援引的上開經文，亦已明說如來藏「**離無常過，離於我過，自性清淨**」；從如來藏中出生的「**餘七識者心，意、意識等**」，都是「**念念不住，是生滅法**」。這已經很明確將如來藏的主要體性與七轉識的主要體性區分開來：一是能生，一是所生，能生與所生之間互相繫屬；能生者是常住的如來藏心，沒有三界我的無常過失，沒有我見我執等過失，自性是清淨的；所生的七識心，是念念生滅的，也是可滅的，有無常的過失，也有三界我的我見與我執等過失，是不清淨的，也是生滅法。

今此《佛藏經》中所說主旨即是說明此心如來藏的自性，名之爲「**無名相法**」或「**無分別法**」，仍不說之爲第八識，而是從各方面來說明此心；並且希望後世仍有業障而無法實證佛法的四眾弟子們，未來世中都能滅除業障而證得解脫及實相智慧。以此緣故，先從「**諸法實相**」的本質來說明如來藏，兼及實證此心者於實證前必須留意避免的過失，才能有實證的因緣；若墮邪見或誤導眾生，並有犯戒不淨等事者，將成就業障；於其業障未滅之前，縱使未來歷經無量無邊不可思議阿僧祇劫，奉侍供養隨學九十九億諸佛以後，仍無實證之可能。以此緣故，釋迦如來大發悲心，首先於〈諸法實相品〉廣釋實相心如來藏之各種自性，隨即教導學人如何了知惡知識與善知識之區別。善於選擇善知識者，於解脫及諸法實相之求證方有可能，是故以〈念佛品〉、〈念法品〉、〈念僧品〉中的法義教導，令學人以此爲據，得以判知何人爲善知識、何人爲惡知識，從而得以修學正確的佛法，然後得證解脫果及證入諸法實相，發起本來自性清淨涅槃智，久修之後亦得兼及二乘涅槃之實證，再發十無盡願而起惑潤生乃得以入地。

若未愼擇善知識，誤隨惡知識者（惡知識表相上都很像善知識），不免追隨惡知識於無心之中所犯過失，則未來歷經無數阿僧祇劫奉侍九十九億佛之後，於解脫道及實相了義正法仍無順忍之可能，欲求佛法之見道即不可得，遑論入地。以此緣故，世尊隨後又說〈淨戒品〉、〈淨法品〉等法，教導四眾弟子們如何清淨所受戒與所修法。又爲杜絕心疑不信者，隨即演說〈往古品〉，舉出過往無量無邊不可思議阿僧祇劫前 大莊嚴佛座下，苦岸比丘等四人爲惡知識，執著邪見而誤導眾生，成爲不淨說法者；以此緣故與諸眾生相率流轉生死，於人間及三惡道中往復流轉至今，反復經歷阿鼻地獄等尤重純苦及餓鬼、畜生、人間諸苦，終而復始、受苦無量之後，終於來到 釋迦如來座下精進修行，然而竟連順忍亦不可得，求證初果仍遙遙無期；至於求證諸法實相而入大乘見道，則無論矣！思之令人悲憐，設欲助其見道終無可能，對彼諸人助益無門，只能待其未來甚多阿僧祇劫受業滅罪之後始能助之。

如是警覺邪見者之後，世尊繼以〈淨見品〉、〈了戒品〉而作補救，期望以此二品能轉變諸人的邪見，勸勉諸人清淨往昔熏習所得的邪見，並了知清淨戒之所以施設的緣由而能清淨持戒，未來方有實證解脫果與佛菩提果的可能。如是教導之後，於〈囑累品〉中囑累阿難尊者等諸大弟子，當來之世以善方便攝受諸多弟子，得能清淨知見與戒行，滅除往昔所造謗法破戒所成之業障，而後方有實證之世到來。由此可見 世尊大慈大悲之心，藉著舍利弗尊者之因緣，在與舍利弗對答之時演說此實相法等，期望後世遺法弟子得能滅除業障而得證法。普察如今末法時代眾多遺法弟子，精進修行仍難遠離邪見與邪戒，求證解脫果及佛菩提果仍將難能可得，令人不覺悲切不已，是故將此經之講述錄音整理成書，流通天下，欲以利益佛門四眾。

佛子　**平實**　謹誌

於公元二〇一九年　夏初

第二十一輯：

《佛藏經》卷下

〈囑累品〉第十（延續上一輯未完部分）

兩個禪三梯次圓滿了，兩週後還有第三梯次。現在教學組規定我晚上的普說只能講到九點，多了一個鐘頭可以睡覺，因此血壓倒是覺得還好，就是爬樓梯時才知道是累了，因為腿軟了。這回第二梯次禪三時有一位老菩薩來打三，我想他應該比我多二十歲吧？等到小參時一看報名表，他比我年輕一歲（大眾爆笑…），看來我有希望講經講到九十幾歲。待會兒講經時若是講到一半打呵欠，諸位就當作沒看見。因為今天下午開會討論要事，開了會後本來想六點上來上香之後可以瞇個眼吧，可是剛好看到今天發的《正覺電子報》紙本版，翻開來把〈涅槃〉看一下，沒想到讀了幾行以後就被吸引了，覺得內容太棒了！是 如來講得太棒了！所以一讀、二讀就把它讀完了，讀到幾乎忘了上座說法的時間。所以說，《大般若經》的內容還眞的是好，只是我們沒機會講，因爲那要講起來，六百卷要講到何年何月？所以也沒打算講它。

但是它的主要意旨，我們在《瑜伽師地論》跟《成唯識論》中都有講到，等大家在增上班聽完《瑜伽師地論》或《成唯識論》以後，自己再去讀《大般若經》就會懂了。因爲我把其中的主要道理講解了，那三賢位就是非安立諦三品心該怎麼修等詳細內容；然後十地的信忍、順忍、無生忍、寂滅忍，在我寫的《涅槃》書中也有講，這樣也就夠了。所以說，因爲 佛陀講得太好了，我讀到包括自己的解釋時就想：「**我解釋的還算好！**」就讀到忘了時間。才剛讀完一看鬧鐘，哇！已經只剩下四分鐘可以搭衣和上座了，就趕快去洗手。總而言之，佛法眞的太妙了！就怕讀不懂，讀不懂時就會覺得根本無從下手、無從理解，連信受都難。這只是我今天的一點感想，算是跟諸位分享吧！

回到《佛藏經》來，我們上週〈囑累品〉講到八十六頁第二行，啊！開始想打呵欠了。上週最後說：「**如此事者說不可盡，當來沙門弊惡鄙賤，深懷慳貪，深懷瞋恚，**」上週最後講到這裡，今天接著要解說：「**深懷不信，**

三毒熾盛，心行粗獷，難可制御。」

從字面上來講，是說末法時代的破戒比丘們，身心之中懷著不信的心態，也就是說，他們的不信心態不是很輕微的，而且是很嚴重的；如來這樣講，是二千五百年前這樣授記的，衡之於現今的臺灣與大陸的僧人，包括南洋的僧人們都準，全都準哪！除了少數清淨自修的比丘、比丘尼以外，大致上就是這樣；那少數清淨自修的比丘、比丘尼們，還被他們當作異類，因爲不願意跟他們「和光同塵」，是不願和他們隨波逐流。所以說那些破戒比丘們對了義正法還眞的不信受。

你們可以看到，像《般若經》講得這麼妙，釋印順都可以否定說：「那不是如來親口講的，是後代弟子由於對佛陀永恆的懷念而長期創造出來的。」你們看，他是完全不信的。但他怕這樣講會招來人家指責，所以又說：「佛弟子所講的內容，因爲跟佛講的一樣，所以也算是佛經。」身爲出家比丘、受了三壇大戒，還講這種話，那他要把三賢位的非安立諦三品心……等法放到哪個位子裡？如果他是個在家人不懂佛法，我也就認爲無可厚非，算他愚癡，不可理喻吧！但他可是個二十幾歲就出家到老的僧人，還講這種話。所以你們看，佛講的有沒有正確？他們眞的「深懷不信」。至於第三轉法輪諸經，他就乾脆認定那是外道神我。佛說的後世比丘們果然如此，深懷信受、深懷堅信的人眞的不多；像慈航老法師那樣的出家人，眞的少啊！所以大多「深懷不信」。

因此，我們剛出來弘法的早期，都被人家背後指指點點說：「**那正覺蕭平實講的是外道神我。**」因此當年罵我是邪魔外道的出家人，海峽兩岸都有，就只有南洋的僧人沒罵，因爲當年我這井水流不到南洋去。不過這幾年我們很多同修揹著書包去南洋送書，而那些人也不會罵我，因爲現在蕭平實是有名氣的，他們相信名氣：「**人家臺灣佛教界都已經說那是正法了，我們憑什麼罵他？**」所以他們也不會罵我，能相信我書中所說的正法，這倒也是好事。但以前我是被兩岸佛教界罵翻了，所以說末法時代的破戒比丘們，對於了義正法眞的「深懷不信」。

他們「深懷不信」的背後其實就是「三毒熾盛」，爲什麼會「深懷不信」呢？是因爲大乘經中所說，特別是《佛藏經》說的這個了義的第一義諦「無名相」的深妙法，他們全都不懂，人家如果拿這些經文來請問時，就會擋住了他們的供養和名聞上的利益，所以就「**深懷不信**」；骨子裡是因爲名聞利養被這部經擋住了，所以他們心中的貪不能成就，當然大大地不悅與不信。

以前可以貪很多財物與名聲，當這部了義經《佛藏經》等法開始大量傳揚，被廣大信眾所接受時，大家認爲說：「**如來藏才是正法！**」那他們所能獲得的利養受損、減少了，名聞也被損害了，所以他們的貪欲不遂時，接著就是起瞋。一定會起瞋的：「**唉！要不是這部經典，我的名聞利養就不會受損。**」但這瞋心的起源是由於貪的不遂，貪與瞋的根本則是無明，就是不懂這些名聞利養不過一世爾，爲了一世的名聞利養而犧牲道業，甚至於公開加以否定，這是何等重大的惡業而他們敢造，就是因爲無明！都是因爲無明而不信因果，才敢造下這樣的大惡業。

假使他們有智慧，縱使名聞利養被人家遮住了，也不敢毀謗這樣的大乘經，原來造業之時無明才是根本。因爲無明，所以貪欲不遂時就起瞋，這便是「**三毒熾盛**」，如來說的一點兒都不錯。當他們貪欲不遂而起瞋時，無明火大發，這時心行還會文雅嗎？一定不文雅了，什麼髒話都可以罵出來。以前還有外道，在早期還買報紙登廣告罵我是人妖、蛤蟆精，還罵我沒有神通，接著又改罵我是蛤蟆精但有神通，才能變成人身來害人，說我是蛤蟆精變成人類來害人。沒有神通還能夠把蛤蟆身變成人身呢，也眞夠厲害的，只是前言不對後語，什麼話都可以罵得出來。這類人都叫作「三毒熾盛」，所以導致「心行粗獷」。

我最多指責說某某人一定是天魔的子孫，或者他根本就是魔所化現而來人間，但我絕對不會說他是妖精、人精、什麼精，因爲那種話眞的說不出口。因此說那種人叫作「心行粗獷」。若是「心行粗獷」的人，一定「難可制御」。凡是「心行粗獷」的人，你要他坐下來依照道理來說事，眞的跟他講不通；每一件事情他都不依道理來講，這種人眞的「難可制御」。所以你爲他們解說：「離念靈知不是眞心，證那個境界不是眞悟，因爲那是生滅法。」但他們根本不信，你詳細爲他們解說所有的理由也都沒有用，他們反正就認爲：「那是你講的。」

當你把經文請出來解釋給他們看，他還說：「那經典是後人創造的。」你眞的拿他們沒轍。所以對這種人，我們必須要有很多的比量加上譬喻來作說明，才有辦法度他們；否則，他們後世很難繼續生在人間。到五億七千六百萬年後，彌勒尊佛萬一質問我說：「你當年爲什麼沒有好好救那些人？眼看著那些人下地獄去？我現在龍華三會每次該有的九十幾億人都還不足。」如果第一會的九十幾億人都不夠了，後面二會各九十幾億人也就甭提了。所以我們還得要努力去作。

但我一個人只有兩隻手、十根指頭，力氣有限，所以要多幫助一些人悟了來共同作事。就像當年翻譯經典時，跟著翻譯經典時總不能都是一個人自己譯吧？一定要很多人幫忙來譯；由大眾譯出初稿，最後主譯再來加以修飾、核對梵文。那些幫忙翻譯的譯事僧眾，你要不要先幫他們證悟？一定要的。正因爲這樣，先有那麼多已經證悟的譯經僧，才會有後世那麼多證悟的禪宗祖師！這個道理諸位要懂。以前都沒講過這道理，因爲太早講時沒有人會相信；有些話就是要等時節因緣成熟了才能講，就像現在我們作什麼事時有些事情都不能公開；現在可以說我們會裡正在花錢，可是也不能講出來是在作什麼，只有參與的主要執事同修們知道，等到可以公開時再來講。

這就是說，末法時代的破戒比丘眞的如 佛所說的不可救藥。可是爲了他們，也是爲了我們的來世，不可救藥之中我們還要想方設法用盡力氣去救，必要時該當惡人也得當。因爲有的人你對他溫言軟語是救不了他的，他聽不進去，老是當作馬耳東風；那你一定要用針砭，針扎了一定會有刺痛，才會警覺過來。砭就是用尖銳的石頭去扎他，他會感覺很痛，才會警覺過來。《佛藏經》的前半部是說明很微妙的了義法，吸引大家進入法義中，但後面就是用針砭的方式，讓大家警覺而改正過來，才能有實證三乘菩提的機緣出現。那麼這後半部經文中，如來用針砭的方式開示，我再把它演繹一下，讓那些人心裡更痛，就會警覺到：「**果然是這樣！所以我們以後還是要小心，別再毀謗大乘經，也不要再破戒了。**」這就是《佛藏經》的功德，這個功德不能我一個人來完成，如果沒有你們來聽，我一個人講給虛空聽喔？不可能的。所以我講這一部經時，你們也有隨喜功德，大家一起來成就。

然後這部經的講義流通出去以後，一代一代繼續流通，希望可以扭轉佛教界一部分風氣；那我們這一世把地基打好，下輩子再來弘法時就可以走得比較順暢，希望正法至少因爲我們這一次的佛教復興得以再延續三千年。三千年後正法如果又衰落了，咱們再來復興一次；這些功德都由我們來作，多好！如果沒有很多佛門外道跟那些佛門外的外道，我們復興什麼佛教？又哪能成就大功德？所以不要氣他們、也不要恨他們，正因爲他們那樣瞎搞胡搞，所以我們有機會成就大福德、大功德。要以這樣的心態來救他們。不要心裡憤恨不平、每天都在生氣，那樣去救他們時救不成功的，而你的福德、功德也難增長，這個心態大家要改變，好不好？（大眾回答：好！）那麼接著 如來又繼續以譬喻來說明這個道理，我們來恭聽 如來的開示：

經文：【「阿難！譬如良田善熟，以火自燒；甘膳美食，而自著毒；舍宅所有，以火自焚，爲應爾不？」「不也，世尊！」「阿難！如是未來世癡人，因以我法得受供養，而不信解如來功德，又不能信如是等經，不能堪忍如實說過，自知瘡疣而逆我語；如是癡人，依佛自活，而逆是法。阿難！爾時閻浮提內，如是癡人充滿其中。阿難且置，何用求此愚癡惡人，徒生徒老所行惡事？」】

語譯：【世尊又開示說：「阿難！就好像一方很好的稻田，穀物很容易成熟，但穀物成熟以後卻放火去把它燒掉；又譬如一桌甘美的飲食，是很美味的飲食，卻用毒藥把它摻雜在裡面；又譬如美好的舍宅爲自己所有，卻放火把它燒掉，這是應該作的事嗎？」阿難尊者就回答說：「不應該作的，世尊！」然後世尊又開示說：「阿難！就像是這樣，這些未來世的愚癡人，他們是因為修學我的法，才得以領受大眾的供養，但他們卻不能信受、不能勝解如來的功德，而且還不能信受像《佛藏經》這類第一義諦經典，也無法堪忍其他的同修們如實舉說他們的過失，自己很清楚知道是佛門修行人中的瘡疣而繼續違逆我所說的開示；像這樣的愚癡人，依於佛陀而使自己可以生活，然而竟違逆這樣的勝妙佛法。阿難！到那個時候整個閻浮提內，像這樣的癡人充滿在其中。阿難！這事情就不用再提了，不必尋求這類愚癡惡人能改變他們的心態、努力精進修行，他們這樣徒然出生、徒然變老中所行的惡事又何必再提？」】

講義：如來的譬喻說得眞好！也顯示人之愚癡能到達這個地步；一方很好的田，穀物種了很快就成熟；「善熟」就是很快、很具足而可以成熟；別人還沒法子收成、他已經可以收成了，而他竟然去放一把火燒掉說：「這火好漂亮啊！眞好看，好溫暖。」眞是愚癡啊！有人也許想：「哪有人把一方良田穀物成熟了還可以放火燒掉？」怎麼沒有？出家是最好的一方福田，對吧？作爲人天表率，多好！正是一方好福田。出家持戒清淨修行，縱使沒辦法斷三縛結，無法悟大乘的無生法，也還是可以庇蔭三世父母，這是多好的一方福田！身住佛法之中，這佛教就是一方很好的福田，好好修行就是種福田。

眼看著，再一世、兩世、三世也許就可以實證，也就悟了，道業都快要成熟了，竟然因爲身外這些物質的引誘就不再管道業，開始貪與瞋，無明火就發起來了。這不就是放一把大火把功德林燒掉？這類事情太多了，不在少數，釋印順就是一個很具體的典型。至於南洋法身寺等寺院廣積財寶，或許也有寺院私下裡修學雙身法；甚至養老虎，其實是賣老虎肉、賣虎骨等，就這樣賣。老虎很值錢，老虎連撒尿、拉屎都可以賣錢。但是表面上看來他們是在護生、愛護動物。又如臺灣和大陸一般的出家人，無論大小山頭都有在學密的，晚上或者甚至白天就已經在修雙身法了，那不就是「良田善熟，以火自燒」？

那麼「甘膳美食，而自著毒」。諸位想想看《阿含經》講的解脫道，對我們正覺的法來講只叫作小菜，可是對於南洋那些信眾或者修行人乃至於出家僧人來講，那眞的是「**甘膳美食**」喔！對臺灣的這些出家人來講，同樣也是「**甘膳美食**」；但他們竟然對阿含諸經所說的內容不全部信受，只選取他們想要的，眞正解脫道的內容竟不接受。南洋如是，臺灣如是，大陸也如是！如果他們懂得珍惜，如實去修行，這一世證初果並不爲難，可是爲什麼證不了？就是說，對於和他們的我見、我執有所牴觸的那些法，他們不肯接受。所以我們正覺弘法二十幾年，諸位回想看看，或者現在放眼觀察看看，證阿那含與阿羅漢果所必須的「**梵行已立**」，有誰願意爲眾生講解的？「**我生已盡，不受後有**」又誰願意講？根本就沒有人願意講。

例如釋印順，他的文學底子很好，不能說他讀不懂阿含吧？可是《阿含經》中講「**梵行已立**」，他從來不提；「**我生已盡，不受後有**」，他也是從來不提，他硬要主張說「**細意識常住不壞**」。所以他所謂的成佛就是阿羅漢，而他心中的阿羅漢不必證初禪，也就是不必斷欲界愛——不必有「**梵行已立**」的實證；而他心中所謂的阿羅漢，是可以繼續領受後有的，因此「**我生已盡，不受後有**」他也不接受。他會不懂這十二個字的道理嗎？我不相信！他一定是心中疑著，畫個大問號在那邊：這可能不對。因此他不信受。所以對《阿含經》的內容，他只信受其中大約十分之一而已，大部分的經文他都不信受。所以阿含諸經可以令人解脫證得阿羅漢果，可以使人出離三界生死的一盤「**甘膳美食**」，他自己都把它下毒，只挑裡面沒有被自己下毒的部分取來吃，其他的部分他都下毒，自己不吃也不要給別人吃。

至於大乘般若諸經和方廣唯識諸經，我們認爲那才是眞正的、頂級的「**甘膳美食**」；他們所認爲的四大部阿含那些法義，在我們正覺同修會中，我們認爲那只是小菜。事實上也是如此，所以在我們會裡想要明心之前，先得斷我見；要先證初果——先吃小菜，然後才上大菜的第一道——開悟明心。如果沒有先吃點小菜，胃口沒開，我給了大菜也沒有用，等於浪費了。什麼叫作浪費？就是不信受而退轉，這不就是浪費了？所以先讓你吃點小菜，這一碟小菜只是開胃菜，就是先斷我見再講。

我見斷了，就會有強烈的心，想要去證如來藏，因爲發覺：「**五陰、六入、十二處、十八界都是虛妄的，那到底眞實法是哪個？我一定要找出來，不然我的法身慧命死定了！**」是不是死定了？對啊！是死定了，就是全部都否定了，我死了以後總得要活轉過來呀！所以要證如來藏。我見斷了以後，證如來藏的心就變得很強烈，這時如來藏這個妙義、第一義諦，眞的是你心目中的「甘膳美食」。所以面對已經斷三縛結這件事情，就會覺得：「唉！這只是小菜啊！」所以禪三時斷三縛結之後，問諸位「有沒有人想要下山，現在就可以下山了」，每次都沒有人願意下山，因爲覺得那只是小菜，不足以滿足你的心。所以雖然每次禪三都要宣誓善護密意，大家也還是宣誓到底、參究到底。

禪三四天三夜很辛苦，眞的辛苦。但你們不可以喊苦，因爲護三菩薩們沒有喊苦、監香老師也沒有喊苦，我也沒有說苦，你們打三的人怎麼可以說苦？我們辛苦是爲你，我們爲你辛苦的人都沒有喊辛苦，你打三的人怎麼可以喊苦？當然不喊苦。其實有些人累到有時都會打瞌睡，也不敢說苦。另外一個原因不說苦，是因爲那一盤「甘膳美食」等著你動口，天下絕無僅有，只有咱們正覺飯館有。這當然要奮鬥，不說苦啊！等到吃出法味來了，這一找到如來藏而後開始體驗時，才發覺眞的三德具足：法身德、般若德、解脫德都有。「啊！原來這才是眞的『甘膳美食』！」這時你絕對不會像釋印順一樣想要把它下毒。

所以你證悟之後，絕對不可能說：「這個法是不對的。」這是因爲你辛苦走過來，已經把次法與六度都學好了，也有很多參究的過程和體驗了。以前那三批退轉的人，就是沒有經過斷三縛結的實證以及參究的過程。那等於他們的舌頭完全麻痺的狀況我還沒幫他們治好，就給他們吃「甘膳美食」，他們完全嚐不出「甘膳美食」的味道，所以就退轉了、就謗法。好在我們後來也出了不少書讓他們去讀，當他們閱讀而有如實理解了以後，就能把舌頭上的毒素都給消除了，漸漸可以嚐出來，私下裡就說：「唉！正覺這個法還眞是『甘膳美食』。」所以他們後來又偷偷回歸正法，也懂得私下在　佛前懺悔滅罪了。這樣也好，雖然沒有臉回到正覺同修會裡來，但只要將來死後可以不下墮就夠了，不必要求他們回來，下一世再來攝受他們。這就是　如來作的第二種譬喻。我們衡諸於當代佛教界也眞的是如此，「甘膳美食，而自著毒」去把它否定，把它批判，那不就是著毒嗎？

第三種譬喻：「舍宅所有，以火自焚，」如果人家有好舍宅，而他們有「以火自焚」的行爲，你不一定會說他們笨，因爲他們可能是爲報復，或者因爲是別人的舍宅，裡面有什麼財寶藏得太堅固了，就把它燒了再來搶。可是那舍宅若是自己的呢？有人會故意把自己的舍宅焚掉嗎？不會吧！如果氣憤去焚掉的，一定是焚別人的，不會因爲很生氣把自己的好房子燒了。可是這些愚癡人明明知道那是好舍宅，也知道是自己所有的，竟然把它放火燒掉，你一定講：「**不會吧！現在末法時代，雖然說是末法五濁惡世的破戒比丘，他們也不會笨到自己焚掉吧？**」但你想一想，明明是自家佛教的經典，他們硬要說那是僞經，那不就是「**以火自焚**」嗎？對啊！然後密宗那些僞經，他們反而說那是眞正的經典；所以你有看到顯密雙修的道場否定了《大毘盧遮那成佛神變加持經》等？有沒有？

專講修雙身法的那些僞經，釋印順有明白去否定它嗎？他還認同那部僞經的前半部所講的法呢！他只是對雙身法的部分不認同而已。可是那明明是僞經，因爲全都落在識陰的境界中呀！但他們不去批判，卻主張最了義、最究竟的大乘諸經不是 如來親自宣說的——「大乘非佛說」，公然主張大乘經典都不是 佛陀所講的，這不就是「**舍宅所有，以火自焚**」嗎？也就是將佛教（舍宅）連同教中的經典（其中所有珍寶）「**以火自焚**」，破壞殆盡。

他們之所以能披起僧服住在寺院中接受信眾的供養，正是因爲佛教是他們的好舍宅；「舍宅所有」是指屋子裡的珍寶，也就是法寶——這些大乘經典；以這些經典的內容作所依，他們才能住在佛教之中廣受信眾的恭敬與供養，所以這些經典就是所有佛教出家人好「舍宅」中的「所有」啊！而他們竟然放火全燒了——否定「舍宅所有」。所以釋印順他們眞是愚人哪！不斷和日本人那些所謂的佛學學者互相呼應。日本那些佛學學者們的心思是脫亞入歐：「我們要脫離你們中國，不作你們中國佛教的附屬者。我們要獨立，要跟歐洲的學術界平起平坐；如果繼續依附在中國佛教下面，我們永遠都是被你中國管著。」他們不願意，所以他們脫亞入歐，開始否定中國佛教的教義。

但中國佛教的具體內涵是什麼，就是大乘法、就是如來藏的妙義，所以日本人開始主張大乘非佛說，認定如來藏是外道神我；而釋印順等人也在臺灣附和，眞是愚人！但釋印順到底知不知道那些日本學者的心態？我們無從判斷，但是他極力加以附和是事實。可是他都沒有想過，他之所以能成爲臺灣佛門的僧寶而被信眾所恭敬供養，正是因爲這些大乘經典的勝妙教義。

臺灣有誰在弘揚《阿含經》的？你們去找找看，從各寺院、各居士中找找看。假使有，也是因爲正覺出來弘法，把禪宗證悟的內容正確界定出來之後，他們才發覺而感嘆說：「唉！原來臺灣的禪宗寺院也沒有法可得，因爲都被蕭平實給舉證破斥爲常見外道法了；又不能推翻蕭平實的證據和理論，那就不學臺灣禪宗了，因爲蕭平實又不是出家人。那我們學密宗總行吧！」所以當年我破了臺灣的禪宗寺院以後，臺灣的密宗喇嘛教就開始興盛起來了，大家一窩蜂投入密宗假藏傳佛教了。他們想：「你總不能再破密宗吧？密宗是無上之法，遠勝於正統佛教呀！」沒想到我又把密宗徹底破光了，他們就想：「欸！這傢伙到底是什麼人？連密宗的法義他也懂！」可是看一看又無法推翻蕭平實依現量、聖教量、比量所說的內容，又想：「嗯！看來密宗也是錯誤的，那我們改學南洋的佛法總行吧？你總不能再把南傳佛法給破了吧！」於是才開始有人去學所謂的南傳佛法，因此就邀請南洋的所謂阿羅漢、阿那含等大師們到臺灣來弘法；但他們有沒有把《阿含經》一部一部、或者選取幾部來講解的？也沒有！只是同樣講些使人落入離念靈知心中的常見法。

所以說，臺灣有人開始弘揚《阿含經》，是我們破了密宗以後的事。他們弘揚《阿含經》時我都不講話，我一向隨喜。我當然不破二乘菩提，因為二乘菩提也是正覺的內含之一；可是我要讓他們知道什麼叫作眞正的聲聞、緣覺菩提，也要讓他們知道：你們其實都誤會《阿含經》了。所以我寫了《阿含正義》，把《阿含經》中他們所不知道的正理細說出來，才能利益他們。所以你看正覺所弘揚的法，是一個整體的佛法，誰都不可以在將來把我們命名為正覺宗！我們正覺同修會這個佛教團體，我弘揚的是整體的佛法，不是一宗一派之法，我們往昔每一次復興佛教時都是這樣作的。

阿含四大部經典，明明都是他們六識論聲聞僧所住的舍宅，因為他們主張「解脫道就是佛菩提道」，顯然四大部阿含中的二千多部經典全都是他們的「舍宅」。可是釋印順怎麼幹呢？他說了：「這阿含四大部，只有一部是五百結集時結集出來的；其餘《雜阿含》、《增壹阿含》……等諸經，全都是第二結集、第三結集時才結集出來的，不是佛陀所說的。」但他眞是睜眼說瞎話，因為他明明知第二次的結集只是律典「十事非法」的討論而寫下來的，跟四阿含諸經無關；他也知道隨後的千人大結集也跟四阿含無關；他也知道更後面南洋那些結集也不是結集四阿含諸經的內容。

但他偏要這麼講：「四阿含只有一部是五百結集時結集出來的，其餘三大部都是第二結集、第三結集才有的，那都不是佛所講的。」這眞的就是睜眼說瞎話。那他爲什麼那樣厭惡《增壹阿含、雜阿含》？因爲《增壹阿含、雜阿含》中的經文已經顯示佛世就有大乘法了，那些經文中都擺脫不了大乘法的影子，而且那些經文中明白顯示 佛陀在世就有三乘部眾了；也顯示 佛陀在世時就有講過第一義諦了，所以他很厭惡；因爲跟他的主張相違背，所以他就敢睜眼說瞎話。

那他把《阿含經》其餘三大部都否定了以後，等於把自己所有一棟大宅子燒掉四分之三，留下四分之一來住；然後再把大乘法，等於是其中最富麗堂皇的那個豪宅，其中「所有」的寶物放一把火全部燒掉，這不就是 如來講的：「舍宅『所有』，以火自焚。」那我也來請問諸位：「爲應爾不？」（眾答：不也！）諸位當然都說「不也」，但他卻公然把它燒了。最好吃的美食，天上沒有、人間也沒有，如來特地賜給我們的一大盤「甘膳美食」，他只取其中的幾片菜葉吃了，其餘都把它下毒，自己不吃也不許別人吃，他就是這樣幹的啊！

「良田善熟」，他只取其中的一餐之資，其餘全都放火燒了，釋印順就是這樣的愚癡人。那麼印順這樣子作了以後，還有一大票人跟著他這樣作。那我們就要救他們，期望他們死前懂得懺悔，不要下墮。所以他們在美食中著的毒，以及燒房子的那些火，我們努力消毒也把火滅了，趁著還沒有被燒光之前，沒有被毒素全部感染之前趕快救；已經被燒的好舍宅，我們趕快把它建設回來；已經被下了毒，我們趕快把它解毒——再放進甘露滅毒，這就是我們要作的事。可是你們剛才說了「不也」，似乎少了下一句吧？因爲也符合事實，而我將成佛的時間還早著呢！

阿難說：「不也，世尊！」如來就繼續說：「阿難啊！像這一類未來世中將會出現的愚癡人，他們是因爲我釋迦牟尼的法，才得以領受大眾的供養，既然他們所住、所用、所吃以及所穿，都來自我釋迦牟尼的法，那他們就應該對我釋迦牟尼的法，以及對我釋迦牟尼的功德有所信受，而他們都不信受。」我們看他們的行爲，眞的就是不信受；如果他們眞的有信受，這九樓講堂輪不到諸位來聽經了；他們一定會把九樓一排又一排座位全都坐滿了，你們九樓的所有居士同修只好改到十樓，或是改到五樓、二樓，或是地下一、二樓等講堂去了，那時你們都要坐到第二乃至第六講堂去聽經，輪不到你們來坐了。可是現在坐在這裡的比丘、比丘尼眾並不多，這才讓你們可以每週看到我。你們比我的孩子幸福，我的孩子要來見我以前，總是得三約、四約還不一定約得到時間，因爲我忙得沒完沒了。可是你們每週可以見到我，眞是幸福。

話說回來，依於 如來的法出家卻不信受 如來的功德，所以《法華經》或者某些大乘經典講的十方佛世界的事情，他們都說：「**那些經中說的都是神話，你也信？**」他們認爲那些都是神話。可是諸位想想，例如《法華經》講的：釋迦如來是無量無邊百千萬億那由他劫之前成佛，祂又在現在賢劫千佛之中示現爲第四佛。諸位想想看，如果這不是事實，那麼賢劫千佛在無量劫前是兄弟，轉輪聖王生的一千個兒子，他們怎麼可能同一劫之中成佛？因爲兄弟之中有的人心量大，有的人心量小；有人智慧比較好，有的人智慧比較差，有人是中等；有的人精進力很強，有的人精進力比較弱，不可能在同一劫中成佛的。

且不說成佛這件事，單說假使有個人生了五個孩子，這五個孩子發願說二十年後我們要再成立一家非常大的公司，兄弟們輪流當董事長；你想可不可能作得到？作不到的。二十年中要成立一家很大很大的公司，然後大哥先當董事長，大哥死了以後由二哥來當董事長；就這樣連著由三哥、四哥當董事長，四哥死後再由小弟最後來當董事長，有沒有辦法成功？不可能的。因爲其中有的人作得到，有的人作不到，能力眞的不夠當董事長啊！那一定是怎樣？可能大哥先成立一家大公司了，也有可能小弟先成就一家大公司了，然後隨著個人的才智不同，一世又一世努力，最後終於大家都有這能力了，而且人壽也夠長，將來在一起合起來成就一家大公司；要等大家能力都夠了，人壽也夠長久了，才能次第來當董事長。道理一定是這樣的，但他們就是想不懂或想不通，不能通達這個道理。

所以 如來所說的功德，在《法華經》中，說 如來在無量無邊百千萬億那由他劫之前已經成佛，現在是爲了一千個兄弟以前發過的大願，大家再來這裡示現於一大劫中次第成佛；他們不相信，他們認爲那是神話。在他們的認知中，《法華經》講的十方世界、諸佛世界都是神話；應身如來 釋迦牟尼佛召回十方世界非常多的化身佛，那也是神話。他們的認知是：如來就跟一般人一樣，只是因爲祂的機會太好了，才能讓祂成佛的。釋印順在《妙雲集》中就這樣講，他的意思是說：釋迦如來在人間成佛只是一個偶然。意謂斷三結、證阿羅漢、開悟明心、眼見佛性成佛、具足一切種智、三不護、四無所畏、五根、五力乃至十力、四智圓明，那都只是神話。

釋印順穿著 如來給他的僧服，住著由於 如來的福德而成就的寺院，叫作什麼蘭若？我忘了它的名字。吃的飲食是因爲 如來的法而有的，不然他就得自己去賺。但竟然公然否定 世尊的成佛內涵，還寫在書中。因此，所謂的三大阿僧祇劫的菩薩道五十二階位，他顯然並不信受，只信四向四果的聲聞果，而他所謂的四向四果等聲聞果，又是錯誤的、誤會後的聲聞果，卻當作是成佛的境界。那你說他不是出賣 如來嗎？等於自家老爸給他的那些很多又很好的產品，他都不要，去拿取外人最糟糕的、最下劣的產品說：「**這就是如來給我們的最好的產品。**」老爸在各棟倉庫中有好多好多的更勝妙產品，他說：「**那都不是我老爸製造出來的。**」就是這樣否定的，那他不就是這種人嗎？

所以 如來說：「**又不能信如是等經，**」釋印順剛好是這種人；密宗喇嘛們都不否定大乘經典，但他卻來否定大乘經典。有沒有看過哪個密宗喇嘛在否定大乘經典的？沒有！他們只是創造假佛經冒充爲佛教，所以只有應成派那些顯密僧眾在否定大乘法，自續派的喇嘛們都不否定。甚至應成派中觀的那些喇嘛們也不公開否定，你有聽過達賴說大乘經典不是 佛說的嗎？有沒有聽過？也沒有。至少我沒有讀過他的書中這樣講，他最多只是說 佛陀前後三轉法輪經典說的有自相矛盾，但還認爲是 佛講的。可是釋印順卻公然否定說大乘的經典都不是 佛所講的，眞的是「**不信解如來功德**」、「**不能信如是等經**」，世尊講的一點都沒錯。

好在二十世紀末出了個蕭平實，證明大乘經典是 佛說。要不然佛教界都還眞會相信他的說法，說起來也眞是感傷。不過，好在我們已經立足於臺灣佛教界。放眼大陸佛法，不講佛教界，因爲我們不涉入大陸佛教界；我們現在改走大陸佛法文化的路線，不進入大陸佛教界，就讓那些穿著僧衣的六識論小乘僧人們去瞎搞，因爲大陸人的看法是：「**穿僧衣住在寺院的叫作小乘。**」我們是大乘，所以我們不住寺院也不穿僧衣。這倒很合我的口味，我們在大陸十幾年開始摸著石頭過河，現在終於摸到一點頭緒。

那麼像釋印順那一種破戒比丘，因爲他破了菩薩戒：毀謗大乘經典、毀謗 如來。他只相信二乘經典所說的 釋迦如來，那他這樣的人就是謗法、謗佛，所以他是破戒之人。以後誰都別再說：「**釋印順持戒如何清淨。**」不！他只是表相的戒有受持不犯，但他嚴重地毀謗大乘佛法中所說的如來境界，那就是謗佛——嚴重的謗佛；他又推翻大乘經典、否定大乘經典，是嚴重的謗法；所以菩薩戒中的謗三寶，他至少謗了兩種，至於謗僧的部分就先不談，所以他是破戒比丘。這一來，那些臺灣六識論的僧人們將來讀到我書中這樣寫出來，又要氣壞了；但正是要讓她們生氣，氣壞了才會省思：「**爲什麼蕭平實說的我無法推翻他？**」她們若能如理省思以後，才會懂得在捨壽之前懺悔，那就不用下墮三惡道。

那些人眞的「**不能堪忍如實說過**」，只看一個籍籍無名的鍾慶吉寫了一篇文章評論釋印順，第三週的同一個欄目（因爲那個單元每週只刊登一次，同樣在那個欄目的第三週就登出來），他竟然對籍籍無名、不是佛教界中舉足輕重的鍾慶吉嚴厲回擊；外加他的門徒釋昭慧一篇文章，是師徒同時還擊，顯示他們師徒眞的「**不能堪忍如實說過**」。鍾慶吉評論釋印順的並沒有講錯，只是鍾慶吉寫的那些內容讓他覺得很難堪，因爲針針見血。可是對於蕭平實，釋印順等人的肚量就很大，我是用書本來評論他，一本接著一本，不是只有一篇文章，但他們肚量竟然那麼大，全都當作沒看見，好像是宰相肚裡能撐船。那鍾慶吉不過是一篇文章而已，他們師徒倆各寫一篇出來回應，這樣的人眞的叫作「**不能堪忍如實說過**」。但是我在書中講他的過失那麼多，竟然肚大能容，可能他覺得說：「**這蕭平實是爲我好。**」因此就放過不理吧？

但我的判斷，直到捨壽前那幾年，他應該是「**自知瘡疣**」的。因爲我從聖教量，從現量、比量來說他的不對，我依這三量來說他否定大乘法和其他的說法都是錯誤的，他應該已知道自己其實是佛門中的瘡疣。可問題是他想要公開懺悔也作不了的，因爲他晚年已經病重在床，想要作什麼都辦不到了。如果我是他，一定會交代說：「**我都快要死了，你們要幫我公開澄清懺悔。**」可是他周遭那些人誰願意幫他作這種事？沒有人願意作的。這有兩個原因，很簡單：第一、你誤導我們那麼久了，我們爲什麼要爲你作？你嚴重耽誤我們的道業。第二、你走了以後我們總得繼續生存，我們若是幫你作了這件事，以後就別生存了。所以一定不會有人幫他作。

唉！所以我說他是個糊塗蟲，趁著有力氣、有影響力，有人完全信受時就應該作這件事；先寫好公開懺悔的遺囑，分別託附三個人，告訴第一人：「**我死後，你幫我公開。**」再吩咐第二個人：「**我死後一年，你得幫我公開。**」再吩咐第三個人：「**我死後三年，你得幫我公開。**」假使前面兩個沒有公開，最後還有一個人可以幫他滅罪，藉這個懺悔的功德可以不用下三惡道。所以我說現代禪李老師聰明，而他死前只有一個差錯，就是信佛和念 阿彌陀佛時，不是找來正統寺院的法師，他去找日本本願念佛宗的法然法師邪法的傳人，來當現代禪的後領導人。就是這點差錯，要不然他往生的品位還可以更高，可惜了！那我出來弘法二十幾年，就只看見這麼一個人有勇氣公開懺悔；他信因果，看得遠，懂得懺悔。其他誤導眾生大妄語的人，目前就沒有第二者如此作了。我相信釋印順他死時一定「**自知瘡疣**」，只是他已經沒有機會公開懺悔。

末法時代的比丘們——大部分的破戒比丘，大約是「**自知瘡疣而逆我語**」，因爲他們捨不掉名聞利養、很看重名聞利養，如來就說：「**如是癡人，依佛自活，而逆是法。**」末法時代的破戒比丘、比丘尼們，他們完全都是「**依**

佛自活」的，如果不是依於三寶，不是依於　佛所說的正法，他們能在人間廣受供養而自存活嗎？都不可能。大家都因爲他們是佛法中的修行人，相信他們是依於佛法來弘揚，是佛門的僧寶，才信受、才布施給他們財物，所以完全是「**依佛自活**」的，可是竟然來違逆　佛所說最究竟、最了義的第一義諦聖法。

如今我們放眼臺灣、大陸的大乘佛教界，再放眼印度、泰國、緬甸、斯里蘭卡等佛教界，幾乎全都是如此在搞名聞利養，他們違逆於　如來所說的勝妙法，就像前面講的在很好吃的食物裡下毒，在已經成熟的一大片良田中的稻穀放火燒掉，而且將自己所住的、佛留給他們的廣大美好的「**房舍**」──佛教──放火燒了，眞的是這樣。然後摻雜許多外道法進來，等於是另外去找個破破臭臭的小屋就這樣住著，說那叫作佛教。唉！眞是可憐哪！

所以　如來最後說：「**阿難！到了末法時候的南閻浮提中，就像這樣愚癡的人充滿於佛教中。**」果然如此，然後　佛陀交代阿難說：「**阿難！這些事情就到這裡不要再談了，你何必爲這些愚癡造惡的出家人中，詢問他們一生徒然出生、徒然老去之中所造作的惡事呢？**」阿難總是想要爲他們求情說：「他們應該怎麼修行？大家又應該怎麼來救護他們？」但是 世尊的言外之意是說，你就不用管這些事了。也就是說，如來早就看透末法時代這類出家人不可救藥了。但那些人雖然是不可救藥，我們身爲菩薩還是得要設法救他們。因爲 如來要到別的世界去度化眾生，那我們爲了將來 彌勒尊佛座下要有那麼多人得度，也爲了 釋迦如來說過：「凡是聽聞過我釋迦如來名號的人，未來都可以不墮三惡道。」那我們就把 如來的大願加以完成。

所以我還打個主意說，有一天我想要講《不退轉法輪經》。我們親教師、助教們都知道有這麼一部經，叫作《不退轉法輪經》，我很想講解這部經，我希望證悟的人更多以後來聽時會更有味道。因爲那部經的經文很勝妙，我們可以看 如來怎樣調伏天魔波旬，讓他快快樂樂回天宮去的；可是 如來讓他快快樂樂回天宮去，他爲什麼就會快樂回天宮？因爲 如來答應他說：「我都不度眾生，我都不轉法輪，我都不說法。」所以他很歡喜回去了（大眾笑……），可是 如來並沒有騙他，是天魔波旬自己誤會了。如來是從實際理地來講：「我都沒有度眾生，我未來也都不會再度眾生，我都不會再說法的。」如來從實際理地來說，那諸位證悟如來藏以後，聽這部經時一定會歡喜說：「妙哉！

妙哉！」世間人叫作拍案叫絕，說 如來講得太絕太妙了！

那麼 如來答應他不度眾生，眞的沒有騙他；世尊無妨繼續度眾生，可是並沒有度眾生，也沒有眾生得度。那部經典講得太妙了，但我希望等證悟的人更多時（有些人雖然還沒有被我印證，至少有觸證到如來藏了），大家都眞的懂得這裡面的道理時，那我講起來大家興味盎然，當然可以講得興高采烈，大家都法喜充滿，這不是天下一大樂事嗎？所以我打個主意想要講解那部經。那部經一向沒有人敢講，因爲老實說，他們讀都讀不懂，要怎麼爲人講解？那我們讀懂，可以講出來，諸位也能聽懂，也能體會那部經中的眞實義，這樣講起來眞是天下一大樂事，再也沒有比這件事情更快樂的事了！所以我打個妄想說，什麼時候可以來講那部經，還在揣摩講解那部經的最好時機。（編案：《不退轉法輪經》已於二〇一九年元月二十日開講，並於二〇二一年三月講解圓滿。）

言歸正傳，如來說的這些都是事實，因爲這種末法時代的破戒比丘們，你跟他們講理、勸說果報會有多厲害，全都沒有用；只有到捨報前那一刻，他們看見某些惡相了，正是惡兆現前時他們才會懂得懺悔的。可是我們現在如果沒有先把理講清楚讓他們理解，他們到那時候也都不會懂得懺悔的；所以我們這事情還眞得要作，當然要講這部《佛藏經》。至於我爲何會選擇《佛藏經》來講解？下一段經文中 如來也會告訴我們的。當然，講《不退轉法輪經》以及講《解深密經》，到底哪一部經要先講，我還得要再衡量一下，因爲一定會有先後次序的差別，怎麼樣是對大家最好、對佛教界最好，我得要再思惟一下、衡量一下。

雖然 如來說：「**何用求此愚癡惡人，徒生徒老所行惡事？**」也就是說他們這些惡比丘、惡比丘尼們，他們生在人間也是徒生，在人間漸漸老去也是徒老，因爲都對眾生無益、對他們自己也是無益。所以他們造的那些惡事就不必一一去加以列舉，我們只要想辦法去救他們就行，只要他們捨壽前懂得懺悔不墮三惡道就夠了，至於他們幹了哪些惡事，咱們就不用一一去探求。接著阿難就向 如來請示，如來當然也就開示了，那我們繼續再來聆聽聖教：

經文：**【爾時阿難白佛言：「世尊！當何名此經？云何奉持？」佛告阿難：「此經名爲佛藏，亦名發起精進，亦名降伏破戒，亦名選擇諸法，當奉持之。**

阿難！若人誦持是經，所得功德無量無邊，所以者何？破戒比丘，尚不能信、讀、誦、教人，況於是中得歡喜心？何以故？阿難！譬如惡賊，於王大臣不敢自現，盜他物者不自言賊。如是，阿難！破戒比丘成就非沙門法，尚不自言是惡，況能向餘人說？自言罪人？阿難！如是經者，破戒比丘隨得聞時能自降伏，則有慚愧，持戒比丘得自增長。」

語譯：【這時阿難向如來稟白說：「世尊！應當怎樣來為這部經命名？又應當如何來奉持這一部經？」如來告訴阿難說：「這一部經可以名之為佛藏，也名之為發起精進，也可以名之為降伏破戒，也可以把它稱為選擇諸法的經典，應當這樣來奉持這部經。阿難！如果有人誦持這一部經典，他所獲得的功德無量無邊，為何如此呢？破戒的比丘，尚且不能信受、閱讀、持誦、教導別人，何況能在這一部經中得到歡喜心？這是什麼緣故呢？阿難！譬如造作惡業的賊人，於國王或者大臣的眼前不敢自己現身，竊盜別人財物的人不會自己稱說是賊。就像是這個道理，阿難！破戒比丘成就了非沙門惡法，尚且不敢自己稱言是惡人，何況能向別人宣說自己是成就了非沙門法的破戒比丘？而宣稱自己是罪人呢？阿難！像這樣的經典，破戒比丘隨著他們所能聽

聞的時候，假使能自己降伏，那他就會有慚心愧心；如果是持戒的比丘就可以在聽聞之後，得以藉這部經典來自己增長法身慧命。」】

講義：如來開示完了之後，阿難就向 佛陀稟白說：「世尊！我們應當要如何來爲這一部經典建立名稱呢？對這部經典所說的內容，我們應當要如何來奉持？」佛陀告訴阿難說：「這一部經，應當名之爲佛藏。」這部經典叫作《佛藏經》，究竟是爲何要叫作「佛藏」？因爲諸佛最重要的法藏，就在這一部經中來深入攝受與解說，所以叫作《佛藏經》，因此才有〈淨戒品〉、〈淨見品〉等深妙法，因爲確實把 如來深妙的法藏蘊藏在這部經典中，所以我們才需要講解那麼久。所以〈淨見品〉等經文中，我們講解的那些法義都非常深奧而勝妙，但我們這樣細講，不是故意要講那麼久，結果卻是講解那麼久了。我本來也想，這部經典不很長，大概兩年多就可以講完了；結果我們講了多久？第一講是二〇一三年的十二月十七號，那現在呢？快四年整了；到今年的十二月就是四年整，那現在已經十月過完一半了，所以大約得講上整整過四年。這表示，這一部經典雖然不長，可是祂的內容很勝妙、很深奧。由於這部經講的內容是諸佛的法藏，所以眞的要叫作《佛藏經》，因爲含藏了諸佛如來的法藏。

這部經的第二個名稱叫作《發起精進經》，爲何這部經典讀完以後可以發起精進？因爲這部經典內容講得很深奧也很勝妙，即使聰明伶俐的學佛人讀了也會深受刺激：「爲什麼這些內容我都讀不懂？」一定很刺激的，大受打擊之下當然要發起精進：「我這麼聰明，爲什麼還讀不懂？我偏要把它讀懂。」那就好好參禪，等將來參禪眞正的參透以後就讀懂了。所以如果想要眞的讀懂這部經的意涵，就得奮發精進努力去學禪、然後參禪；如果不知道怎麼參禪，那更要奮發精進；也就是「當先聞般若波羅蜜」，如果「般若波羅蜜」怎麼聽聞都不懂時該怎麼辦？要先學靜慮，把定法好好修習；如果還不行，再往下一階去探究：「我是不是持戒還不夠好？我是不是布施還作得不夠多？護持正法所作的也不夠多。」總之就是六度修得不夠。所以要好好地發起精進。

確實是如此，如果有人自稱開悟了，結果這一部《佛藏經》講的都讀不懂，萬一人家取其中的某一段或某一句經文來請問：「師父啊！請您解釋給我聽吧，我眞的很想知道欸！」結果才一看就傻眼了，舌頭打結，講不出來，那不是深受刺激嗎？真是大受打擊。就好像俱胝和尚，被一位比丘尼刺激到不得了，因此他才會想要求悟，不然他會求悟嗎？一般人都想：「開悟？那不是我的事啊！」想那俱胝和尚昂藏七尺之軀，遇到一個矮小的比丘尼來到，天色已經快晚了，又不是在城市中，沒什麼地方可以棲身，他想：「有一位比丘尼來參訪。」就好心請對方安單，明天再繼續趕路。

沒想到那比丘尼拈著笠子邊緣就問他：「你要是講得出來，我就把笠子取下來，不然我就繼續往前行腳。」這俱胝禪師想：「這該怎麼講？」沒辦法呀！杵在當下。沒想到那比丘尼說：「如果是這樣，我這笠子就不拈下來，也不留宿了。」她就走了。這時俱胝禪師大受刺激，心想：「我昂藏七尺之軀，竟然敗在一個比丘尼手裡。」就因為他道不得，那比丘尼戴著笠子就走了。這一下發憤圖強，下定決心：「我明天開始出去行腳。」收拾好行囊去睡覺，準備明天一早行腳去了。但那個晚上土地公來託夢給他說：「和尚！不要遠行了，日後有大菩薩會來。」他這一夢，心想：「有這麼好的事情。」果然就不遠行了，專等大菩薩來；他等著等著，幾天後等到了誰？天龍禪師。所以他就悟了。

他請問：「你若講得，我便放下笠子。」也就是問佛法大義，天龍禪師聽了就這麼舉出一指，他就會了。後來俱胝禪師聞名的就是一指禪，他一生接引人，就只是用天龍師父這一招，每次都舉出一個指頭來；有的人因此得悟，有的人始終悟不了，但他就只用這一招。人家江湖上講笑話說「一招半式走江湖」，而他永遠就這麼一招。提到這個公案，也許有人正在打瞌睡；其他的講堂我看看，啊！大家的瞌睡神都跑了。搞不好你這一聽就會了，還有第三梯次禪三，上了山就好好參究。

如今要請大家好好聽取了：俱胝禪師有一天派他的侍者——一個童子，他修童子行，派他下山公幹。因爲山上道糧不夠了，派他下山去化緣；這童子下山去化緣遇到個有見地的施主，那施主問說：「你們家和尚近日如何說法？」童子現買現賣，就說：「我們家和尚最近都是這樣說法的，當人家來問：『如何是佛法大意？』」講到這裡，童子說：「他都是這樣。」隨即就豎起一指來。那施主看著說：「呦！俱胝和尚現在說法不同了，一定是悟了。」這施主想：「這是證悟者欸！那我得要好好供養了，這福田不種就太可惜了！」因爲世間要找到這種福田很難的，眞的很稀有、很難值遇，所以施主就拿了銀票子出來供養（如果是拿銀兩出來，頂多十兩、二十兩就沉甸甸的了；若是銀票，一張薄薄的紙，就是五十兩、一百兩、一千兩）。在古時一兩銀就算是很多錢了，但若是需要很多銀兩時就得用銀票。所以閩南語還在說「銀票」（臺語）有沒有？銀票（臺語）就是鈔票，現代已經是廣義的引申使用了，其實和古時說的銀票還是不一樣的。

這童子拿了一張銀票立刻回山，不再向其他居士化緣，回山就快了。俱胝禪師覺得奇怪：「**為何今天化緣回來這麼快？而且一拿出來又是銀票，不是重重的白銀。**」他覺得好奇就問了：「**你今天為何募化這麼快就回來了？**」這童子就開始炫耀：「**因為我今天募化很成功，施主很歡喜，所以我得到一張銀票很快就回來了，因為我說法很成功。**」（大眾爆笑⋯⋯）俱胝禪師當然要問，因為心想：「**你一個童子懂得說什麼法？**」就問：「**你怎麼說法的？**」他就敘述了：「**施主問說和尚近日怎麼說法，和尚您平常就是這麼說的，所以他一問，我也這麼豎起一指來。他很歡喜，就給我這一張銀票。**」

老實說，帶回來的銀兩能帶得幾十兩上山？古時銀兩很不容易化得整兩的。但童子帶回來的竟然是一張銀票，俱胝禪師看了就想：「**原來我這個童子也會這樣度人，可他終究沒有悟，該怎麼辦？他都為人說了。」於是他有一天藏了一把刀在身上，就問童子：「那天去見那居士化緣的事，你再說一遍看看。」這童子說完時就舉起一指來，俱胝禪師看準了就一把抓住童子的手指，刀子一揮就把手指割斷了。痛不痛？當然痛啊！這童子呼天搶地趕快跑開，俱胝禪師就在身後突然大呼：「童子！」很大的一聲呼喚，童子因為被他呼喚慣了，就停住腳步本能轉身過來，沒想到俱胝禪師又舉起一指來，這下童子就悟了。

童子這一根指頭割得不冤枉，假使到處都沒辦法悟，割上十根指頭可以悟也行，真的。可是，得要遇到俱胝禪師割了才有用（大眾笑…），我說的是真話，否則割再多指頭也沒有用的。好，有人接到禪三錄取通知單了，再兩週要上山去，把這公案帶上去好好參究。那麼我這是說的什麼？說怎麼樣可以發起精進，有時真的要用針砭才有用；那童子不是一天到晚看著師父這樣子嗎？但始終悟不了；來參禪的人看著他師父每一次都是這樣子豎起一指，也一樣悟不了。那童子平常每天看著也是一樣悟不了，可後面為什麼這一指也就悟了？因為發起精進。所以這部經的命名也可以叫作《發起精進經》。

第三個名稱叫作《降伏破戒經》，當 如來把破戒後導致經歷無量無數劫還不能得順忍的事情講了出來，末法時代的破戒比丘們，但凡對 如來之言有所信受，就會趕快設法把戒法找回來，精嚴持戒好好去懺悔。想想看，如來前面講的破戒者經歷了無量無數阿僧祇劫之後，也奉侍過九十九億佛之後才能來到 釋迦佛的座下，竟然連初果前的順忍都得不到，那你想想看，破戒因緣的業障是多麼重。

這順忍不是《佛說十地經》講的那個順忍，《佛說十地經》講的順忍是初地、二地、三地的事，破戒比丘全都甭想，所以不是指那個順忍，而是說佛法所說的那一些道理，他們心裡仍沒有辦法完全順受——無法隨順安忍，連初果向都證不得。如果現代的破戒比丘讀到這一段，也瞭解 佛陀講的意思，他們一定想：「**我幹嘛爲了一世的所有而去破戒？真的划不來啊！**」不論怎麼算都划不來，當他們想通了，乾脆轉變心態而全部都用來護法。貪了二十年、三十年、四十年，乾脆全部拿來護法，消滅一切罪愆，然後趕快重新去受戒，努力精進修行。

以前沒有誰講過破了戒以後竟然要遭受那樣的果報，不只是墮三惡道而已，三惡道一一具足苦受之後出到人間時，再進修阿僧祇劫而經歷九十九億佛之後，竟然連順忍都無法證得。一世去貪求、破戒貪求的所得竟然要付出那樣大的代價，卻只能擁有幾十年，眞的不成比例；如果他們想通了這一點，就會把破戒給降伏，再也不破戒了，所以此經又名《降伏破戒經》。

第四個名稱叫作《選擇諸法經》，假使這部經中 如來所說那些眞實理，有人能正思惟而得到正確的所知所見，他對於諸法就懂得如何選擇，一定會發起決擇分；有決擇分時就會懂得選擇諸法，道業便很快地可以入手，於是能夠按部就班、次第前進，所以這一部經又名《選擇諸法經》。世尊說：就應當這樣來奉持。

那麼奉持這一部經，如來說：「**所得功德無量無邊。**」眞的是如此。諸位想想看，現在全球佛教界，能有誰奉持這一部經典？找不到的。有誰每天請來課誦的？也找不到。如果每天早課誦《心經》，那是很普遍的，可是有誰拿這一部經來課誦的？絕無！也沒有「**僅有**」。連你們這麼精進的人，都沒有誰課誦這一部經典，外面的那些破戒比丘、比丘尼就別講了。所以說，如果能以這部經來作爲他每天課誦的經典，或者不單課誦，還加上奉持，他的功德一定是無量無邊，表示他一定不久之後就會開悟了！因爲這麼深妙的經典他願意課誦、願意受持，表示他一定很有智慧，願意深入理解而加以思惟；像這樣的人，邪見一定會一分一分消失掉，正見每天一分一分建立起來。

像這樣的人，一定設法尋找眞正的善知識而受學，然後他有一天碰著、磕著、觸著，一定會遇到如來藏，親見自己的本來面目，所以說他「所得功德無量無邊」。而且願意課誦這部經、受持這部經的人，一定不會破戒，一定不會謗佛、謗法、謗僧，也一定不會貪求名聞利養；他心中一定以道業爲重，以眾生的法身慧命爲重，所以他的功德一定無量無邊，願意以這部經作爲他的常課，這樣的人一定是很有抉擇智慧的人，一定不久就開悟了。

那麼破戒的比丘們對這部經的所說都不會信受的，我們的同修曾經有和某一個道場的信眾接觸，因爲這部經我們很早以前就宣布要宣講的。臺灣佛教界有一現象，凡是我們預定要宣講的經都會有人先去讀，有時也會有大師因此就先講，因爲他們覺得好奇：「蕭平實爲什麼要講這部經？」所以有人就去讀，讀了以後去問住持法師，得到的答案是：「可以讀的，但只讀前半部就好，不要讀後半部。」諸位想一想，爲什麼不要他們讀後半部？（有人答話，聽不清楚）眞的是這樣嗎？我倒不認爲。他們不一定是破戒比丘，但他們會覺得讓居士讀破戒比丘的事，心中有點感同身受，不一定是因爲他們已經破戒了；但有可能是「人同此心、心同此理」而想：「你們如果讀了後半部，若是看輕我們寺裡的比丘們，好像不太好。」可能是這樣想的，因爲我比較善良（大眾笑…）。今天就講到這裡。

《佛藏經》上回講到八十六頁第三段、第三行，最後是說，如果有人誦持這部經，所能得到的功德無量無邊。世尊之所以這麼說，是因爲誦持這一部經的人一定不會破戒，也懂得護持三寶，也一定會經由熏習這一部經的〈淨法品〉等法義，使他的正知見不斷提升，最後總有一天因此可以悟入；若是悟入之後轉依的功德，那更是無量無邊了，不僅僅是誦持的功德而已。

也許有人會想說：「我證悟後到了今天，也沒有看到什麼無量無邊的功德啊！」如果他是這麼想的，我要是知道了，就趕上前去打他幾棍！原來他要的是有量有邊的功德，才會看得見。既然稱爲無量又無邊，怎麼可能現前會看得見呢？而且這功德，只要你有這個智慧在身，這種功德就會在你行住坐臥之中顯示出來；就會使有緣的人前來追隨，福德就跟著出現了。所以功德是自己受用的，而不是顯現在外的有形之法。

祂不是有形之法，爲什麼得要在眼前看見什麼有形的功德，來顯示給別人看說：「我有這個功德。」所以「無量無邊」的定義先要瞭解，不要誤會成有形的物質像是沒有邊際的那麼多，無法用數量計算。功德本來就無形無色，沒有量可以計算，也沒有邊際可言。因爲當你證悟了諸佛之寶藏時，懂得了《佛藏經》在講什麼，表示你有三德的少分了；雖然得要將來成佛才能具足，但現在已經有少分的三德，這個三德是沒有邊際可說的，也沒有數量可以計算的，所以這個功德當然是「無量無邊」的。

假使誦持《佛藏經》未來是可以證悟的，這功德就無可比量了。諸位想想，佛法二千五百多年後的今天，依舊有那麼多人不信如來藏，那他們要到何時才能證悟呢？如果他們這一世開始「誦持是經」，未來世就有因緣可以證悟，因此說這功德眞是無量無邊；只因爲誦持這一部經，將來可以證悟。可是諸位看看，如今不說大陸，單說臺灣就好，還有那麼多的法師都不信這一部經；若是要叫他們誦持，那是門兒都沒有。如來說爲什麼誦持這一部經的「功德無量無邊」？因爲末法時代破戒的比丘們，對這部經典尚不能信—

—連信受都不可能，那你想想：信都不可能了，他們怎麼可能願意讀、誦以及教人呢？所以當你誦持這一部經時，縱使這一世還沒有因緣可以證悟，但未來世可能在十百千世後一定有因緣可以證悟。想想看：古來證悟的人那麼少，若是十百千世以後可以證悟，這不是「功德無量無邊」了嗎？

也許有人說：「老師！你這個話有點誇大吧？我們看《景德傳燈錄》中的記載，有那麼多人證悟，不在少數欸！」說的也是！但問題是：那是多少年累積下來的？如果一個人一世活上八、九十歲，或者就以七十歲來算好了，那麼從玄奘到現在是一千幾百年？大約一千三百年，差不多吧？從唐朝到現在一千七百則證悟的公案中，還要扣掉悟錯者的公案；然後這一千三百年除以七十歲等於幾世？這幾世用來除那一千七百則公案，也就是說證悟的人一世又一世輪轉下來，同一個人的名號會有幾個？因為上一世叫張三，這一世可能叫李四，下輩子又叫作王五，下下輩子有可能叫作趙六，那你想證悟者能有多少人？中國人口很多，也才只有這麼些人被記錄下來；那麼假使把沒被記錄下的人加上十倍，也才只有多少人？很有限的。

所以假使那些六識論的法師們這一世願意受持這一部經，每天都來讀誦，十世、百世、千世後可以證悟，這功德就夠大了！所以 如來說的沒錯。想想現在還有多少出家人不信《佛藏經》？他們繼續堅持說如來藏是外道法。最近幾年雖然不敢講了，可是還有個比丘尼寫了書明目張膽的說，二乘菩提的解脫道比大乘菩提更勝妙。你們聽了覺得啼笑皆非，想要為她哭，覺得很不值得；想要笑她，又覺得她很可憐，捨不得笑她，眞是啼笑皆非。

所以末法時代破戒的比丘、謗法的比丘尼們，他們對於《佛藏經》所說的深妙義理尚且不能信受；你如果叫他們每天讀一讀，那就更難了。連信都不信了何況是讀，讀都不想讀了何況要把它作為課誦的日課或晚課。若是期待他們用這一部經的義理來教導眾生，那就更困難了；因為他們連信都不信了，怎麼可能讓他們「讀、誦、教人」而生起「歡喜心」呢？這部經中所說的義理，對他們來講，都覺得每一個字就像一根刺、刺向他們的眼睛一樣。只要這一部經存在人間，他們猶如芒刺在背，每天都不能安忍，想要期待他們對此經生起歡喜心，那就是緣木求魚。

世尊又解釋說：「阿難！譬如惡賊，於王大臣不敢自現，盜他物者不自言賊。」就好像惡賊面對國王以及大臣時，一定會遠遠地躲藏起來，不會現身在國王大臣的面前。竊盜別人財物的那些盜賊，他們也不會自認是賊。有時看見新聞報導，那賊當場被抓到時，他們的說詞眞是五花八門；今天還報導一個賊被抓到時說：「我是來幫屋主開門。」（大眾笑…）你說好笑不好笑？所以盜賊不會宣稱自己是盜賊，即使是當場被抓到也不承認。那些反對《佛藏經》的人也是一樣，所以破戒比丘不會承認自己是破戒比丘。他們看見《佛藏經》中對於破戒比丘所得的果報這樣的說明，又是具體指出來的，他們當然受不了，所以他們一定不喜樂這部經繼續存在，更何況要他們「讀、誦、教人」？因爲他們連信都不信。

如來接著又說：「如是，阿難！破戒比丘成就非沙門法，尚不自言是惡，況能向餘人說？自言罪人？」也就是說：「道理就像是這樣子，破戒的比丘成就了非沙門之法，當他們成就非沙門之法以後，一定不會自己承認成就了惡事。」身爲惡比丘，何況能向其他的人說自己是成就了非沙門法的破戒比丘？何況能自稱是罪人呢？他們當然一定要隱覆自己，否則名聞利養就全部失去了。

如來接著說：「阿難！如是經者，破戒比丘隨得聞時能自降伏，則有慚

愧，持戒比丘得自增長。」這是說，像這樣的經典，因為《佛藏經》不是唯一的一部講了義法的經典，還有其餘的經典也是了義法的經典；像這一類的經典，破戒比丘隨著他們有因緣可以聽聞時，如果他們能自己依於經中的聖教而降伏其心，這就是有慚有愧的人；如果是持戒的比丘，隨著他能聽聞這一部經典時，道業就可以自己逐漸地開始增長。這就是說，有的人雖然破戒了，我們不用一味地排擠，因為他也有可能遇到這一部經典之時，心中歡喜信受，然後就改正過來。只要他們改正了，回歸第一義諦，不再毀謗第八識正法，那他們就是有慚有愧——慚與愧兩個善心所法就開始增長。

慚與愧這兩個心所法是善法，有時作錯了事情，就對當事人趕快合掌，或如世俗人趕快抱拳，口裡不斷地說：「慚愧、慚愧！」如果作錯了事情被人家發覺了，比如竊盜而被抓到了，竟說：「我沒有竊盜。」明明贓物在他手上，他還說沒有竊盜，他辯解說：「我只是借用一下，不是竊盜它。」那叫作無慚無愧。從被人家罵他無慚無愧來看，顯然有慚有愧就是善法，所以有慚有愧時就不會犯同樣的錯誤。在佛法中說，慚是發露事實，愧是後不復作。也就是說，慚與愧是兩個心所法，既然這兩個心所法是善法，就表示讀了《佛藏經》的破戒比丘一定是改往修來，過去已說已作的就趕快懺悔，設法去彌補，把罪業給滅掉；未來不再重新違犯，所以「破戒比丘隨得聞時能自降伏」。

這個「能自降伏」是很重要的，他們能依於聖教而降伏其心，不再犯錯，不再破戒，不再謗法與謗賢聖，那他就是一個有慚有愧的好比丘了。反過來說，原來沒有破戒的人，讀了《佛藏經》之後一定是正知見快速地增長，邪見也就快速削減，最後他當然也會有因緣證悟，所以 世尊說：「若人誦持是經，所得功德無量無邊，」這是絕對不易的道理。那麼接著 世尊又繼續開示：

經文：【說是經時，無數諸天於諸法中得法眼淨；惡魔及諸眷屬皆大憂惱，如墮十六種火坑，大啼哭言：「瞿曇沙門知我覺我，我常長夜願佛滅後破持戒者，助破戒者，欲令諸惡比丘不知佛法，但知讀誦。我欲於佛法中破安隱心，語言此非佛法，無有義趣。瞿曇於今在諸天人大眾之中守護是法，遮我所願。」魔說此已，心懷憂惱，忽然不現。爾時世尊欲明瞭此事，而說偈

言：

我所說諸法，隨順第一義；有爲不堅牢，如夢之所見。
我今說此法，呵責未來事，隨順第一義，防制諸惡人。
爾時惡世中，比丘心擾動，諍訟生是非，不能得涅槃；
沙門及白衣，所說無有異，爾時我此法，與俗法無別；
爲諸在家說：「汝知我希有，我得於佛法，初道第一果。」
更有比丘言：「我說不異是，此人與我同，我眞見法者。」
見法不見者，爲致白衣故，各於自法中，而生其議論。
有言一切有，有言一切空；不住於正道，性惡毀我法：
「汝勿近是人，可來親附我，爲汝說眞法，如我疾得道。」
如是諸音聲，流布於遠近，同心相黨助，破我所教法。
譬如諸惡賊，同惡共爲侶，反逆破國土，城邑及聚落；
爾時諸比丘，難可得開化，鈍根深貪著，小智依我人，
不解於如來，隨宜所說法，說有漏增上，自言是得道。
在於大會中，多有諸比丘，皆言有智慧，求智無一人。

若是大會中，或有一比丘，如實有智慧，皆呵言無智。
諸天神等見，法王道散壞，咸皆懷憂惱，相對而啼泣。
中有諸樹神，從樹而墮地，咸言釋師子，妙法今悉壞；
佛寶法僧寶，在世猶未久，如何於今日，悉皆當散壞。
我等不復聞，如來所說法，癡愚無所知，上道今將滅。

語譯：【如來說完這一部經時，無數諸天在諸法中得法眼淨；惡魔波旬及他的所有眷屬們都產生了很大的憂愁與煩惱，猶如墮入十六種大火坑之中，全部都很大聲地啼哭說道：「瞿曇這出家人知道我、也覺察了我，我永遠都在長夜中希望佛滅度後可以破壞受持戒法的人，來幫助那些破壞戒法的人，想要令所有的惡比丘們不知道什麼是佛法，只知道讀經典或者誦經典。我想要在佛法中破壞他們的安隱心，告訴他們說這並不是佛法，沒有眞實的道理和義涵。可是瞿曇如今在諸天以及所有的大眾之中守護這如來藏的妙法，遮止了我想要達到的心願。」天魔說完這些話以後，心中懷著憂愁煩惱，忽然就消失了。這時世尊想要讓大眾更加明瞭這件事情，就以偈這麼說：

我所說的種種法，都是隨順於第一義諦；有爲法並不堅固牢靠，猶如夢中所見的種種法一般。

我如今演說這個如來藏妙法，也呵責了未來末法時代的種種事情，這是隨順第一義的眞實理，用來預防或者制止所有的惡人。

到那個時候五濁惡世的末法時代，比丘們心中擾攘喧鬧而動盪不安，互相諍訟而出生了種種是非，都不能證得涅槃；

出家人以及在家人，互相之間所說的已沒什麼不同，到那時我這個如來藏妙法，就變成和世俗法沒什麼差別了；

於是出家人就爲所有在家信眾們說：「你們應當知道我是非常希有的，我已經證得了佛法，是解脫道中最究竟的第一果。」

而且有比丘這樣說：「我說的跟他講的沒什麼不同，這個人是與我一樣，我們都是眞正看見佛法之道的人。」

已經看見法以及還沒有看見法的人，爲了想要招徠在家信眾的緣故，各自在自己所修證的法中，互相產生了種種的議論。

有的人說一切法都是眞實有，有的人說一切法全部都是緣生性空；同樣都不住於正道，他們心性惡劣而毀壞我所傳下來的法：

「你們不要親近這樣的人，可以來親附於我，我爲你們演說眞實的法，都可以像我一樣很快得到佛法之道。」

像這樣的種種音聲，四散流布於或遠或近的地方，他們心裡想的都一樣，就互相結黨幫助，來破壞我釋迦牟尼教授的正法。

譬如許多的惡賊，造作同樣的惡事就互相成爲伴侶，造反而回過頭來破壞國土，也破壞城邑和聚落；

到那時的諸惡比丘們，很難得到開示與化導，鈍根而且深深地貪著種種世間法，他們有小小智慧而依於我見人見與世俗人相處，

根本不能理解如來，隨著各種便宜所演說的一切法，說的都是有漏的增上法，而自稱已經得道。

在於大會之中，有許多惡比丘們，都自稱是有智慧的人，但眞要去推求他們之中誰是有智慧的人，其實連一人都沒有。

如果是在大會中，有時可能有一位比丘，是如實修證而眞的有智慧，卻被那些人呵責爲無智慧的人。

諸天神等都看見，法王之道已經散壞，全部都在心中懷著憂愁煩惱，互

相面對哭訴而涕泣了起來。

其中有很多的樹神，因爲傷心而從樹上墮落於地面，他們都這麼說：釋迦牟尼佛雄師子，如今妙法已經全部毀壞了；佛寶法寶與僧寶，以前存在世間的事實還不是很久，怎麼會在短短的今天，就全部都將散壞。

我們眾神也沒有辦法重新再聽聞，如來所演說的正法，這些人是癡愚而無所知的，無上之道如今即將滅壞了。】

講義：因爲這首頌很長，所以我們分段來講。先回歸到長行來。演說這一部經時，無數諸天在一切法中證得法眼清淨。法眼清淨到底是什麼？這有兩種說法，如果他是聲聞人而聽聞了《佛藏經》，他的法眼清淨就是斷了三縛結，證得初果；因爲第一義他聽不懂，其中有關五陰成住壞空、無常、苦、無我的法，他是聽懂的，當他聽懂了就可以斷三縛結，這就是法眼淨。但這部經沒說完之前，爲什麼他不能斷三縛結？這有一個道理，我們稍後再來談。如果是修學大乘法的人，他所得的法眼清淨，就是佛法中說的眞見道；他就能證得如來藏，也就是證眞如而且心不退轉，這就是大乘法中的法眼淨

——開悟明心眞見道。

那麼現在回到剛剛那個題目：爲什麼這部經聽完了他們能得法眼淨呢？不論他們是證得初果或是菩薩道的眞見道。這要說到見道這回事，有的人說禪定他也有修證，未到地定也有實證，依道理來說，當他觀行確定五陰、十八界虛妄以後，應該當場就證初果了；可是往往他沒有辦法證初果，因爲他對自己的觀行結果心中還有疑慮，無法承擔下來。那麼當他聽完這部經時，心得決定，這時就是得法眼淨，就是證初果了。所以會外常常有人說：「這道理我懂了，我也觀行過了，它就是這樣，所以我早就是初果人了。」其實他不是，因爲他深心中還有疑慮，但他心中並不瞭解自己的疑慮何在，得要等他有因緣聽到善知識重新宣說以後，使他心得決定毫無猶豫，這時才是眞正的初果人。所以會外有很多人是大妄語的，但這是很正常的。

再譬如說，有的人未到地定修好了，那他也讀了很多公案，也私下參究，也許他有一天終於找到如來藏了，他自認爲說：「公案我都看懂，所以沒問題了，我眞是開悟者啊！」可問題來了，爲什麼一個開悟者作出來的事情，都不像一個開悟者？他在悟前不貪呀！「悟後」反而到處告訴人家說：「我開悟了，你們要來供養我。」可見他開悟的功德完全不存在，而且還比悟前更糟糕。悟前還算是個謙謙君子，至少表面上看來他無貪；但爲什麼他自稱開悟以後一天到晚貪名聞利養呢？他證悟以後的功德又在哪裡？

這表示他沒有轉依成功，就是他沒有心得決定。假使他眞正心得決定了：「**從此以後我就是依所證的如來藏，來作我今後修道的根本。**」那他就無貪了，不應該比「悟前」更貪，最多就是像以前那樣小貪罷了。然而，大家所見是他「悟」後比以前更貪，而且趕快開宗立派去當開山祖師，然後希望大家來護持他、來供養他。這表示他沒有轉依成功，而他沒轉依成功的原因何在？就是因爲沒有心得決定——於證悟這件事上沒有定心所，也就是沒有眞如的三昧，開悟的內容對他而言只是知識而已。

所以這時　如來說完這一部經、說完那一部經時，他心得決定了，完全轉依眞如或斷三縛結的境界而安住，再不像凡夫了，這才眞正得法眼淨，這時才是眞正的證眞如，因爲他轉依成功了。可是這個道理，當事人往往不知道，直到善知識點了出來才知道。所以很多經典到最後說：如來說完了這一部經典時，有不可計數的天、人證得法眼淨，或者得無生法忍，或者得無生忍，這才是正常的，沒什麼可奇怪，道理也就在這裡。也就是有沒有心得決定，來認定他是否真正得了三乘菩提中的哪一種法眼淨。心得決定了，才算是證得無生忍、無生法忍，或者初果的法眼淨。

在法上，這個道理很少人講解；應該說以前沒有人講過，所以許多人不懂。因此讀到經典最後〈囑累品〉中有這麼說時，心裡都懷疑說：「**哪有可能？我讀到現在都沒有辦法得無生法忍，我都沒有辦法得無生忍，連初果都證不得。**」所以他就想：「**這一定是後人創造的。**」可是他把前人（也就是佛世的那些弟子們）修行、證悟之前的過程忽略了，單看證得法眼淨的當下那一剎那。就好像現代人忽略了證初地前應該先有什麼條件，或者證得阿羅漢以前先應具足什麼條件，或者想要眼見佛性之前應先具備什麼條件，明心前應該先有什麼條件；把這些前提都忽略了，然後他只看到公案這麼記載：某人來見禪師之時的幾句話之下就開悟了。可是他忽略了那個人見禪師之前，以行腳僧的身分十幾年中都在走江湖，喝掉了多少漿水錢，穿破了多少雙草鞋，參訪過多少善知識，他都不看，只看那一本書中的一頁之中的一段短短文字：見了禪師之時說了幾句話就開悟了。他想：「**我也要這樣。**」

就好像 如來講的譬喻：有個愚人吃了六塊餅還沒飽，最後再吃半塊時就飽了，他後悔說：「**早知道這樣，我只吃最後這半塊餅就好了。**」世間就是有許多這樣的愚癡人。早期我是不簡擇任何人，不論誰來求見我都願意相見，大官我也見，沒當官的我也見，我全都接見；可他們都想：「**一來見到蕭平實就要當下開悟。**」於是我後來就不見了，因為他們都把前面那六塊餅的過程給忽略，單要最後那半塊餅的功德。眞的沒辦法了，我後來乾脆開班，而且課程拉長到兩年半，是因為剛開始時認為半年的時間還沒有學到什麼，我就幫他們開悟了，後來才會出問題。後來延長到一年看著也還不行，兩年也還不行，乾脆調整為兩年半的課程，才漸漸轉好一些。因此在修得應該具備的基礎之前，所謂的實證全都是假的，因為「悟後」不可能轉依成功。

例如悟前應該先有的未到地定，他如果沒有修成，表示他從未降伏其心；心不能降伏時，那他縱使觀行完成，所得的結論一定也無法從深心中接受下來。所以一定要先降伏其心，那就是修定；修定之後再來作觀行，正確觀行完成了，他也現觀五蘊十八界全都虛妄，這時該證初果了吧？不！當他觀行完成了以後，可能心中還是有疑：「**我如果把自己五陰十八界全部推翻**

了，這樣繼續修行成了阿羅漢，將來入了無餘涅槃，豈不成爲斷滅空？」他心中有恐懼啊！這就是《阿含經》中 佛講的：「因內有恐怖，因外有恐怖。」這是說他觀行完成時，表面上他是證初果了，那時講解斷三縛結的內容他也全都懂得，他想：「我已經確實斷三縛結了。」可是他心中有一個很深沈的疑慮存在，心裡懷疑著：「那我這樣觀行眞的正確嗎？搞不好我變成斷滅外道去了。」所以口裡說他證初果、斷三縛結，對外也自言證初果，實際上他心中沒有得到決定心，還在猶疑著，這樣子就不能叫作三昧。

三昧就是定，如果他有好因緣遇到善知識爲他開示：「你把自己完全否定，將來入無餘涅槃之後，不是斷滅空，爲什麼不是斷滅空？」接著爲他詳細解說無餘涅槃中的本際，而他全然信受了，這時才是心得決定。心得決定時就是三昧，他所斷的三縛結才算數；否則那個三縛結是吊在半空中，不上不下。這時說他沒斷三縛結嘛，他又講得頭頭是道；但那只是義理，那些義理由他口裡講出來時全部都對；可要說他有斷三縛結嘛，他的所說所爲又不像個初果人。初果人所得的斷我見三昧，也就是空、無相、無願三昧，他雖然懂得，也能說，可不算數，因爲他心中還有猶豫，不得決定；既不能心得決定，就沒有三昧可言了。所以空、無相、無願三昧，對他來講只是一個想望而非實證。所以爲什麼說你觀行完成知道五蘊十八界空、無相，所以就無願？是因爲你心得決定了，心得決定時才能稱爲三昧；而這個三三昧純粹是智慧，不是禪定。

又譬如大乘法，當你證眞如時，現觀如來藏的眞實如如法性；可是有的人親證時心中還猶豫著：「這是不是眞的眞如？」他心中還有別念，仍有許多其他想法的念頭在運轉著，還猶豫著不敢承擔下來。當他不敢承擔下來時，證得這個金剛法如來藏，在他眼前還是不算數的；因爲他猶豫著，猶豫時就不敢如實承擔，心中無法得決定，所以說他這時有金剛而無三昧，就不能稱爲證得金剛三昧。所以大乘法的金剛三昧，指的是證得金剛心如來藏以後，發現如來藏性如金剛永不可壞，而自己也找不到一個方法可以壞祂，他知道這才叫作金剛；因爲性不可壞、猶如金剛，而他心得決定了。心得決定時，有這個定心所時才能稱爲證得金剛三昧，因爲有這個定心了便叫作三昧，所以他有金剛三昧。

如果證得這個金剛法以後心中還有猶豫，心中不得決定而沒有轉依成功，就不能說他已證得金剛三昧。家裡人因此就會笑他：「**原來你有金剛而無三昧**。」當眾被家裡人這麼一笑時，還眞下不了臺。套句現在的漫畫說：額頭上有三條線。所以你們哪個人假使拿到我的金剛寶印以後，哪天心中又起疑了，我就當眾說你：「**原來你有金剛而沒有三昧**。」你們增上班的同修們可得小心著了。

因此所謂「**得法眼淨**」、「**得無生忍**」、「**得無生法忍**」，都是依於有沒有心得決定來判斷的。有的人在非安立諦的三品心都觀行好了，安立諦的十六品心、九品心都觀行好了，但無生法忍還不能獲得。譬如入地前應該有的慧解脫實證他有了，入地前所應該有的大福德他也有了，而入地時應該發十大願的無盡願也發了，換句話說他也有增上意樂了；可是也許有一些菩薩們就說：「**你還沒有證得無生法忍**。」是因爲他對於入地應該有的非安立諦那三品心、以及安立諦的九品心、十六品心他都有了，十個無盡的大願也發了，可是他心中還有一點猶豫；但是等他聽完如來演說某一部經時，他終於心得決定，深心中的猶豫消失了，這時就說他聞之後證得無生法忍。

所以諸經的末後說，佛講了某部經之後，有多少菩薩得無生忍，多少菩薩得無生法忍，有多少菩薩證得初果，這都是正常的。道理就在於觀行完成之後有沒有心得決定，心得決定時才能稱之爲三昧。所以對許多經典後面說的：如來演說完這部經典時，多少人證得無生法忍……等，都不需要懷疑，因爲那是事實。

言歸正傳，如來說完這部經典之後，惡魔波旬以及他的眷屬們，心中懷著很大的憂愁與煩惱，心中很痛苦，猶如墮入十六種大火坑之中；他們最大的心願就是所有眾生永遠輪迴在欲界中，都不要出離欲界境界，更不要出離三界。這是因爲天魔的眷屬欲非常強，如果有某個道場或某些道場，一天到晚打電話來說：「某師姊、某師兄！你好久沒來了，師父好想你喔！」那你就知道那是眷屬欲非常強的道場。你們如果一個月都沒來上課，會不會接到親教師、助教老師說：「你爲什麼好久沒來上課？趕快來呀！我好想你喔！」有沒有聽過？都沒有啦！我們正覺的門風就是「來者不拒、去者不追」。只是時間久了以後，也許會起疑說：是不是生重病了。就會通報福田組派人問問是否病了，若是有病需要幫助，福田組就會派人幫助。若是沒病而不想再來修學了，不會有人去拉你回來的。

這就是說：眞正的法是解脫之法，何必打電話拉呢？我想起早期我剛開始弘法時，在中央信託局佛學社，上課時有五、六十個人，講到最後只剩下六個人，我也都不問那六個人說：「爲什麼某某人沒來、某某人沒來。」我都不問，我想，剩下最後一個人我也教。如果最後一個人也想不學了，我就回家吃老米。我絕對不會打電話去問說：「你爲什麼沒來上課？」因爲我們沒有眷屬欲。後來終於弄懂了：原來他們是因爲聽不懂。我就探問剩下來的人：聽不懂的原因是什麼。後來終於知道是因爲沒有學得參禪的功夫，因爲都沒有看話頭的功夫，所以我講解《博山和尚參禪警語》時，他們都聽不懂，越聽越痛苦，乾脆不來。

我弄清楚了就說：「好！那我改教你們作功夫，禪的事先擺在一邊吧。」才開始教他們怎樣作無相念佛的功夫，然後轉成看話頭的功夫。有的人兩週後就會無相念佛的功夫，有的人三週後會了，風聲傳出去，人就快速回來了！眞的好現實。但這是正常的，其實不能說他們現實，因爲若是學不到法時就不要學，那是在浪費生命。若是可以學到眞法，就表示那是眞實的佛法。假使師父證悟了，徒弟們不是那種心性惡劣之人，就應該會有一些人證悟，才是眞正的佛法。假使有人宣稱他是如來，那他座下一定會有妙覺、等覺、十地、九地，下至三賢位的菩薩與凡夫，應該這樣才對，否則那個如來就是假的。這道理很顯然，不用再作任何解釋。

所以天魔的眷屬欲非常強，他怕人們離開。我以前作過譬喻，說有個大富長者買了一塊地幾百公頃或者幾萬公頃，四周是大山，裡面放養了許多牛羊；那些牛羊自在生活於大山谷中，他不會一個一個去把牠們綁著，就讓牠們在大山谷中到處晃，就在裡面娶妻生子、子孫繁衍都很好，他都不管。可要是哪一天有一條牛、有一隻羊找到了出路，眞的要離開了，他可就來了，一隻也不許離開。可是若遇到有個比他強勢的人開了路，告訴那些牛羊：「想要離開的就可以從這裡走。」那大富長者管不了時，心裡可就煩惱了，而天魔就像是這樣。所以很多人在欲界生活說：「你們都說有天魔，我又沒遇見過，你證明給我看！」就好像那些牛羊說：「哪有什麼大富長者？你證明給我看！」那大富長者哪有閒工夫去給牠看？所以沒有看見不等於沒有。

因此天魔的眷屬欲很強，當你有能力脫離他的境界時，他就會想辦法再把你給拉回來，你想要見天魔就只有這個時候，其餘時間都沒機會的。我也跟諸位報告過了，我這一世發起初禪之時是遍身發的圓滿初禪，所以他連著派三個女兒來，這故事我跟諸位講過了；但他沒有成功，不然就沒有我今天坐在這裡說深妙法了。這表示說，魔不會隨意示現給欲界中的有情看見，他只要看著人們永遠都在他掌控的境界中就夠了。那我繼續在人間教導大家怎樣出離他的境界，當然他很痛恨我，可是對我無可奈何，因爲我的境界不是他所能知道的。所以天魔波旬非常看重欲界裡的有情，只要欲界有情繼續輪轉在欲界中，不超脫於欲界第六天，就永遠是他的眷屬；他就是喜歡這樣，眷屬越多他就越歡喜。就好像一個大富長者，子孫繁多他就很歡喜，說「**我家族興盛**」，天魔就是這個想法。

所以看到許多人「**得法眼淨**」時，即使是聲聞法中的法眼淨，最多七次人天往返也能出三界，不單是出離他所掌控的欲界，更何況還有得大乘法中的無生忍或無生法忍的，所以惡魔和眷屬心中大憂惱。然而他們後來眼看著沒辦法了，因爲《佛藏經》講到這麼清楚了，大家都是心得決定而得不退轉時，他們心中很痛苦，但最後也只能失望離開。但離開之前總要抱怨幾句吧？所以心裡很痛苦，抱怨著就大聲哭了出來說：「**瞿曇這個出家人知道我們在**

幹什麼，已經覺察出來我們眾魔在幹嘛了，」關於「瞿曇」，早期曾經有人跟我要求什麼時，我有時會說：「那你要先徵得瞿曇老人的同意。」我對他提出這個條件，他還問我說：「哪一位是瞿曇老人？」我說：「是背後這一位。」

（大眾笑…。）

那麼天魔眼看著沒有辦法了，所以說道：釋迦如來都已經覺察到他私底下在幹什麼了，那麼他又說：「我永遠都是在長夜中希望佛陀滅度之後，來破壞那一些受持清淨戒的人。」這裡是講「長夜」，表示很長的時間都住在無明之中。很長的時間，假使像古時的大火山爆發導致好幾年都看不到太陽，那就叫作人間的長夜。又譬如說，假使被關在一個房子中密閉很久，光線全都透不進來，又沒有電燈，那叫作長夜。他希望的是「在長夜之中」，也就是眾生很長時間一直都住在無明之中，像這樣安住；他想要在 如來滅度之後，在長夜的狀況下來破壞那些受持清淨戒的人。因爲 如來在世時會攝受大眾，使破戒者能懺摩清淨、回歸正道，他就沒辦法產生很大的影響。

但是 如來即將入滅了，他就希望 如來趕快入滅；當 如來入滅時，眾生就等於沒有明燈照耀，等於永遠長時間都住在長夜中，也就是長時間住在無明之中。這時他正好去破壞那些受持清淨戒的人，於是就會有種種的引誘：或者名聞的引誘，或者利養的引誘等，有非常多種五欲之繩可以來繫縛這些受持清淨戒的人；那時他也可以幫助破戒的人，讓破戒的人勢力越來越大，就可以擠壓那些持戒者，使清淨持戒者勢力微小，最後消失。現在大陸佛教界不正是如此嗎？魔力高漲，正法勢力衰微。那他還有一個辦法來破壞佛法，就是設法使所有惡比丘們不懂得佛法，只懂得在早晚時課誦，只讓表相佛教存在；這就是天魔一招很厲害的手法，他灌輸給末法時代的出家人、在家人同樣的一個想法：「現在是末法時代了，證悟的事是大菩薩們的事，不是咱們的事，你就不要妄想開悟了。」

往年我弘法時，常常聽到人家進正覺來時告訴我這種話，都說他師父就是這樣告訴他的。那些法師們告訴徒眾說：「證悟是大菩薩們的事，末法時代已經不可能了，你們別癡心妄想。」這些話在那些法師們的嘴中不曉得講過多少遍了，也不曉得跟多少人講過了。所以有很多人信了，心裡想說：「唉！正覺那個開悟大概也是假的啦！怎麼會是眞的？都末法時代了，而且還是五濁惡世，怎麼可能？而且聽說他們有的人兩年半就開悟了，眞是笑話，開悟哪有可能兩年半中就悟了？」所以信眾們還眞的相信不疑。

但我老實告訴你，不止好多人來同修會之前聽到他們師父這麼講，我就親耳聽到淨空法師這麼跟我講。那時我去杭州南路拜訪他，因爲聽說他心性不壞，不貪名聞利養，對佛教界那些不好的事相也敢批評，我對推薦的同修說：「這個人果然如你說的直心的話，那我就把法傳給他吧。」所以我去杭州南路拜訪他，他那時住在華藏講堂；沒想到一見面大失所望，眞的大失所望，我跟他說明：「念佛法門其實可以從持名唸佛轉進，一直到最後體究念佛而到達實相念佛的階段，這是有次第可以轉進的。」他才一聽，就給我戴高帽子，那頂高帽子正面應該是寫著：「大妄語人。」因爲他對我說：「你還眞行！都末法時代了，證悟是大菩薩們的事，我們老老實實唸佛就好了。」

緊接著跟我講一句話，我聽了眞是老大不歡喜，他說：「我這些出家弟子們，如果其中有一個人能下品下生我就很歡喜了，不敢講什麼開悟啦！」我聽了就直接跟他講下品下生的事：「您這些出家弟子是不是都幹了五逆十惡的重罪？」他這一聽，知道不對了，我就說：「下品下生是五逆十惡重罪都幹了的人，才會下品下生啊！」所以他就把話頭拉開，不再談這個了。那我等他講完了，又拉回講下品中生，他又拉開；等他拉開了，講到一個段落時我又拉回來講下品上生；就這樣從下品下生講到上品上生。然後我看他沒有辦法溝通，因爲他的慢心太重了，所以我供養了他一幅字，是張老師幫我寫的，然後供養了個小紅包，跟他頂禮三拜就離開了。

像他那種法師的觀念是錯得一塌糊塗的，不幸的是末法時代卻是普遍的現象，都告訴人家：「你只要好好念佛就好了！不要想什麼實相念佛的事。」不然就告訴人家：「你只要好好課誦就好了，不要管經文中的道理，也不要講什麼開悟，都末法時代了！別夢想了！」不幸的是信眾也都接受了。如今也還有很多信眾都接受著，這就是天魔的手段：「欲令諸惡比丘不知佛法，但知讀誦。」所以好多人早課誦《心經》，都不想理解經中的義理，更別說求實證的想法了。有好多人晚上課誦《阿彌陀經》，可是他們也沒有求願往生極樂，眞的很奇怪。

依照我的想法，這是不可理解的。所以我這一世才剛學佛，去參加人家每週末晚上的念佛會，唸完了回來時就想：「唸佛是爲了要幹什麼？」第二個週末晚上再去時，我就問一位法師說：「請問師父！我們每週來唸佛，目的是要幹什麼？」沒想到他轉身休去，倒像個禪師呢（大眾笑…）。原來他是不知道要怎麼回答我。後來我又聽說週日下午有個禪坐會，叫作般若禪坐會。我一聽到般若禪坐會，可能因爲般若好像很熟了，有興趣，於是我第二天下午就去參加了，看是在幹什麼。

原來是坐一坐以後，師父會來講一些公案；聽著聽著，欸！也有一些味道了。那時還不知道他言不及義，因爲往世的證量都還沒有回來。就這樣跟著打坐數息，過不了多久我又問另一位指導的法師：「師父！那我們每天打坐目的是幹什麼？」這回他沒有休去，倒是有跟我說：「你要把定修好，定修好了就可以開悟。」過了幾週我又問：「那開悟到底是悟個什麼？」所以我這個人是好奇寶寶，一大堆的問題，沒想到他們都答不出來。到後來我自己成就了看話頭的功夫了，不單是打坐時的一念不生。

我自己有看話頭的功夫，而且修到見山不是山的境界了，然後去朝禮聖地回來，我自己閉門參究十九天；到最後一天時，我把聖嚴法師教的那些內容全都丟棄，自己去整理明心見性這四個字，根本不是參禪。我就整理出來：「明心是明個什麼心？啊！心應該就是這個。那見性是見個什麼？應該是有個佛性可以看見或什麼的，那麼佛性究竟是什麼？」然後隨即了知佛性，就看見了，我就這樣解決了。所以前面那些只是在思惟而把人家的教法否定，全都推翻掉而已，這哪像參禪？其實是把過去世的所證撿回來，然後我才開始私底下爲親近的師兄弟說一點點法；開始說法之後就常常被禪坐會的輔導師叫去洗臉，後來只好離開。這些都是已經過去的事。

說到這裡，我就要讚歎現代禪，雖然最後證明他們是錯誤的，但他們當時很興盛時，在臺灣佛教界異軍突起，非常突出；而當時也沒有誰可以推翻他，因爲我也還沒有將往世的證量找回來，所以當時有很多人認爲說：「嗯！**他眞的開悟了。**」而他自認是阿羅漢，也印證有些人是三果、二果、初果人。雖然最後證明他也是悟錯了，他死前也宣稱自己是「**因中說果**」；但那時他們產生的影響是正面的，就是讓臺灣佛教界對於禪宗證悟這件事情發起了信心，這是現代禪一個很大的貢獻，這點我倒是要讚歎他。當然第二點要讚歎他：「**他眞是條漢子！敢對佛教界宣稱自己悟錯了。**」後來還有第二條漢子就是南懷瑾，他自己寫了文章，死後在他的網頁貼了出來，都還算不錯！至於其他犯了大妄語業的大法師們，有公開宣稱、公開向教界懺悔嗎？都沒有。

那麼在現代禪之前的所有臺灣佛教界，應該包括大陸，都說：「末法時代不可能證悟啦！只要好好唸佛、好好課誦就好了。」殊不知這已經墮入天魔的圈套了。所以當現代禪後來封山，去追隨修學日本本願唸佛的慧淨法師後，他是再一次走錯路，我們也無法為他們再作什麼了。其他的道場在那時看到正覺的崛起，他們以為我們是要跟他們搶名聞利養的，根本不相信有這麼一個道場是完全不求名聞利養的；所以那時佛教界都不相信這蕭平實是從來不收供養的。而我們弘揚的法又是如來藏妙法，他們從來都沒聽過，更不可能實證。所以就去尋找一些資料，例如印順法師講的「如來藏是外道神我」，開始攻擊正覺。可是沒想到我這個被他們指為外道神我的人開始回應以後，他們只能口似扁擔，張不開嘴回應了。因為連我在書中公開評論的釋印順都不敢公開回應了，他們哪來的智慧與膽量敢公開回應？這時才算是打破了天魔的詭計。

所以以前佛教界法師們都說：「不要求開悟啦，那是大菩薩們的事，不干我們的事。」都是這樣講的。那些心性比較善良的徒眾，或比較沒有智慧簡擇的徒眾就相信了，於是乖乖在他們道場中待著，每個週末或週日就去唸佛，或是繼續去作義工，永遠不離開，就這樣過日子，浪擲光陰眞的可惜，只能說是往世所造下來的業障吧。如果沒有遇到正法出現在人間，浪擲光陰就是不可避免；但若已有正法出現在人間，還愚癡地聽人家幾句話就乖乖地在那邊混光陰，那就是沒有智慧的人。

殊不知那一些法師們，全都中了天魔的圈套。天魔也許在他們夢中，也許在他們定中讓他們起個念：「**末法時代只要好好唸佛就好了，什麼都別幹開悟是聖人的事。**」但他們都沒有想到這些話是有語病的，如果開悟是聖人的事，那問題就來了，顯然聖人是本來就開悟的，不是開悟才變聖人；那麼如來下來人間傳法幹嘛？開悟者本來就是聖人，世尊不需要傳法給菩薩們啊！如果凡夫不能開悟了變成聖人，如來爲凡夫說法又是爲了什麼？所以那些法師們都落入天魔圈套中，心裡一點兒都沒有警覺，得要我們來把天魔的圈套給戳穿；所以今天把這個話講了，將來整理成書流通出去，也許有某些法師讀了，就不再被天魔這番話給矇騙，就是佛弟子眾的大福利了。

那麼天魔又說：「**我想要在佛法中破壞安隱心，告訴大眾說這並不是佛法，沒有什麼眞實義或內涵可說。**」天魔一向都是這樣的，所以當大眾想要求悟時，他就設法讓大眾澆熄了求悟的信心。當大眾讀到某一部經典或讀到某一位善知識寫的書，內容非常精彩，而且言之有物，不是打高空、天馬行空，是可以循著次第，可以依著他說的道理一步一步走上去的，所以心中很歡喜就想要求證這個法，這時天魔就會運用他的魔子魔孫來告訴大眾說：「這是外道法，不是佛法，你們大家都別信了！」事實上也眞的是這樣。所以我們很多同修把書送出去時，對方往往說：「我師父說蕭平實是邪魔外道，我不要讀他的書。」就是這樣子。有的人說：「我師父說，他講的也沒什麼，讀我們師父的書就好。」也有這樣說的，這不就是天魔波旬作的事嗎？

所以我們弘法早期，有的法師就說：「正覺弘揚的是外道神我，人家印順導師早就講過如來藏是外道神我了。」所以他們就說：「正覺那些書講的是外道法，沒什麼可讀的。」我們是經過那麼一段時間的考驗，所以我們只好不斷地出書說明：如來藏爲什麼不是外道神我，反而是他們所證的正好是外道神我。於是，局面才扭轉過來。

你們想想看，釋印順說如來藏是外道神我，可他自己的落處卻正好是外道神我，因爲他講的是「細意識常住」，但 如來早講過了：意識心不論多細、意識心不管粗細，全部都是外道神我，這在四阿含諸經中早就講過了；結果他落在外道神我中，反倒來指責我們這個能出生外道神我的如來藏是外道神我。當我把這個道理講出來，他們才閉嘴不講，以後再也無所能為了。所以天魔波旬的詭計得逞已經很久了，直到我們正覺出世才把他給破了，因此如來藏妙法才終於在臺灣有這麼一席立足之地。這眞的很不容易，但我們現在也只能在臺灣把如來藏大纛這面大旗高高矗立起來，沒有人敢再歧視如來藏大法，這是諸位的福報啊！

可是諸位想想西邊大陸，還有多少往世的同修們離實證的境界很遙遠；現在要問問諸位，我們該不該西進？（大眾答：該！）這就是我們的任務。還有許多同修不像諸位往生到臺灣來，他們如今還在大陸等著我們，這一世又一世的道情其實比兄弟姊妹之情還要親，因為兄弟姊妹大多是一世的關係，但下一世不一定和他們還是兄弟姊妹；可是師兄弟這個道情會一世一世延續下去的。我問諸位一個道理就可以明白了，請問諸位：下一世還想不想跟我？（大眾大聲回答：想！）想，那麼下一世你們座位的前後左右鄰居是不是都是師兄弟？（有人回答，聽不清楚。）是啊！所以這是一世又一世的關係，這道情遠比兄弟姊妹的親情還要親，所以諸位得要在背後支持著我來幫助還在大陸的同修們。

我們如今正在大陸繼續努力，換了一條新的道路來走；因為原來那一條路被天魔給堵住了，走不通，我們就換另一條路來走。但是我現在告訴諸位一個觀念上的好消息，不是實際上的好消息，因為還得要保密；所以最近我們這些北部的親教師有許多位常常要跟我開會，內容就不談，我只說觀念上的一個進展。

我們這個月或者上個月的月底才終於瞭解，在內地大多數官員的看法，你們比丘、比丘尼聽了不要難過，因為那是內地的看法，跟你們無關，他們說：「住在寺院裡穿著僧服的都是小乘人。」然後問：「你們正覺有沒有寺院啊？」我們說：「沒有。」因為我們正覺寺也還沒蓋好，當然是沒有寺院，沒有打妄語。「那你們正覺的老師們有沒有穿僧衣？」我們有一位老師說：「我們的導師到現在都還沒出家，怎麼會穿僧衣？」「那你們弘揚什麼？」「我們弘揚禪宗大乘法。」「喔！你們果然是大乘法。那我可以學你們的法。」原來我們以前在內地都是跟那些小乘僧人在爭，雖然我們不爭，是他們跟我們爭，所以那條路走不通。

現在我懂了，所以就換一條路來走，因此我們現在進行某些事，現在當然是鴨子划水，諸位出外就別講，先讓大家知道內地有這個觀念。但是剛開始要花很多錢，我們也就「捨得、捨得」吧，也就花了。爲了往世一世又一世的那些法上的親人，我們得要繼續努力。

這道理是告訴大家說，其實眞正的法被淹沒很久了，被淹沒很久的原因就是中了天魔波旬的詭計，告訴大眾說：「**這不是佛法，沒有什麼眞實義，也沒有什麼意涵。**」所以如來藏妙法一直被定義作外道神我太久太久了！如果不是我蕭平實出來弘法，力破他們的邪見，到今天如來藏妙法依舊被他們到處宣揚說成外道神我，全都中了天魔波旬的詭計。我們今天把他戳破了，天魔波旬也無可奈何。現在大眾終於知道—佛教界終於知道—原來如來藏妙法是這麼深妙廣袤，有眞實的意趣，而且具足三德。所以天魔波旬如今只能在大陸那些法師們身上動手腳，我們如果不走宗教路線，他們就動不了手腳。所以我們走另一條路線，未來也和他們和平共處，他們想不想與我們和平共存我們不管，我們只要符合法規、光明正大，把如來藏妙法弘傳下去就行了。

經中接著說：天魔波旬又說：「瞿曇於今在諸天人大眾之中守護是法，遮我所願。」天魔眞的看清楚事實了，因爲 如來早看清他的心機而防著他了；他想幹什麼、想怎麼作，如來早看清楚了，所以 如來才會宣講《佛藏經》這樣廣大深妙的經典，並且把末世的惡比丘種種形狀都加以說明。天魔波旬這時知道已經被 世尊看清了，而且 世尊把護持正法所應當有的觀念和作法，在這一部經中具足宣說了，所以說 如來「守護是法」已經作好了。這時天魔知道自己想要作的惡事都被 如來遮止了，於是天魔等眾哭著說完了，心中很不快樂地離去，這當然是「心懷憂惱，忽然不現」。假使天魔今晚有派人來這裡聽經說法，或者他親自躲著來聽法，這時也可能心懷憂惱，可以離去了！

接著 世尊想要讓大眾更加明瞭，這一部經爲什麼要宣說的道理，就用偈頌爲大家再講一遍；等於是把這一部經爲什麼要宣講的緣由重新加以說明，所以就說偈：「我所說諸法，隨順第一義；有爲不堅牢，如夢之所見。」世尊這麼說：「我所說的諸法，都是隨順第一義的；」換句話說，如來講人乘之法、天乘之法，乃至講三乘菩提之法，都是依第一義諦來說的。

往年佛教界都說：「**佛法就是四聖諦、八正道、十二因緣，再也沒有別的。**」我開始學佛時的佛教界也都是這樣講的。後來聽到有人講解禪宗公案，我心裡想：「**那禪宗公案的法，跟佛法有什麼關聯？**」後來我破參了，把過去世的證量找回來，再讀了些經典時又找回更多的法，終於知道：「**那根本就是同一回事！**」所以我聽到羅東的自在居士寫信罵惟覺法師，而且還在書中說：「**宗門與教下是兩回事。**」我就覺得很好笑！

諸佛都是依宗門悟了才能講出那些經典的，若是從經典的義理中悟了，也就懂得宗門是悟個什麼了；那分明是一回事，竟然可以說成兩回事。我後來想：原來是因爲我引經據典把他破了，他受不了，乾脆說宗門與教下是兩回事。可是祖師們悟後去閱讀《楞伽經》以後都說：「**佛語心爲宗，無門爲法門。**」這就是說，佛所講的一切言語—經典說的—那些言語都是以眞實心爲宗旨來爲大眾宣說的。既然都是以心爲宗旨而說的，顯然經中講的就是宗門所悟的內容，不然何必說「**佛語心爲宗**」？

然後接著說「**無門爲法門**」，想要悟入　佛陀在經中所說的眞如心，是無門可入的，是以無門作爲法門。因爲你只要一念相應就入門了，這不就是講禪宗嗎？禪宗就是一念相應時而證悟的呀！所以「無門爲法門」。可是這「無門爲法門」所證悟的心，卻是「佛語心爲宗」所說的眞如；那分明宗門與教下就是同一回事，因此這裡 世尊才說：「我所說諸法，隨順第一義；」這也證明三乘菩提諸經所說的都是以第一義來講的。時間所限，今天只能說到這裡。

辛苦沒有白費力氣，三個梯次禪三圓滿了，這最後一個梯次有一位眼見佛性。又一位成功看見佛性了（編案：詳見《我的菩提路》第五輯）。咦？怎沒看到她？到底坐在哪裡？不坐在這裡？慈慧老師沒坐在這裡喔？我希望每年至少能有一個人見性，就像市場中人家說的「沒魚，蝦也好」，最好是每年可有一個，那我一百零八位明心又見性的計劃就有希望達成。一個見性的人可以抵得十個明心的人，所以這第三梯次雖然只有五位明心，算起來等於十五個人明心了，也還行。但是明年四月最後第三梯次可能就大爆發了，因爲有不少人見性的因緣都成熟了，如今就只差那麼一點點。看來復興中國佛教還是有希望的，我們大家一起來努力吧！

上週講到：「我所說諸法，隨順第一義；」如來所演說的一切法，都是依第一義來講的，從來就不是依二乘解脫道來講；除非是大乘法講的深奧祕密的解脫，也就是《深密解脫經》（又譯《解深密經》）所講的，才是眞解脫；但這個解脫是大乘道的解脫，不是二乘道中所講的簡單易解的解脫，所以不管是大乘法或者是二乘法，下至於人天善法也是依第一義來講。因爲如果違背了第一義就沒有任何的五乘法可說了。所以 如來所說的諸法全都隨順於第一義，而爲眾生開示。

我們以前也講過，例如二乘法所說的解脫道，假使違背第一義就沒有解脫可言，一定是錯修誤證二乘解脫道。比如二乘道的見道，是要把自我五陰、六入、十二處、十八界全部否定，也就是諦觀這些有情之法全部屬於生滅無常無我之虛妄法；全部否定之後把對這個智慧的執著也全部滅除，才能入無餘涅槃。可是假使把意根否定了，那麼意識尚且不能生起，何況是有意識可滅？假使把萬法的根本因如來藏否定了，說祂不存在、是虛構的，那麼連意根也不可能存在，何況能有前六識的現起以及運作，乃至證阿羅漢而可滅祂？因爲連意根、意識都不可能存在，前五識就別提了，那麼又有誰能修學二乘解脫道？否定了第一義諦所說的主體第八識心，有情尚且不能存在，便不可能修二乘解脫道。縱使能修且把這五蘊、十八界給斷滅而入無餘涅槃，豈不成爲斷滅空？所以把第一義諦的根本—第八識如來藏—推翻了、否定了，也就沒有二乘解脫道之可言。

從因緣法來講，假使把第八識否定了，十因緣就不能成立；當十因緣無法成立時，十二因緣就成爲戲論，也無從觀行，想要證得緣覺果，乃至於無佛之世想要證得獨覺果，全都沒有機會了！因爲觀行之果德不可能成立，而且一定會如同　佛所說的那樣：「因內有恐怖，因外有恐怖。」就連我見都斷不了，遑論證得聲聞緣覺果。這是我們在臺灣佛教弘法二十餘年的現實情況中可以印證的，所以否定了意根和第八識以後，宣稱已經成佛、或者被推崇成佛的釋印順，著作四十餘冊，他的傳記名爲《看見佛陀在人間》；像這樣一個假佛陀，打從我們出來弘法之後，處處證明他的所說全部錯謬，而他的我見具足存在、分明顯現；那麼他之所以連我見都無法斷除，根本原因就在於不能隨順第一義諦，而他自認爲是隨順第一義諦。但那其實只是外道斷常二見的思惟以及邪說，完全違背第一義諦。

所以二乘菩提必須完全依止於八識論的妙理來思惟、觀行、實證，否則二乘菩提的所謂修證必定流於空談，沒有絲毫實質，而八識論說的八識心王正理才是第一義，緣起性空只是指涉到現象界諸法，是第一義所衍生的法義，不曾涉及第一義。那麼釋印順如此，密宗四大教派亦復如是；所以我們看見密宗黃教最有名的宗喀巴寫了兩部《廣論》，處處具足我見，而且還是落入五陰的我所中，樂空雙運的淫樂境界正是五陰的我所。因爲他們不能「隨順第一義」：他們把如來藏否定了，不承認有第七識與第八識，正是口中說言弘揚第一義，實際上卻是抵制第一義，無怪乎他們最後只能走向坦特羅外道法去。所以二乘解脫道也不能違背第一義，而第一義的主要宗旨講的是第八識如來藏，以此識作爲所依，三界世間方能成立，二乘菩提也因此方得成立；二乘菩提如是，大乘菩提亦復如是。

第二轉法輪般若諸經所說的實相，就是第八識的境界，依於第八識如來藏實相心相待於所生的三界萬法來看時，不一不異中道的道理才得以成立，在三界中才有可能親見「**不生不滅、不來不去、不增不減、不垢不淨**」等法相，如是成就中道義。否定了第八識而一天到晚都在講中觀，他的中道觀行必定落於玄想；可憐的是那樣的玄想一定是錯誤的，絕對不可能現觀，只能落入非量之中。所以般若的實證、中道的觀行，一定要「隨順第一義」，而第一義講的就是第八識如來藏和所生蘊處界之間關係的境界，由這個第八識來含攝三界萬法，才能成就中道義。而那些人堅持六識論邪說，成日裡說他們都在作中道的觀行，名之爲中觀，其實全都是戲論。

第三轉法輪講的是方廣唯識等增上慧學，當菩薩們走過三賢位，開始修習方廣與唯識種智，所證名爲道種智，究竟成佛時這道種智名之爲一切種智。一切種智的內容就是實證如來藏心中所蘊藏的一切種子的智慧，當他們把第八識如來藏否定後，就沒有任何種智可說了；連諸地的道種智都沒有了，遑論佛地一切種智呢？所以第三轉法輪所證、所演示的種智妙法，諸地菩薩、等覺、妙覺、如來等聖者所證的道種智或一切種智，也都依第一義根本法如來藏的妙理來修學實證。因此第三轉法輪所說的佛地證得一切種智仍然要「隨順第一義」。而第一義的根本核心就是第八識如來藏，由此可知 如來說的是誠實語：「我所說諸法，隨順第一義。」

「有爲不堅牢，如夢之所見。」從第一義來看一切有爲法，一切都不堅牢，全都不堅固也不牢靠。三界諸法都是有爲法，在人間學佛時說的有爲法，從二乘解脫道而言，主要是講五陰、六入、十二處、十八界，及八識心王的各種心所法，這些都是有爲法。然而這些有爲法沒有堅固牢靠者，即使將來彌勒佛下生人間時人壽八萬四千歲，亦復難免一死歸於壞滅。那麼如果生天，縱使修得非想非非想定，定力具足、福德具足，生在非想非非想天而不中夭，可得八萬大劫；以人壽來比量會覺得那壽命不可思議，可是八萬大劫後依舊不免一死。所以凡屬於三界中的法，不論是什麼法全都是有爲法，因爲有三界的功德力用時即屬於有爲。但這些有爲法都不堅牢，從如來藏來看，或是從眼見佛性時依所見的佛性來看時，這八萬四千劫之生命依舊是「**如夢之所見**」。

這些有爲法既然不堅牢就不應執著，可是到了末法時代，特別是法將滅時，那些比丘、比丘尼嚴重的破戒以及邪見，就把「**如夢之所見**」的有爲法當作堅固法、牢靠之法。且不說末法最後五十二年，單說現在末法開始不久，才不過一千年，如今諸方道場一切大師們，不都是把有爲法當作是堅固牢靠之法嗎？諸位觀察看看，他們都說：「**想要開悟就要打坐，坐到一念不生時**

就是開悟，就是證得不生不滅、不生不死的本來面目。」說這離念靈知心就是眞如心。那麼請問：這離念靈知是不是五俱意識？是跟前五識同時存在著。而這五俱意識的離念靈知很粗淺，頂多是未到地定，而且還是淺的未到地定，還談不上深未到地定，也就別提初禪、二禪的定境了，竟把這麼淺的未到地定的證得，誇口說他已經證得眞如心了。

這種離念靈知正好是修來的，不是本自存在的本來面目；因爲是被生出來的虛妄法，也就妄想不斷。一般學佛人學佛之時，大約在五、六十歲才開始修行打坐，求一念不生，但一念不生時仍然是意識境界。假如這離念靈知就是眞如，那麼眞如反成生滅法，因爲這樣的眞如是有生；而且這樣的所謂眞如，睡著時就斷滅了，又成爲有滅，還不必等到死亡。這正是有爲法，而且是人間的有爲法。

縱使修得初禪成爲三俱意識——離開了舌識以及鼻識，也還是有前五識中的三個識連同意識同時存在，意識正是有爲法，依附意識而存在的前三識自然也是有爲法。縱使讓他進入二禪等至位而離開前五識，意識單獨存在時也還是意識，不會是眞如心；而 如來說即使證得非想非非想定的人，依舊名之爲外道，因爲心外求法，連我見都沒有斷，更別說是證眞如；更何況現代大法師們在人間靜坐時的五俱意識，怎麼能稱爲「眞如無爲」呢？所以根本不是無爲法，依舊是有爲法——全都落入生滅法中。設使他的非非想定非常好，將來生在非想非非想天中，壽命具足八萬大劫；這麼長遠的壽命中，至始至終都是意識一念不生，也還是有爲法，何況現代所有大法師們連深未到地定都達不到。

深未到地定是怎麼說的呢？譬如當你拜佛或者打坐，或者正在持咒時，離開了五塵，這才叫作深未到地定；只因爲還沒有斷除五蓋，所以不入初禪。但這還只是深未到地定而已，所以打坐時睜著三分眼，看著前方地上，然後入了深未到地定，本來還可以看見鼻頭，在這時看不見了，膝蓋也看不見了，整個都沒有了，前五識都不見了，只剩意識離五塵而獨存，這才叫作深未到地定。末法時代的現在有人這樣嗎？末法至今才一千年而已，已經沒有人這樣；很可能世間就僅剩下一個人這樣，就是咱家。

當年我在打坐時，坐到什麼都不知道了，就只是一念不生住在定中，那時我是在看話頭，並不是修定；一直到引磬響了，才發覺之前沒有聽見聲音，沒有看見色塵，然後發覺眼皮眨不下來——乾掉了，因爲已經二十幾分鐘沒有眨眼皮了。當你沒有觸覺時就不會眨眼皮了，因爲前五識都滅了。這樣才能叫作深未到地定，而這還不足以發起初禪，還得要修除煩惱而把五蓋滅了才行。

當年我悟後有一次心中在想：《密教部》這些經典說得好像是眞的，那我就來試驗看看，證明它的眞假；因爲想要否定人家之前，你得要先實際實驗才能證明呀！而且我那時悟後不過三年，於是我持〈大寶樓閣咒〉，坐在佛前就開始誦持；持過了十幾天以後，有一天下午，我也依照經中說的打起手印來，坐在那邊就開始誦持，持到後來已經沒有眼、耳、鼻、舌、身對五塵的了知，而我還在持咒，但已經聽不到唸咒的聲音；當時也不知道自己還在唸咒，心已經在定中，可是嘴上還在唸著咒；大約持過了半個多鐘頭，突然又聽見聲音了：「**喔！原來我還在持咒。**」而我的身印、手印還沒有走樣。得這樣子才可以說是深未到地定，但還不足以發起初禪。

那你看看那些所謂的大法師們，宣稱他們神通多麼妙，其實都是搞怪而已；還有人弄個懸空漂浮，那種印度魔術在民間就有了；他們能漂浮只不過漂浮在這裡，能不能移來移去？移個五公尺、十公尺給我看看！就算有神通飛來飛去，依舊不是第一義，依舊不得解脫，跟三乘菩提的實證完全無關。假使哪天我像那句成語講的「江郎才盡」，再也無法說法了，那我也學一點魔術來搞怪，讓大家繼續聚集在這裡不會跑掉，但也就表示我這腦袋有問題，是個沒智慧的人了。

所以有為法就是有為法，不可能經由修行之後就把有為法變成無為法，如今末法才不過一千年，已經到目前這個地步了；大家都是想要把有為的、生滅的意識心，經由靜坐變成不生不滅的眞如心，都不知道這仍是有為法。所以臺灣號稱導師的釋印順以及他的門下大小法師們尚且如此，至於密宗那些外道更是如此。所以宗喀巴在《廣論》中還說色蘊五根身是眞實法，因為他若不主張為眞實法的話，雙身法就沒辦法提倡了。

他又說受想行識都是眞實法，特別說意識是眞實心；因此當他跟女眾們修雙身法，或是跟明妃修雙身法時，主張淫行中的樂觸是俱生樂，說是與生俱來的所以是常住不壞法。因此他才會要求大家依著《密宗道次第廣論》，說要每日八時都不許停頓而繼續修雙身法；但他自己辦得到嗎？連他自己也辦不到啊！要求弟子們要作到，他總得自己先辦到，再來要求徒弟們；當徒弟們也都能辦到，至少要有二、三個人可以辦到，那宗喀巴盡其一生修雙身法，才可以推廣。他自己都作不到，卻要求信眾們作到，這是無智之人。所以密宗假藏傳佛教主張意識是常住的，接著就另外發明別的說法，才能夠成立他們所說「雙身法是眞實法」的主張，但這個一樣是把有爲法當作不生不滅的第一義。

不幸的是這種事情才剛末法一千年就已經處處都如此了，那諸位想想看：《佛藏經》這裡講的是到了末法最後剩五十二年時，當然更是如此。所以我很佩服你們要跟我一直走到末法五十二年，這眞的叫作雄心壯志，佩服！佩服！因爲確實不容易。但正因爲不容易，所以這樣護持正法、弘揚正法的功德、福德無量無邊，眞好！到那時各個都證悟，甚至都眼見佛性了，可能也都到十行位、十迴向位時，正好到兜率天見 彌勒菩薩修學種智。因爲這眞的很難，而諸位敢發這個願，咱家衷心佩服。所以「有爲不堅牢，如夢之所見。」而末法時代那些大法師們和外道們都誤會了，都把有爲法當作眞實法，因此 如來說的眞是誠實語。

接著「我今說此法，呵責未來事，隨順第一義，防制諸惡人。」如來意思是說：「我如今講的這一部《佛藏經》說的是眞實法，是第一義的法；我現在所訶責的是未來末法時代的事情，用這樣勝妙的隨順第一義的法義而宣說，用來預防以及制止末法時代的那些惡比丘眾。」雖然二千多年前如來已經預先講了，這經典也仍然在世間流通，卻已經無可避免地出現這樣的現象了，我也只好說這就是眾生的業力而不可轉。但是現在距離最後末法還有九千年，還不至惡劣到全面墮落的地步，這個業我們得要去設法扭轉，現在還有因緣的；大家繼續努力，這個福德功德無量無邊。

假使想一想，覺得很難哪！也許又覺得一定很辛苦，也許又有人想：「弄個不好還會被殺，我還是逃掉算了，我逃去極樂世界避開。」（有人答話，聽不清楚）不會喔？唉！諸位眞厲害，佩服！假使逃去極樂世界，頂多是上品下生，因爲他的菩薩性不夠，不可能得上品中生；那他來正覺學的是菩薩法，不是聲聞法，所以中品往生也不可能，至於下品生就不至於。可是問題來了，那上品下生待在蓮苞裡面要住多久？那裡的一天等於這裡一個大劫，上品中生是住在蓮苞中一夜，上品下生要住上整整一天，花開之後七天之中方能見佛，等於娑婆世界的七個大劫才能見佛及聞法，眞的要待很久。

可是如果想：「沒關係呀！我去那裡離開蓮苞後再努力修福德。」問題是你要布施給誰？那你又沒有辦法爲人家說法，因爲你還關在蓮苞中，而自己也還沒有能力爲人說法呀！也許有人想：「那我如果看看不行，就先逃到兜率陀天去，我先去見彌勒菩薩。」也對喔！是比去極樂世界好，可是道業的實證一定得背後有福德支持才行。生到兜率陀天時說要布施，你能布施給誰？說持戒，你能對誰持戒？也沒有人會犯你，每一個人都跟你一樣棒，那你對誰持戒？修忍辱，大家都很好，你也沒有機會修忍辱；只有一個精進可修，然後就是修靜慮、修般若，那時就像一、二、三樓都沒有蓋起來，就開始建造四樓、五樓、六樓，然後想要住到七樓去。被我這冷水兜頭這麼一淋，也只好乖乖留下來人間好好修福、除性障吧。對喔！因爲這六度本來就是前度支持後度，不能躐等。

會外有很多人都不修前五度，卻要修第六度般若，然後就想直接悟了進入第七住位，好多人是這樣的；所以後來外人打電話來正覺同修會想要見蕭平實，我全都不見了；因爲各個都不修前五度，一來就要聽我開示，想要在我開示完了就開悟，就想進入第七住位，還有人妄想這一聽完開示就入地了。前面五層樓都不造，第六樓只造好一根柱子就要蓋第七樓。所以六度的實修一定不能躐等而修，要一度一度如實履踐，因爲後一度要依前一度爲基礎，才能修得六度。而且這六度一定要依八識論的正法來修，才符合第一義；只有符合第一義的修行才有可能實證，否則所謂的證果、所謂的菩薩道實修取證，全都是空話。

那麼 如來預見末法時代的事情，就預先以《佛藏經》來講，專講第一義，然後大力斥責邪見、謗法、毀戒者，這就是 如來的大慈大悲，也因爲沒有人願意作末法時代糾正弊端的惡人。那麼 如來先把話講白了，希望能多救一些末法時代的弟子們，因此就宣演了這部《佛藏經》，預先對末法時代將會出現的惡比丘們事先提出警告，事先告訴他們「**邪見、破法、謗法、毀戒**」會得到什麼樣的果報，並且以過往無量劫的那些惡比丘們的行爲與果報，拿來爲大家說明；說經過那麼多劫、歷侍了「**九十九億諸佛**」以後，現在 釋迦佛座下學法時連順忍都得不到。這就是針對未來佛教中會發生的惡事先加以預防，就是先加以制止，希望止惡防非，希望將來會出現的這些惡人讀了《佛藏經》時能警覺，改變過來，這就是　如來的大慈大悲。現在也才末法一千年，就已經是這樣了，眞是可悲。

世尊接著又講：「**爾時惡世中，比丘心擾動，諍訟生是非，不能得涅槃；**」如今才末法一千年時就已經是這樣了，現在大陸可以說是佛法的惡世，因爲正法的弘揚處處被抵制，所以叫作惡世，而邪見流行於大江南北，整個中國是密宗邪見的天下，於是大陸比丘們心中就很擾動。所以在會外看見比丘、比丘尼們——特別是在大陸，心中先要有正確認知。你就不用搖頭嘆氣了，因爲末法時代就是這樣，你要哪裡去尋找像我們會裡的比丘、比丘尼各個都是有定力，然後努力在精進修行的？很難得啊！而　如來說的都是眞實語：他們心中都是很擾動的。上座時有一些定，下座後就沒有定了；甚至還上座時都在胡思亂想，這都是事實。

所以我這一世在人家道場學佛五年的期間，如果堂頭和尚沒有講公案、沒有講禪時，大家就是週日下午在大殿裡打坐，就坐三個鐘頭。那時他們很羨慕我，法師、居士們都一樣，他們看我一上座就是三個鐘頭，當他們羨慕時就表示他們作不到。他們都是上座以後就在等著敲引磬，因爲坐不住；敲了引磬就可以放腿下座，藉口去喝水、洗手出去走動一下；其實不須洗手、也不口渴，但就這樣啊！所以就有人問我：「欸！你是怎麼辦到的？怎麼可以一上座就三個鐘頭？」我說：「這沒什麼啊，就只要把數息法修好就辦得到。」有的人說：「我數息法已經修十幾年了，我還是作不到。」「因爲你不會修嘛！」所以有時私下裡就教他們怎麼修。

但是羨慕的人多，來問的人少。這表示他們打坐時心都擾動，所以不論在家、出家人修數息法時，一年難得有二、三次可以從一數到十而沒有雜念，大部分人都數不到十。要像我這樣連數目都不見了，就這樣入定去，眞的難得其人，所以大家心都很擾動。但爲什麼會擾動？因爲求證悟顯然不可能，而每天爲了道場的事務忙得不亦樂乎，因爲信徒很多，工作總是作不完，所以心停不下來。但也別怪他們，因爲想要讓心停下來得要有法，堂頭和尚卻都不教，因爲堂頭和尚也不懂。

修數息法時心怎樣可以停下來，有五種方法，叫作五停心觀。他們堂頭和尚都不懂，只教其中的一種叫作數息法；可是這數息法是五停心觀中的一種，其中有許多要領也都沒教，卻認爲那樣就是究竟法，叫大家要數到數而不數。但什麼叫作數而不數？要像我那樣一、二、三、四、五、六、七、八、九、十，可是數到後來聽不見聲音了，那才可以叫作數而不數；或是數到後來數目不見了，只是一心不亂地坐著。或者能持咒持到咒還在唸，可是沒有聽見聲音了，也沒看見色塵，什麼都沒有了，有這種功夫的人才可以說有數而不數的功夫。堂頭和尚連自己都辦不到，叫徒弟們怎麼辦到？

而這數息法不過是五停心觀中的一種，只是對治法，不是究竟法。對治法是方便法，用來對治散亂攀緣的心。把心對治好以後，定力出生了，可以制心一處來用功了，這時才能觀行斷我見、或者參禪求證眞如，才是開悟，不能說五停心觀修行成功的那個一心不亂境界叫作開悟，那只是意識境界，沒斷我見也不證眞如，起不了般若智慧。所以數息數到最後一念不生時只是方便法，是對治心的攀緣散亂；有這制心一處的定力了再求證三乘菩提，實證了三乘菩提時才是所應證的標的。所以一念不生與三乘菩提的實證無關，只是實證前的一個前方便。

不幸的是末法時代大師們一天到晚罵人：「你們不要把方便當作究竟。」結果他們自己正是這樣。所以五停心觀隨便講一講，都沒講清楚，然後就把方便當作究竟。其實他們自己也沒有實證五停心觀的境界，光是叫人家數息，也不曉得數、隨、止、觀、還、淨的道理，連自己都不知道，那不就是隨便講的嗎？然後說：「只要數息數到後來一念不生，那就是開悟了。」正是把方便當作究竟。所以他們心都是擾動的，像這樣的修行方法，永遠都在方便法中，因為都落在對治法裡面，而且連對治法本身都沒有修好，想要求其一念不生都不可得，何況能證三乘菩提。所以 如來早就看見末法時代的出家大師將會發生的狀況了，才會說「比丘心擾動」。

那麼心擾動是為什麼？因為有很多煩惱。你週末、週日去寺院供養和作義工時，別看他們住在寺院裡面各個道貌岸然，等大家都離開後，到了週一他們在寺裡吵架，吵得一塌糊塗；週末、週日的清淨相，是給你們看的，私下裡互相諍訟。我記得以前也跟諸位報告過，有一家到現在還很聞名的大寺院，當時兩個比丘在大殿裡吵架，不曉得釋提桓因有沒有被他們吵到？因為聲量很大，而且是在大殿佛前。當時有位師姊姓葉，她很聰明，看不下去了就走過去說：「兩位師父！用打的比較快！」（大眾笑⋯）所以他們兩位聽見這麼一說，當下各自走開了。這還算不錯啦，因為現在是末法時期了，我只能說這樣算是不錯。這是眞正發生過的事，所以煩惱多就不免諍訟。互相諍訟時是非出生了，心中充滿著煩惱，像這樣還能得定或得涅槃喔？才怪！其實四種涅槃俱無其分，一種都甭想得。現在進入末法才過一千年時，如來都已說中了。

那麼現在就已經有的現象，如來又預先說了：「**沙門及白衣，所說無有異，爾時我此法，與俗法無別；**」如今你們可以放眼天下所有佛教，不正是這樣嗎？「沙門」是出家的人，「白衣」表示他的衣服不染成灰色或土紅等壞色。用紅土染就變土紅，用黑土染就變灰色。白衣表示是在家人，但如今出家、在家諸人所說的法都一樣，爲什麼都一樣？因爲都是在講衣、食、住、行等事。有許多比丘尼私下裡講的大部分是柴米油鹽醬醋茶，那跟家庭主婦有何不同？如來感嘆地說：「**到那個時候，我釋迦牟尼所傳的法變成跟俗法一樣了。**」

所以你看大陸，或者單說臺灣就好，臺灣四大山頭他們講的禪，那些境界不都是在識陰的境界裡說的嗎？甚至於有個大山頭的和尚講禪時說：「**他因此證悟了，從此以後就過著快樂幸福的生活。**」所講的全部公案中都沒有提到證眞如，也沒有提到如來藏心，就是把某一個公案解釋成世間法，說公案中的主人翁把世間煩惱解決了，從此以後過著快樂的生活。這還叫作禪喔？但如今佛門不正是這樣嗎？眞的「與俗法無別」。可是眾生吃這一套，無怪乎稱爲末法。我們這一套了義正法陳義太高，眾生不太能接受的，一定要施設許多方便才能引人進來。因爲進得正覺來學習，最後要自殺——說自己全部都是假的，是可忍、孰不可忍？只有你們這些傻瓜可忍，他們都不可忍、不接受的。

可是修學了義佛法時，一開始正要先把自己殺了：必須把五蘊、六入、十二處、十八界，以及心所法全部否定了，現觀這些都是生滅法，然後才有可能斷我見，接著才可能再去證得眞如。但是他們都不接受這樣的了義法，都想繼續保留識陰六識，繼續認六識自我是眞實我。所以你們看，咱們正覺弘法二十幾年，發行的書籍這麼多了，如果他們不想花錢買我的書，也還有結緣書送給他們呀！讀也都讀過了，因爲我知道各大山頭都有研究小組在研究正覺的書，可是研究了十幾年之後，他們有哪一個道場出來說：「**我們現在很確定意識是虛妄的**。」有沒有？還沒有！你們看！要否定五陰的自我是多麼難！但這在了義正法中是基本修證，還談不上證眞如，所以眞的不難欸！然而末法時期眼看他們就是這麼難了。

所以也有大法師說：「修行人學佛，努力修禪法時就是要證一念不生，一念不生時才能把握自我，死時才能作主。想要死時能作主，現在就要能作主。」結果正是識陰六個識再加上意根的處處作主，連我見都沒斷。所以我早年說他們：「正是因爲想要作主，所以死時作不得主。」因爲一直想要作主時就表示我見不斷，我見不斷時就是凡夫，凡夫一定會被業力牽著走，死時一定作不了主；到了中陰階段時他更無法作主，因爲中陰身現前時已經由不得他了。那你如果都沒有想要作主，因爲五陰我眞的死了——如實把五陰自我否定了，至少是初果人；有這個功德在身，中陰身出現時，你有功德在身才能作主！那時假使看中了某一對父母，認爲：「下一世在這對父母家裡出生，那因緣適合我修行。」那你就能去投胎，不巧的是正好有好幾個中陰身也來投胎，大家都要搶；但是沒有人能跟你爭，因爲你有解脫功德在身，他們都得讓你。

但這個功德是因爲在世時沒有想要作主，認定自己是虛妄的、不需要作主，所以到了中陰時福德功德遠勝其他的中陰身，你就能作主決定進入這對父母胎中。所以我往年曾經說他們：「正因爲想要作主，所以死後作不得主。」所以佛法很厲害喔！因此不能像他們那樣都落入識陰境界裡面去。至於那位法師說：「悟了以後，從此過著幸福快樂的生活。」那已經是識陰的我所了，是求世間人的生活境界了。有這樣的大師，他的信眾少說也有一、二十萬人吧。但也有個信眾更多的大師說：「意識卻是不滅的。」公然跟 如來唱反調，據說信眾也有幾百萬人，還自認爲是宇宙大覺者。那你說他們所說的佛法，不正是 如來講的「與俗法無別」嗎？如來說的眞是誠實語啊！

接著又說：「爲諸在家說：『汝知我希有，我得於佛法，初道第一果。』」這些末法時代的比丘們，破戒的破戒、破法的破法、謗聖義僧的謗聖義僧；他們爲那些在家信徒說：「你們知道我是很稀有的，我已經得到佛法了，我證得佛法中最初法道的第一果位了。」這都是正常的事啦！因爲現在是末法時期，將來若是到了末法最後五十二年時更是如此；到那時我們都要被人家異口同聲指責爲「邪魔外道」，就像我這一世剛出來弘法時被人家罵作邪魔外道，也罵了十來年。直到二〇〇三年我們在夏天印出了《燈影》那本書才截止；打從那時開始，正統佛教中就沒有人來罵我邪魔外道了，但是密宗外道繼續罵著。因爲那是外道，不是佛門，我們無所謂。

末法時代破戒比丘們向在家人說：「你們知道我是很稀有的，」因爲末法時代想要證得第一果眞的很困難。「初道第一果」，在佛法的三乘菩提說聲聞菩提就是初道，然後是緣覺菩提、大乘菩提。聲聞菩提的第一果就是阿羅漢。若是指見道，在解脫道來講就是斷我見；是依於正知正見、依於未到地定作支撐的條件，他來觀行而斷我見，這是解脫道初道的第一義；若是講初道的第一果，最上第一的果位當然是阿羅漢位。那麼菩薩道呢，先要證得解脫道—初道—第一次實證的見道初果。接著修四加行、參禪、證悟明心，明心得忍而不退轉時，才是菩薩道的「初道第一果」。

但不管末法時代的破戒比丘們有沒有得果，他們都會宣稱已得果。所以臺灣、大陸都一樣，以前到處都有法師、居士說開悟證果，都是宣稱自己是阿羅漢。有的出家人心比較沒有那麼狂，他說：「我是證初果，還不敢說我開悟了。」也有一段時間很多學佛人宣稱開悟，但不是證菩薩果，而是證得聲聞果，眞的很奇怪，但大家都見怪不怪。這是在臺灣已經出現過的事實，等到正覺弘法、書籍開始大量流通以後，大家都不敢再自稱是阿羅漢了，因爲讀後發覺說：「這樣看來，我的我見還在。」就是這樣。所以實際上末法時代眞正證果的人稀有難得，但諸位很不幸證果了卻還得留在同修會，在會中一點兒都不稀有、不難得。這好像是諸位的悲哀，啊？不悲哀喔！那表示你們很有正見。

所以你們看，說大陸或臺灣都一樣，那些大法師們不都是各個示現證悟的模樣嗎？有一位前兩年才往生的大法師，他去演講出場時，前面八個護法、後面八個護法，在他身後跟著一個人擎著寶蓋莊嚴他。臺灣四大法師中，只有他一個人這樣幹，多狂！這要換了我，後面若有一個寶蓋罩著我，我一定一把抓了把它踩在地上；那種寶蓋不稀罕啦！要有那頂無形的寶蓋才珍貴。所以他們講來講去都是世間法，但是都在示現證悟的形象，說：「我已經證得佛法了，所以我傳你們開悟之法。」各個都宣稱他們已經得到佛法了。

有人開口就會有人跟，就像我蕭平實開頭說：「眞的可以開悟明心。」大陸隨後就有很多人跟了，甚至於有人宣稱證量比我更高，這種人多的是。可是證量比我高的人，坐在椅子上卻蹺起二郎腿，還抖腳、抽香煙，還喝酒、索求供養。所以不管對的、錯的都會有人跟，那麼跟隨在後的人會怎麼講？如來就開示了：「更有比丘言：『我說不異是，此人與我同，我眞見法者。』」就是互相標榜，你來標榜我，我也來標榜你，大家功成名就，名聞利養就滾滾而來。

世間人看重的不外乎名聞利養，深入實證的人對於名聞都不稀罕，因爲異作異受；這一世的名聞下一世用不著，前世的名聞這一世也用不著，所以都不看重。至於利養，避之猶如蛇蠍，怕燙手啊！那些錢拿在手上花了，或者積存起來捨不得花，然而下輩子呢？慘了！所以眞實轉依如來藏的人，視利養猶如蛇蠍，當作會咬人的毒蛇一樣看待。因爲人生不過幾十年，搞了那麼多的利養又帶不走；假使帶得走，還可以商量商量說：「我帶走多少，來世還可以用來布施。」但根本帶不走。放在銀行帳戶裡都帶不走，死後未來世假使幸運不墮三惡道，繼續生在人間時就當個窮光蛋。

學佛人怎樣是最笨的呢？我跟諸位講：省吃、儉用，捨不得花錢，每一次去到寺院中，見了師父供養都是紅包伍佰塊錢。是臺幣，不是人民幣喔！每年賺得好幾億元，一年難得去寺院幾趟，都留存在帳戶裡；而且他又捨不得給孩子用，他要看著那個錢在存摺裡面覺得很舒爽。然後他一死，孩子繼承後就買賓士、奧迪來開；那還不算數，接著又買藍寶堅尼了，搞不好還買勞斯萊斯放在車庫裡欣賞。可是他自己下一輩子去當窮光蛋！搞不好哪一天乞食來到他孩子面前，還被孩子罵：「**你這乞丐這麼髒，快走！快走！**」這就是學佛人中最愚癡的人。

被罵了一段時間，後來終於有了機遇，賺了幾筆小錢就很歡喜。可是那筆小錢是怎麼得來的？是因爲往世年老時有一年去寺院供養了表相僧寶，曾經供養了幾趟；他一年大概三節時去三趟，一次供養臺幣伍佰塊錢，就這樣得來這幾筆小錢的福報，終於這一世可以勉勉強強過活。這就是愚癡人。所以互相標榜是一種好方法，我卻學不會這招；就算學會了，我也沒有誰可以標榜，你們說我要找哪個人來互相標榜？明明知道他們都沒有證初果也沒有證悟眞如，我要怎麼標榜他們？我既不標榜他們，他們就不會標榜我。唉！說來也可憐。

那末法時代的比丘們就是懂得互相標榜，所以我還沒有弘法之前的臺灣佛教界是怎麼樣的？這位法師說那位法師有開悟，而這個法師自己不稱開悟，只說：「開悟是無我，所以我從來不標榜開悟。」然後那位法師就來標榜這位法師有開悟，大家都說：「開悟了不可以讓人家知道。」依他們的規則，那六祖顯然犯規了，你們看《六祖壇經》中，六祖處處公開宣稱他有開悟，也用很多文字說明他是怎麼開悟的。

所以我遇到一位大法師，他有一次講禪時公開的開示，我也在座；他跟大家開示說：「開悟了不應該說自己開悟了，開悟的人不會講自己有開悟。」話題談到其他的地方去了，好一會兒又繞回來說：「所以師父我從來沒有說我有開悟。」這頭腦夠好吧？我就是不會這樣拐彎抹角，書中直接宣稱：「我開悟了！」但是開悟後你得要有法傳給弟子們，就是你座下得要有人開悟才行；除非你座下的弟子們都是十惡不赦之徒，活該沒有機會開悟，否則當然要幫某些因緣成熟的弟子們開悟啊！那就一年又一年幫助一些弟子們開悟，來證明自己確實有開悟、有般若實相智慧。也因此，才有今天的正覺同修會。

但他們都不是這樣，都是互相標榜出來的。因為前面有比丘標榜說自己很稀有，已經證得佛法了；後面就有比丘說：「我所說的佛法跟那位比丘是一樣的，那位比丘所說的法跟我是相同的，所以我也是眞正看見佛法的人。」這個比丘標榜那位比丘了，風聲傳過去，那位比丘也就跟著來標榜他，大家互相幫襯。但是 如來就說了：「見法不見者，爲致白衣故，各於自法中，而生其議論。」現在不就是這樣嗎？都說「我眞見法者」，而那些大師們卻是不見法者；但是「爲致白衣故」，好在我沒有「爲致白衣」，我是「來者不拒、去者不追」；我也不去跟人家勸募，不叫人說：「你去多找人來正覺學法。」我也不這麼作。反正想要得法的人就自己來吧！

但是末法時代到了最後那幾十年時，也可能有一小部分人證法了；但假使他證了大乘法，只在十住位之內；假使他證了解脫道二乘菩提，大約就只在初果位；他們出家後就算證法——證得無我法，可是所證尙淺。而且爲了維持寺院僧眾常住的共住修道資糧，也得要有白衣護持，所以「爲致白衣故」，跟那些不見法者的作爲就很相似：「各於自法中，而生其議論。」見法者解說他所見的法，不見法者也冒出來說自己是見法者，解說他所謂的佛法；然後見法者與不見法者之間就產生了議論：怎樣才是對的，怎樣的法就是錯誤的，互相就有議論產生了。這是末法時代一定會有的現象。

這時就產生一個現象：「**有言一切有，有言一切空；不住於正道，性惡毀我法：**」眞正見法者不墮入這個狀況中，可是不見法者就會落於兩邊，所以有的人說「**一切法有**」，有的人則說「**一切法空**」。在天竺佛教將滅時已經就是這樣了，所以有的論師說一切法有，有的論師說一切法空。舉例來說，什麼人說一切法有？就是密宗自續派中觀，他們認爲一切法有；所以他們認爲五蘊都是不生滅法，特別是指意識常住不滅，以前他們是這樣來講中觀的，於是主張：「**只要我們這意識心離開兩邊，就是證得中道。**」所以你說美、我不說美；你說醜、我也不說醜，我不墮入美醜中，說這樣叫作中道。

可是他們認定了粗細意識心常住，認定意識心是中道心時，我見絕對死不掉，佛果當然也不可成，就只好走偏鋒，所以弄上了旁門左道，把印度教性力派的樂空雙運、男女合修的雙身法拿進佛門說：「**這方法可以即身成佛。**」正好跟他們所說「**一切法有**」的主張相契合。這就是「**有言一切有**」，古時在天竺就已經出現過了。後來傳到中國來，也是一樣，直到現在都還是如此。那他們很會聚斂錢財、積蓄田產寺廟與廟產，弄到後來，那些僧人比國庫還富有，皇帝看不下去了就滅佛，三武滅佛的大部分原因大約是這樣。但其實並不是眞的滅佛，只是滅了仿冒的佛教，主要是滅密宗。

那麼密宗的自續派中觀如是，應成派中觀主張一切法空，就不會落於有中嗎？也不然，正因爲他們主張一切法空，所以不承認有第八識如來藏；因爲認定一切都是生滅法，一切法空。但問題是，這樣是不是斷滅空？他們也主張意識心只要不墮兩邊就叫作中道，卻不知道意識心是有生有滅的，永遠都是在生與滅的兩邊。他們認爲我只要死時一念不生，就可以常住不死，就這樣一念不生轉到下一世去。但他們都不知道意識心去不了下一世。

他們很笨，怎麼笨呢？假使意識心可以去下一世，顯然今生的意識心是從前世來的，既從前世來，就應該是同一個心連續不斷的。譬如你今天晚上睡覺，明天早上醒來，不會忘了「我」是誰吧？你也不會忘了你的爸爸媽媽，也不會忘了你的孩子們，還是很清楚明白：「**這個家產是我的。**」意識心如果可以去下一世，顯然是由前世來的，就應該這一世出生以後，也要去見一見上一世的父母或上一世的子女、孫子吧？然後告訴他們說：「**你們這些財產都是我留給你們的。**」這一世剛剛出生也應該說：「**媽媽！您辛苦了！**」因爲你已經活過不曉得幾萬歲的幾千萬億倍了，無法計算的時間裡經歷無量世間法，你什麼都懂；媽媽那麼辛苦生下了你，你一出世就應該感謝說：「媽媽！辛苦您了！」對吧？可他們並沒有這樣，其他一切有情也沒有，顯然這意識覺知心只能存在一世。喔！這一下有問題了。

然後讀了佛法諸經所說的道理，說意識是生滅法，這下怎麼辦呢？只好再立下一個見解說：「我見就是你認爲自我是眞實的，就是我見。但是只要把這個見解滅了，就是斷我見。但意識還是存在的，意識還是不生滅的。」但《廣論》中這樣說，到底這樣算不算是斷了我見？宗喀巴自認爲是斷了，但他只是把「我見」那個名詞的見解滅了叫作斷我見，所以繼續認定自己這個意識是眞實的。如果不是這樣，他哪能跟自續派中觀一樣繼續搞雙身法？如果把識陰六個識全都否定了，也把色陰五根身也否定了，那雙身法就是虛假的了！所以應成派中觀表面上看來是說「一切法空」，可是卻認定五蘊眞實有，又成爲「說一切法有」，所以他們雙俱斷、常二見。

自續派中觀是常見者，應成派中觀則是二見俱有；那麼這兩派人互相鬥爭，所以他們密宗裡這二派互相鬥爭；那黃教藉著政治勢力吞併了其他宗派，讓人家不能反抗他，所以密宗就等於末法時代佛教的雛型。因爲我們弘法之前，臺灣、大陸的佛教幾乎都被密宗滲透了；現在密宗在中國不太好發展，因爲形勢嚴峻，在臺灣也沒得發展，只好往南去另闢戰場，就到南洋去發展，他們眞的好聰明。這就像生物學家講的：生命自有出路。說生命自己會找出路，他們還眞的自己去找出路了。那麼這樣子：「有言一切有，有言一切空，」臺灣的釋印順正好是密宗黃教的應成派中觀，所以當他說一切法空時，卻又回頭主張：「細意識眞實不壞。」又落入常見中，所以雙俱斷、常二見。像這樣的人還可以被稱爲導師？可見那些推崇他爲導師的人有多笨！

那麼這兩種人都是「不住於正道」，因爲都跟 如來聖教相牴觸，背道而馳。偏偏心性不好，全都賴給 如來說：「我說的這些法義都是如來講的。」但 如來何曾說過意識是常住的？如來何曾說過五陰眞實不壞？而他們都說這就是 佛所講的：「我說的就是佛講的，這就是佛法。」因爲佛法是 佛講出來的，當他們這樣宣稱說這就是佛法時，等於誣賴給 佛，妄說是 佛講的，本質就是毀謗 佛陀。所以 如來住世時，阿羅漢們出去托缽，遇到人家問法時，他爲人解說以後，凡有所說，都回來跟 如來複述一遍，然後請問 如來：

「我這樣說法，有沒有謗佛？」因為出去為人家說法時稱：「這就是佛法。」所說如果不是 佛所說的法，而說這就是佛法，本質就是謗佛。等於就是變相告訴大家說：「如來就是這樣講的。」可是 如來若沒有那樣說，那他所說就是謗佛。所以阿羅漢每一個人都一樣，不管證量多高，回來都這樣向 佛複述，然後請問說：「我這樣子說法，有沒有謗佛？」

那麼密宗這些人都把那些常見外道和斷見外道的知解，附和說那就是如來講的法，那就是謗佛；謗佛就是性惡，不是性善之人。這些性惡之人一個個都在毀壞 如來的正法，他們面對眞正的善知識時就會告訴大家說：「汝勿近是人，可來親附我，為汝說眞法，如我疾得道。」這些現象到現在都還有，密宗那些喇嘛們都告訴人家說：「你們不要親近蕭平實，那個人不可親近；可以趕快來親附我，我為你們解說眞正的佛法。你可以像我一樣，很快地證得佛道——即身成佛。」即身成佛當然是最快的，就在這個身上成佛，不必等到下一世或未來無量世後的五蘊身。但成佛不是應該以心成佛的嗎？為什麼是用身體成佛？這不怪嗎？身體是假的，密宗喇嘛們用身體成佛，顯然那樣所成之佛還是假佛。但密宗就是這樣。

現在有些六識論的印順派比丘尼，當你把正覺的書送給她們時，她們會說：「我們師父交代，不可以看居士寫的書。」好像她們僧衣披身就是懂佛法的人了：「我們師父交代說，我們是僧寶，不可以讀居士寫的書。」這還眞麻煩，不曉得慧能六祖剃落之前是否也是居士？又不曉得維摩詰大士出家了沒有？她們都弄不清楚欸！那你如果跟她們提點說：「妳們看文殊、普賢菩薩，或如觀世音菩薩，不也是長髮飄逸、胸佩瓔珞嗎？」她們第一個念頭可能想：「欸！我怎麼沒想到他們是居士？」接著你再跟她們點說：「他們其實不是居士，他們也是出家人。」她們會懷疑說：「嗄！他們也是出家人喔？」

她們都不懂這些的，不曉得如來在世時，出家人中就是有菩薩也有聲聞。她們都不曉得，什麼都不懂，只懂得讀印順的書，然後一天到晚煩惱說：「爲什麼我都讀不懂？」因爲連印順自己受生再來讀時也不懂！（大眾笑…）對啊！眞懂釋印順的是我們正覺。她們每年辦印順思想研討會，何曾懂得印順思想？那我們不需要資深親教師，剛出來帶班的親教師就能寫文章直接廣破他了，現在都還在連載著不是嗎？所以我們才是釋印順的知音。但這就是末法時代的現象，可是他們大家都說：「汝勿親近那樣的人，可以來親附於我，我為你們說法，很快就可以像我一樣成佛。」結果成的是假佛，這眞是沒辦法的事。今天只能講到這裡。

《佛藏經》我們上週講到八十七頁說完了，今天要從八十八頁第一行開始：「**如是諸音聲，流布於遠近，同心相黨助，破我所教法。**」上週最後講到末法時代的比丘們各執一詞，所說互有不同，甚至於有的人自讚毀他，完全在事相上批評別人說法不如他，但是又無法指出來是什麼地方說法說錯了，這是自讚毀他來毀壞佛門。在佛門中不可以評比高下，各人實證之後互相心知肚明，就不用去比較高下。那如果評論別人，即使對方說的法有什麼瑕疵，也不應該加以評論；除非對方解說錯了，對方確實曲解了佛法；或者外道法混入佛法中，說那是 佛陀講的。

所以，一個八地菩薩不會說另一位五地菩薩把法說錯了，也不會說他講得太淺、證量不夠高。同樣的道理，一個十迴向位菩薩不會、也不應該指責剛悟的第七住位菩薩說法太粗淺；因為所說法是正確的，講得粗淺的事不可以拿來作比較。但如果是一個六住位之內，特別是三住、二住位的菩薩，或是十信位菩薩，因爲慢心所遮障、慢心所影響，而對外示現說他證悟了，或者宣稱證得幾地的證量乃至成佛，那就是欺誑眾生，所說的法也一定是多所錯誤，而且是根本上就錯了，那是嚴重誤導眾生，就必須加以破斥，以救護眾生。所以在佛門中，只要對方說的法是正確的，雖然粗淺，也不應該加以評論，我們一向就奉持這樣的原則。那麼在末法時代破壞正法的現象是非常普遍的，因爲凡夫而自稱證聖，乃至自稱成佛的人，比比皆是。所以爲了名聞利養而自讚毀他，也就成爲平常事。

如來說他們那一些人講的音聲「流布於遠近」，表示說不單單是在他所住居的範圍之內，而且流布到非常遠。若以現代的人來看，根本就可以流布於全球，只要他們上網亂貼文字、亂講一通，就能流布於全球了。不幸的是這一類人都是同一種想法，若沒有善知識出興於人間，他們就互相攻擊、互相比較高下；到後來，突然有善知識出現於人間了，所說的法與他們完全不同，他們就不再互相比較高下，也不互相攻訐了，那時就互相聯合起來攻擊那位善知識。這就是在臺灣佛教界中，我們所經歷過的過程。

在我們弘法之前，臺灣的佛教界各個山頭都有自己的說法，私底下也互相比較；但是他們的爭端往往也會很嚴重突顯出來，已經到了用文字互相攻擊的階段了；可是這種互相攻擊的狀況被我們正覺消滅了，因爲我們出興世間，講的是第八識法義，他們都沒有證得。於是他們大家有志一同，改變了想法：他們唯一的敵人就是正覺，大家要合力攻擊正覺。所以他們不再互相攻訐，等於我們把他們原本互相攻訐的惡習先改掉了。但他們這種現象叫作「黨助」，就是結黨互助；結黨的目的是爲了集中力量來對付善知識，所以大家同心一力，攻訐正覺。

當年罵正覺或我個人的言語中，什麼樣難聽的話都有，有人看不過就會列印給我。但十幾年前我就說：「**我都不看這些，因爲早知道他們會怎麼罵了。**」如果我看了生氣、跳腳，他們最歡喜。如果我看後不生氣，把他們拿來作佛事，搞不好我還出書賺一點錢來弘法，他們就悶悶不樂了。他們這現象叫作「**同心相黨助**」，就是結黨互相合力抵制善知識。當他們同心合力來毀謗善知識的法，抵制善知識的法，正好就是　佛說的這一句：「**破我所教法。**」如來所教的法不是他們講的那樣，他們都是以外道的法—不論是常見或是斷見—拿來說那就是佛法；言下之意，是說那就是　佛陀所教的法。可是　佛從來沒有教導過那樣的法，所以他們其實就是在破壞 如來所教的法。

如來接著說：「譬如諸惡賊，同惡共爲侶，反逆破國土，城邑及聚落；」確實也是這樣，因爲那是謗佛、謗法的行爲，所以說那樣的人叫作惡賊。明明不是 佛講的，硬說那是 佛講的，就是謗佛，也是謗法。特別是密宗有的喇嘛說，他們的樂空雙運、無上瑜伽，那是 釋迦如來在別的時間講的，不是在世的時候講的，是祕密傳給他們的。可是 釋迦如來明明是破斥那種外道法的呀！而他們推說那是 釋迦佛講的，就是謗佛；謗佛時同時也是破法，因此 如來稱他們爲惡賊，一點都不過分。他們就是與惡法同時存在，以惡法作爲他們的伴侶；這樣的人不但反逆於佛法，他們也同時會反逆於世間法。

舉個例來說好了，最明顯的例子是喇嘛教，自稱爲佛教，那就是反逆於佛法，因爲佛法中沒有他們所講的那些法教。無論是從密宗說的基、道、果來講，或者是從他們的教、理、行、果來講，喇嘛教的那些說法都不是佛法，所以他們完全反逆佛法。那他們反逆佛法之外，推展弘揚的結果也會反逆於世間法；例如世間的法律，各國在民法親屬篇中的界定，以及對於家庭的界定，大約都一樣；雖然稍微不同，可以說是大同小異。那密宗根本法無上瑜伽的理論與實修等作法，全都反逆於世間的法律。反逆於世間法律時就會造成學密者家庭的破碎以及社會的動盪，就稱爲「破國土」者。社會的動盪乃至到最後，嚴重時會導致於國家的衰敗，元朝就是個具體的例子，所以世尊說這是「反逆破國土」。

如果還沒有到這個嚴重地步時，就是「反逆破城邑，反逆破聚落」，所以中國古代三武滅佛，滅的是喇嘛教的前身密教，並不是眞的消滅佛教；當密教外道滅了，然後正統佛教才能重新開始，否則都是他們的天下。那麼在國土、城邑、聚落中都是密教外道流行時，正教難興啊！因爲眾口鑠金，會導致許多政府官員上上下下一起信受喇嘛教外道法；這種現象不但古代如此，現在大陸、臺灣官場也是如此。所以政府官員中信喇嘛教的不在少數，正法就不好弘揚；好在我們這裡言論自由，跟著也有出版自由，佛法的正義可以公開流通，有智慧的人可以閱讀後實際加以研究、比較，然後作出最後的抉擇。

但有的地方就沒辦法作到，即使不說喇嘛教，也不說大陸，單說臺灣，在正覺弘法之前，臺灣佛教界都是被六識論邪見的法師們把持住；這些六識論邪見的法師們有大陸來的，有走日本路線的，他們有志一同：認定意識常住不壞。當年大家都聽他們的，直到正覺出來弘法才開始漸漸轉變；那轉變的過程我們以前講過了，現在就不提它。當這些六識論的法師們盤據整個臺灣佛教界時，臺灣佛教其實已經沒有正法可說了；因爲都是常見外道見，只有印順派是斷見外道見夾雜著常見外道見。

這些人很難轉變。所以 如來這麼說：「爾時諸比丘，難可得開化，鈍根深貪著，小智依我人，不解於如來，隨宜所說法，說有漏增上，自言是得道。」綜觀現代佛教界，不論北傳、南傳，不論臺灣海峽的哪一岸都一樣，就像 如來講的：「到末法時代的諸比丘們，很難可以爲他們開示教化。」甚至你特地寫了書送給他們，他們也不讀，正是「難可得開化」。這類人大多數屬於鈍根，鈍根不是說他們很笨，而是因爲很聰明卻跟了義佛法不相應，但他們跟變質爲非佛法的假佛法卻很相應；而且口齒伶俐、頭腦聰明，同樣都鑽入六識論那個牛角尖，永遠鑽不出來。當我們告訴他們說：「三乘菩提全都是八識論的法。」他們連聽都不聽，只要你一說到第七識、第八識，他們扭頭就走，也不跟你辯論；因爲他們辯了十幾年辯不過，乾脆不理你。像這樣的人口齒伶俐、頭腦聰明，可是腦筋就是轉不過來，這類人就稱爲鈍根。

所以從世間法來判斷學佛人的利根或者鈍根是不準確的，往往在禪三時看見有的人口齒不是很伶俐，腦袋不是很聰明，是很憨厚的人；可是他們在禪三時卻能一關一關往前推進，甚至於不太需要我的指導。但是有的人聰明伶俐、口才便給，很多人都看好他，沒想到禪三一次、兩次，乃至六次、七次才終於過關。所以鈍根與利根不看表相。而我說的這個例子並不是說七次、八次過禪三的人就是鈍根，因爲所有能過禪三的人都不算鈍根。鈍根是那些信都不信的人，對於如來藏妙義、對於第一義永遠都是曲解、誤會的人，並且邪見執著非常強烈，永不改變卻是很聰明伶俐的人，才叫作鈍根。

這些鈍根人都有很深的貪著，假使他們聽了我這些話一定會抗議：「**我們哪有貪著？我們都不貪名聞利養，貪著什麼？**」哪天見了面這麼質疑我，我就告訴他：「**你貪著的就是那麼一項，就是貪邪見。**」執著於邪見、永遠不放捨，那不是貪著嗎？這也難怪，因爲他們被師父印證時說開悟就是證得離念靈知，而他們在自己的師父座下也混了十幾年才被印證的，如今你蕭平實一句話把他們推翻了，叫他們當下就接受，門都沒有！所以他們貪著錯誤的印證，認爲那個印證使自己頭頂上有個光環，可以用來傲人，他們很意外：「沒想到這蕭平實敢來剝奪我這個光環。」但我們已經證明，那是沒有實質的印證，那種開悟是假的；可他們繼續執著，那不叫作貪著嗎？所以貪著於邪見、永不棄捨，叫作「**鈍根深貪著**」。

這些人都有小小的智慧，因爲在世俗法中都是聰明伶俐很有口才的人，辯論起來頭頭是道，就只差一樣，就是在善知識面前開不了口，卻可以籠罩天下人，所以他們都是「**小智**」。那爲何說他們擁有的是「**小智**」而不是大智？因爲他們「**依我人**」——依於五蘊、六入、十二處、十八界中的全部或者局部或者少分，來認定是常住的眞實法、眞實我，所以 如來說他們「**小智依我人**」。他們因爲有世間的聰明辯才，就這樣引以爲傲，卻不曉得依舊落入我、人、眾生、壽者之內；這些人都不能、或者不曾理解 如來隨順眾生的根器而施設了前後三轉法輪來說的法。因爲沒有智慧，對於三乘菩提的經教不能通達，所以從經文的字面上依文解義，就覺得前後三轉法輪說法有所矛盾，都不知道 如來慈悲，以方便善巧爲眾生所作的權宜說法。

我們也講過很多次：如來剛出現於人間時，必須要先把現象界的法，也就是五蘊、十八界等法的虛妄性，爲眾生先作說明，讓眾生可以實證解脫道，確定自己眞的已經出離三界生死苦；然而這時所說的法，都是屬於現象界的法，還不曾觸及到實相法界；但是 如來其實仍是依實相法界，也就是依萬法本源的第八識如來藏，來演說現象界的諸法生滅有爲。可是他們不懂，只看到表相，就以爲 如來初轉法輪所說的解脫道法義是六識論，就毀謗說 如來沒有講第七識、第八識；其實是他們沒有全部聽懂，不是 如來沒有講第七識與第八識。如來是有講的，只是側重在解脫上面來說，所以大部分都在講蘊處界的虛妄。

那麼眾弟子們證得解脫道了，可以出離三界生死了，他們將來都有能力入無餘涅槃，但這並不是 如來的本懷；如來有更好的法要給大家，不會那麼辛苦降生到人間來卻只給大家三乘菩提中最差的解脫道，而不肯給大家實相般若以及最好的一切種智。從無始劫前到現在，從來就沒有那種吝嗇的佛；一切佛都一定是要給大家最好的，永遠不會有吝法的如來。那麼 世尊先度大家得解脫於現象界的三界諸法繫縛，使大家對 如來的聖教具足信心，再來演說第二轉法輪涉及實相法界的法，就稱爲實相般若，述說實相法界的法讓大家瞭解：依實相法界來含攝現象法界時，其實一切生滅法也都是中道。要大家依於這樣的中道來作觀行，才能叫作中觀。但他們不懂，用六識的生滅有爲法來想像中觀，來依文解義說那叫作中觀，其實意識的所有境界全都落於二邊，根本不是中道的觀行，可是他們不懂 如來「隨宜所說法」。

後時 如來看見大家在第二轉法輪時期證悟般若，實相般若的智慧生起了，知道萬法都攝歸於妙眞如心而成爲不生不滅法；接著就要引導大眾怎麼樣邁向初地乃至十地，甚至將來可以成佛，當然得要再開演第三轉法輪的方廣諸經、唯識諸經。這就是 如來「隨宜所說法」。但前後三轉法輪的法，雖然表面看來似有不同，其實全無矛盾而且前後連貫，是由如來藏第八識妙法一以貫之。

但是末法時代那些「小智依我人」的鈍根比丘們，不懂得 如來的權宜施設與方便善巧，反而整天都在演說有漏的增上法，自稱他們已經證得佛道。這裡說有漏的增上法，顯然有兩個法要先定義：一個是有漏，一個是有漏再加增上。什麼是有漏？舉凡三界中的生滅有爲之法都是有漏，大家都可以觀察看看，這五色根加上十八界中的六塵，就是種智中說的色陰，全都不離欲界色界，都是有生有滅之法，所以生滅有為，當然是有漏之法，因為這會使人執著而流轉生死。

那麼再來看識陰六個識也是生滅之法，因為都是藉根、塵相觸為緣，才能從如來藏中生起；而且這六個識所接觸的諸法，全都在六塵境界中，二乘菩提所觀行的內容就是這些現象界的生滅法。除非證悟了，否則永遠不及於實相法界。再看受想行這三個法，都只是色陰與識陰和合運作而產生的心所法罷了；這些心所法的過程也就是行陰，依於有「行」而稱其為有情，這當然也是生滅有為，不離生死流轉，也是有漏法。如果談到十八界中有個意根，意根所執著的是世間諸法，也是有漏之法，並且也是可滅之法，阿羅漢入無餘涅槃時就滅除了。

以前臺灣佛教界，包括現在大陸的佛教界，都是落在有漏法上面，從來不離生滅有為之法。但問題是海峽兩岸還有一種人是有漏增上的法，就是把五蘊、十八界假我所擁有的我所——樂空雙運的淫觸覺受，當作增上法。那就是有漏增上。那麼諸位知道這是什麼人？（有人答話，聽不清楚）大聲一點！就是密宗假藏傳佛教！他們認為說，樂空雙運時的淫樂是俱生樂，所以這種樂觸是常住不變的，它是究竟成佛的依憑。還講得振振有詞，其實只不過是內我所，乃六識心的心所法運作過程中的淫觸覺受罷了。如果他們的理論可以成立，那麼凡夫們眼見一切色時，也可以說這是俱生而有的妙法，所以是常住的。那就應該同時認定眼也是常住的。

同樣的邏輯，也可以說我們耳根、耳識能聞之法，也是俱生而有的；同樣也可以說鼻根、舌根、身根乃至意根的了知，全都可以說是俱生之法，並且還比密宗講的雙身法那個俱生樂，還要更加有理由說爲常住法。因爲密宗那個所謂的俱生樂，是長大懂事以後才有的；你問問嬰兒、小孩子，他們懂嗎？不懂的，也不會有的。所以有時老人家罵小孩子說：「少不更事，給我閉嘴。」因爲人家兩夫妻在講悄悄話，他小孩子在旁邊聽著也來插嘴，其實他根本不懂那些話的意思。小孩子不懂事也在跟人家插嘴，人家年輕夫妻聽著就笑了起來，說他根本不懂事，孩子的父母在旁邊就罵：「你小孩子少不更事，給我閉嘴！」因爲他眞的少不更事，還不懂「人事」呀！「人事」懂嗎？就是人倫之事。不是政府機關人事處說的人事，你們文學底子都很差！（大眾笑…）顯然小孩子都不懂，因爲都還沒有長大。

可是一出生就能見、能聞、能嗅、能嚐、能覺、能知，這個小孩子一出生就懂，豈不是比密宗雙身法的俱生樂更有資格說爲常住？而且小孩子不小心磕了頭，哭著說：「媽媽！痛痛！」那麼宗喀巴說雙身法的俱生樂是常住的，問題是那只不過是函蓋在身識觸覺中的一小部分而已，也還不能函蓋身識的全部觸覺，但他卻說那是常住的，不就是「有漏增上」嗎？所以說，有漏法就已經應該捨了，他們居然還在有漏法中的我所拿出來再作增上而說：「這是最勝妙之法。」那就是有漏法的增上。而且他們各個都對外宣稱已經得道，說他們都成佛了。客氣一點的喇嘛說「即生成佛」，不客氣的喇嘛就說「即身成佛」，全都「自言是得道」。

唉！像這樣的人遍布海峽兩岸，聽說現在又往南洋開始去拓展市場了，因爲正覺說他們的法不對，全是外道法；可是正覺的法還沒去到南洋，他們還有機會去那邊晃。末法時代這樣的現象遍滿於海峽兩岸。直到正覺出來弘法之後，他們在臺灣收斂了，現在規模大概剩下不到一半，只剩下基本信徒在撐場面；可是在大陸因爲我們是境外宗教，沒有辦法公開弘法，他們也就藉機會聯合各省的佛協，發動宗教管理單位大力抵制。不幸的是大陸的寺院出家人，百分之九十都學密，都暗地裡跟達賴掛勾；但是我們沒辦法，因爲他們的法律就是這樣。所以天下最邪的，還不是普通的邪，而是特別邪的喇嘛教，他們的教義與推廣，在大陸都是合法的。我們眞是有理說不清，因爲我們遇到不講理的兵了，無可奈何！只好想方設法、再施設權巧去教化大陸的善良同胞們，設法再把往世的師兄弟們找回來。大家共同來努力吧，這也是無可奈何的事，咱們得繼續努力。

如來接著又說：「**在於大會中，多有諸比丘，皆言有智慧，求智無一人。**」果然是這樣，如今大陸仍然是這樣，臺灣現在有一點改觀了。但是以前在大會中，就是在佛法演述的聚會中，有很多比丘們都說他們是懂佛法的，都說他們有所修證；可是等到有人在正覺學了法，回去他們寺院中想要尋求一個有智慧的人，竟然找不到，果然「**求智無一人**」哪！這個情況由來已久，但現在臺灣開始改觀了，所以臺灣應該改爲：「**在於大會中，多有諸比丘，不言有智慧，求智去正覺。**」現在變這樣了，可見臺灣佛教界有救了。若是套一句四川話，就說：「救得、救得！」（導師學著四川話）說救得、救得！

但是以前臺灣的情況，例如正覺剛出世弘法時，卻是 如來講的這四句：

「若是大會中，或有一比丘，如實有智慧，皆呵言無智。」正是這樣啊！以前我們在臺灣剛弘法時，被臺灣佛教界罵翻了。我們其實是有眞正的智慧，但當年臺灣佛教界都說我們弘揚的如來藏是外道神我，說我們不是佛法實證者，是外道法。當時有好多道場甚至指責我們是新興宗教，新興宗教的意思是說：最多十五年你們就滅了。可我們沒滅，如今二十幾年了，從我一九九〇年年底弘法，到現在二〇一七年，我們都還在，規模還比以前更大。這樣算來是幾年？二十七年了，這就超過新興宗教的十五年很多了。到後來我們一本書又一本書不斷地印出來作法義辨正，現在他們不說話了，不得不承認正覺才是眞正的佛教，而他們都沒有實證佛法。可就是不敢支持我們，因爲名聞利養太重要了！

可是當大眾都悟錯了，全都落在有漏法，甚至落入有漏增上法中時，如果在法義論證的大會中，忽然有一位比丘出來演說如實法，顯示他眞的有智慧，卻都會被大眾呵責，說他沒有智慧，指責他說的法是外道法。這就像以前我在農禪寺的禪坐會幹部訓練中，把如來藏法帶進去《小止觀》的〈正修行〉那一章來解說時，那禪坐會的指導法師，在我剛講完時就當大眾的面洗我的臉，不正是這四句的寫照嗎？所以　如來眞是眞知灼見，早就看清楚末法時代會出現的現象了！好在我當時沒有被他們收編，自己繼續走自己的路，否則今天大約就沒有諸位在這裡聽法了！

接下來　世尊說：「**諸天神等見，法王道散壞，咸皆懷憂惱，相對而啼泣。**」諸天神們看見這種現象時，都知道法王之道已經散壞了，因爲實證者在大會中竟然被眾比丘指責爲沒有智慧，等於是大家齊心合力來壓制那位實證的比丘，這時法王之道當然就會散壞了！

「**法王**」的稱號不能隨便亂用，世間有人王，佛法中有「**法王**」，王於諸法就稱爲「**法王**」。所以「**法王**」是諸佛如來的德號，菩薩們還不能用的。假使今天你是妙覺菩薩，都還沒有資格使用「**法王**」這個德號。但密宗有那麼多的法王，所以四大派各有法王：有黃帽子法王、黑帽子法王……等。可是探究他們的實質以後，那四大法王的本質其實遠不如世俗人，連世俗人的人格都不具備。假藏傳佛教所謂的法王，一生終結時評論其功過，都是幹盡了惡事，而口裡說的都是慈悲、博愛。（有人說話，聽不清楚）你說對了，他們的慈悲是針對某一些少數對象，博愛是對所有年輕而且漂亮的女人，最好還是多金的女人，就是這樣子。像這樣的所謂法王，連普通人都及不上，也是竊占法王名號，那是有重罪的。

例如一個平民一天到晚對外宣稱說他才是眞正的國王，這話哪天傳到國王耳朵裡去，要不要辦他？一定要辦他的。而假藏傳佛教這樣的假法王，不只是欺世盜名，並且還是斂財；因爲他們說的都不是佛法，卻騙人家說那是佛法，讓人因爲佛法而去供養他們，本質就是騙子。就好像我今天拿一輛裕隆的車子，騙大家說這是勞斯萊斯，價値兩千多萬元，然後跟人家收了兩千萬元，給了一輛裕隆的車子；這難道不是斂財或詐財嗎？

佛門僧寶之所以値得人家供養，是因爲講的是佛法，至少得要是表義的佛法；他們喇嘛拿外道法來冒充佛法，說這就是佛法，因此而收大量的供養，那不就是斂財嗎？可是現在臺灣法院的法官腦袋有問題，所以新聞報導時常罵作「恐龍法官」。這明明就是斂財，竟然無視於我們從教理行果各方面提出來的明確指證，反而爲他們找理由、故意爲他們開脫，意謂喇嘛們說的就是佛法，不是斂財，那我們也無可奈何。

百年之後若是假藏傳佛教又復興起來時，也許整個國家都要探討說：爲什麼臺灣世風日下？可能那時就會追究：因爲百年前那些法官都說那密宗不叫作斂財，所以喇嘛教又復興起來就導致世風敗壞。可是百年後大家都重新轉到下一世去，也都是好幾十歲了，那些被騙的眾生能說是活該倒楣嗎？其實是那些有權位、有權責的人認識不清，誤導了眾生，眾生是冤枉的，不是活該的。

那麼到那個時節，諸天神看見「**法王道**」已經「**散壞**」了，所以「**咸皆懷憂惱，相對而啼泣**」。散是怎麼散的，壞又是怎麼壞的？譬如三轉法輪的法前後相成、次第銜接，是一貫相連的法，是不可分割的法，結果釋印順把它割裂以後，變成這個法跟那個法無關，都互不相關了，所以阿含是阿含，般若是般若，種智是種智，他就這樣切割成不相干的諸法了。無怪乎他的師父太虛法師公開指責說：「**印順把佛法割裂到支離破碎了！**」一點都沒有冤枉他。這就是「**法王道**」的「**散**」，就這樣散成很多部派。

然後佛教又分宗立派，學律的分出去成爲律宗，研究判教的成爲天台宗，研究華嚴的就成立華嚴宗，研究三論的人就成立三論宗，就這樣切割開來，也就是散開了。所謂的佛教八宗，其實應該說只有七宗，因爲密宗不叫宗，那是外道，密宗是壞法而不是散法，所以是這七個宗派把佛法切割，然後釋印順再從法義上加以割裂。現在又多了個慈濟宗，唉！人天善法也可以建立為佛法宗派的宗旨喔？這也眞怪啊！人天善法在佛法中根本就不入流，只是次法，三乘菩提俱無其分！全都只是修學三乘菩提之前應該具備的基礎，不在三乘菩提內，竟然也可以立宗，眞是怪！這就顯示建立這個宗派的人無智。如果是密宗，他們不是把法加以切割分散，因為他們全然不懂佛法，只是剽竊佛法名相與佛教表相，移花接木而把佛法從根本毀壞——把佛法轉易成外道法。

當三乘菩提圓滿完整的法被分宗立派之後，就變成這個法與那個法無關，那個法與另一個法又無關，最後就有許多佛法因此消失了，這叫作「散」，也就是各自散落了。各自散落以後，大家都是只有其中的一部分，整體佛法在他們各自的道場中全都不完整；全都不完整時，他們所推廣、所弘揚的法就會有缺陷，而且很容易被外道所擊破。如果是一個完整的佛法，都不散不落，外道就無法擊破你。所以眞正的佛教道場是不應該分宗立派的，永遠就是佛教，不能叫作佛教的什麼宗。

就好像說，你如果去買一座山，因為它蘊藏著很豐富的礦產，其中有金銀銅鐵錫鋁……等，各式各樣的礦都有；結果有個愚癡人，去買那一座山，付出整座山的價錢而在簽約時說：「我只要這一座山裡面的鋁就好，或者我只要鉛或銅就好，其他的我都不要。」就把其他有價值的珍稀礦物全丟在那邊不要，他只取其中的銅、鋁或者鉛；那有智慧的人當然要笑他：「這裡面有那麼多金銀或其他珍稀礦物等，你都不要，只要那一些。」不幸的是像法時代開始的佛法諸宗就已經這樣了，傳到中國特別是這樣，因此，以所謂的八宗共弘，哪能共弘？都是各持一部分當作寶，就不要全體完整的法義。

聰明人說：「我簽下了這一座山，我一定要擁有整座山的所有權，這一座山裡面的金銀銅鐵鋁錫鉛和一切有價的物質，我全部都開採出來，才是得到這一整座山所有的財富。」這才是聰明人。但如今佛教界的愚癡人只取其中的鉛、銅之後，認為這就是最好的。其實眞要論究起來，他們沒有擁有銅，銅還排在第三位，前面還有金與銀；第三的銅是指什麼？正是解脫道初轉法輪的法義；金是第三轉法輪的唯識種智與方廣諸法；銀則是第二轉法輪的實相般若。銅還只是解脫道，但他們其實連銅—解脫道—都沒有，只取鉛、鐵一類的東西當作是寶；而眞正好的佛法都散落或壞掉了，都不是聰明人。至於密宗則是壞法的，不是來散法的，他們是來壞法，所以這七宗加上密宗，就把佛法給「散壞」了。

假使現在還有人站出來說他是哪一宗的正統傳人，洋洋自得，哪天我見到了就給他一巴掌。他若責問我說：「爲什麼你打我？」我說：「你笨哪！被打了還不知道笨！」他當然要問清楚，我就告訴他：「你應該要擁有整體的、圓滿的佛法，如今也有整體的、圓滿的佛法住世，你卻只要其中的小小的一部分，而且只是表相的，那你不叫笨，要叫作什麼？」他如果夠聰明，應該趕快禮拜，起來就合十恭敬地說：「感謝您打醒了我，我如今要整座山，所有的佛法我都要。」我說：「那好，你就進正覺來。」正應該是這樣。

所以佛法是不應該切割的，佛法被切割以後就散落了；即使眞有所證，也會散落，例如禪宗只講明心開悟，最多就只是過三關，其餘的佛法還很多，就都不顧了。若是眞有所證得而且通達的人，最後一定會走向整體的、圓滿的佛法，不再以一宗一派的繼承人自詡。所以古時悟得深的禪師，都會不斷地深入經教，他會去探究所有佛法的內涵。因此法王之道不應該割裂，就不應該分宗立派，應該要一體承受，全部實證而加以發揚光大。可是那些人的所作所為，正是把佛法加以切割，特別是印順把佛法切割到支離破碎，變成這個法跟那個法不相干，各法都成為一個獨立而沒有關聯的法；可是這樣違背了 佛在《阿含經》講的「法住法位，法爾如是」的正理。諸法是互有連結的，也都各住其位而全部連結在一起，不是支離破碎的，不是各不相干的。

那麼到末法時代，諸天神看見「**法王道散壞**」了，他們全部都胸懷憂惱，相對啼泣不已。也許有人要問：「**佛法散壞跟天神們有什麼相干啊？**」當然有啊！佛法在人間興盛時，善人很多，其中沒有實證的人死後都會生天，成為天主、天人、天神的眷屬，眷屬興盛時就不怕阿修羅來打仗，大家身心得安。如果法王之道散壞了，邪見充斥人間，那時修羅大增，天人大減，於是修羅一定會攻打天界，那時天人不得安隱。他們看見「**法王道散壞**」時，接著必然會發生這種現象，當然心懷憂惱，相對啼泣。

如來接著又告訴我們說：「**中有諸樹神，從樹而墮地，咸言釋師子，妙法今悉壞；佛寶法僧寶，在世猶未久，如何於今日，悉皆當散壞。我等不復聞，如來所說法，癡愚無所知，上道今將滅。**」這些天神們相對啼泣，其中有許多樹神不安於樹，從樹上墮地了；他們大家異口同聲這麼說：「釋迦如來座下的那些比丘們，本來應該都是人間的雄獅，但是釋迦世尊這尊獅王離去了，妙法現在已經全部毀壞；佛寶、法寶、僧寶在世間出現還不是很久，但爲什麼在今天全部都散壞了。而我們今天也沒有辦法再聽聞，如來所說的種種法，人間現在都是愚癡的狀態，對第一義諦已經無所知了，無上的妙道如今將要滅壞。」

確實也是這樣，天界很清楚知道人間三寶的可貴，所以佛寶、法寶、僧寶在人間存在時，在他們眼中是非常重要的。而天界壽命長遠，對他們而言，三寶出現在人間眞的不是很久以前的事。比如四王天，他們一天相當於人間五十年；再上去忉利天的一天等於人間一百年。諸位想想看，對忉利天人而言，三寶出現在世間不過是二十五天前的事情，過了二十五天，三寶已經消失了。消失多久了？才二十四天而已。假使到九千年後法滅之時，等於幾天？才等於一百十五天。對他們而言，三寶的出現到法即將滅盡的那個時刻，不過才一百十五天，還不到忉利天上的半年，而法王的無上妙道已經要全部滅失了。那你想，天眾的增加才不過一百十幾天，接下來的時間都是修羅道眾生會增加的時間，他們當然憂愁。特別是到末法最後八十年或者五十二年時，再也不會有人宣說　如來所說的法了，因爲那時的眾生都不信受，所以月光菩薩帶著大眾入山不再出世，當大家在山中都捨報時，全都去兜率陀天，人間再也無法可聞了，於是天道日減，修羅道日增。天眾預見這個狀況當然很憂愁，可是天神、樹神等這樣憂愁，那麼地神等呢？一樣會憂愁的。但他們怎麼憂愁呢？我們再來恭聞　如來的開示：

經文：【爾時諸地神，皆出大音聲：「如來大法炬，於今當滅盡。

諸天諸神等，後莫有所悔，而言不見聞，佛道今已滅。
如來無量劫，自利亦利人，忍受諸苦惱，發願得成佛；
釋師子大聖，度諸眾生者，清淨微妙法，今將欲滅盡。
癡惡諸賊等，於今當得力，無有慈愍心，互相謗毀惱。
魔使及魔民，鈍根難開化，諂曲懈怠心，瞋恚壞佛法；
但於空林中，坐禪滿三月，自言是羅漢，無禪況得道。
不得言得道，死言入涅槃；眾人信起塔，而自入地獄。」

如是癡空者，互共相輕恚，我於無量劫，所得今盡壞。
爾時虛空神，共見釋師子，妙法毀壞信，發聲皆啼泣。
四天王聞此，皆共懷憂惱，時與諸天神，僉皆共來下，
阿羅迦槃城，夜叉神眾來，僉皆大啼哭，出可畏音聲。
有諸七寶城，嚴飾極微妙，失色皆如土，諸天不樂住。
悲號大啼哭，處處皆來集，各共懷憂惱，相見不能言。
宛轉臥在地，發如是音聲，共行閻浮提，見是大怖畏，
佛子自鬥諍，破壞而分散。皆從天上來，共詣我生處；
天神諸寶城，七日無光色，各共坐啼哭，滿七日不起：
「如何大精進，勇猛世間尊，我等見住此，今當不復見。」
咸共詣祇洹，相對而啼哭：「佛此說四諦，我等此中聞。
世間將盲冥，互相輕恚慢，但起諸惡業，還墮於惡道。
諸天妙宮殿，可惜今將空，我等諸天神，無復救度者。」】

語譯：【世尊繼續開示說：

到那個時節，諸多的地神們，都發出了很大音聲說：「如來盛大的法炬，

到今天即將要滅盡了。

諸天和諸地神等，以後不要再有所悔恨，而說佛法已經不見不聞，佛道如今已經壞滅。

如來在無量劫中，不但自己得利益，也利益了無量無數的人，而忍受了種種的苦惱，發願利樂眾多的無量無邊的有情方得成佛；

獅王釋迦牟尼大聖，是度化一切眾生的聖者，所傳授的清淨微妙佛法，如今已經將要滅盡了。

癡惡的這些賊人等，如今將會獲得力量，他們沒有慈悲哀愍之心，互相毀謗、互相毀辱、互相惱亂。

天魔派遣使者及魔民混入末法時的佛教中，他們的根器遲鈍而難以開示化度，心性諂媚委曲而且有懈怠之心，心中懷著瞋恚而毀壞佛法；

他們只在空閑無人的樹林中，坐禪才剛滿三個月，就向人自稱是阿羅漢，連禪定或靜慮都沒有，何況能證得二乘解脫道。

沒有得證的人說他已經證得解脫道，死時自稱是要進入無餘涅槃；眾人信受他們的說法而爲他們造塔紀念，然而他們自己卻墮入了地獄。」

像這樣愚癡頑空的人，互相共同輕視以及起瞋恚心，我釋迦牟尼在無量劫中，修行所得的勝妙佛法到這時全部都毀壞了。

那時的虛空神，大家共同看見法王釋迦牟尼，所傳的妙法已經被毀壞而都沒有信心了，因此發出了聲音都大聲地哭泣。

四天王聽聞這件事情，全都一樣懷著憂愁以及惱恨，這時就常常與諸天神，大家一起下來人間，

這時阿羅迦槃城裡，所住的夜叉神眾也來了，全部都一起大聲啼哭，發出了很恐怖的音聲。

還有許多七寶城，裝飾得很莊嚴而非常微妙，到那時也都失去了光澤猶如泥土一般，諸天在那時都不樂安住。

他們悲號而大聲的啼哭，從各個地方都來到一起聚會，各人同樣都懷著憂愁苦惱，見了面卻都沒有辦法言說。

甚至只能宛轉地倒臥在地上，發出了這樣痛苦的音聲，然後大家共同在南閻浮提洲來來去去，只能看見這樣大恐怖而令人畏懼的場面，

那時的佛弟子們自己互相鬥諍，由於互相破壞而各各分散不相往來。最

後天神們都從天上下來人間，去到我釋迦牟尼當年出生的地方；

天神所住的很多七寶城，整整七天都沒有光彩與色澤，他們共同坐在地上啼哭，整整七天都不能起身，他們說：

「為何大精進，而且勇猛的世間至尊，我們大眾都看見如來當年住在這裡，如今將不可能再看見了。」

他們全都共同前往祇園精舍的所在，面對面而互相啼哭說：「佛在這裡演說四聖諦，我們也都在這裡面聽聞。

如今世間將盲無眼目、暗無光明，互相輕視起瞋、互相以慢心相待，只會再生起種種惡業，最後將繼續下墮於三惡道中。

諸天美妙的宮殿，很可惜的是如今將會空無人住，我們許多的天神，再也沒有誰可以來救度我們了。」】

講義：這聽起來很傷感喔！確實很傷感！我們現在想要復興佛教都這麼難，到九千年後正是 如來在這裡說的這種模樣。所以現在大家千萬別灰心泯志，而是要堅定心志，要把志氣拿出來。畢竟正法住世還有九千年，這九千年是我們把未來幾億年中應該修的福德修集起來的好機會，應當這樣想，否則你一定苦惱死了。如來在這裡說的是末法最後五十二年的事，因此我們要把握機會，希望將來末法最後五十二年時不會這麼悲慘，甚至期望能把末法時期再增加一千年。應該要有這樣的心志。

那我們未來在　彌勒尊佛座下，不但要成爲阿羅漢，還要入地；而那時必須具備的福德就從這九千年中來修，所以不要心灰氣餒，要把握機會。也許有人說：「**早知道當菩薩這麼辛苦，我就不要來正覺了。**」但是你沒聽過一句話嗎：「**菩薩不是人幹的。**」既然你當了菩薩，就安分守己一點說：「**我已經認命了，反正這九千年就是要很辛苦、很辛苦！**」但辛苦是有代價的，九千年短短的時光把未來幾億年之間應該修集的福德，一把修了起來。就像人家說的「**長痛不如短痛**」，所以這其實也是個機會，不要抱怨。既然發願當菩薩，菩薩不是人，所以不要像人類一般老是喊辛苦。在正覺學法證法是辛苦的，但辛苦是有代價的；這廣大的福德正好在這裡修集，錯過了這個時節，也沒什麼福德可修了。

將來在　彌勒尊佛座下人壽八萬四千歲時，你要修布施修集福德，那時你要布施給誰啊？人家八萬四千歲時還賺不到錢財過他的日子嗎？人壽八萬四千歲時你想想看，假使以現在朝九晚五領薪水的情況，一個月假使領三萬塊臺幣，每個月存五千塊錢，八萬四千歲你能存下多少錢？等於是人人都有錢，都好過日子，到那時你要布施給誰？你說那時我再來修持戒，但我告訴你，你那時持戒的功德也不大，因爲八萬四千歲時的人們都很善良，都很有智慧，不會作破戒或者詐欺等事情，那你持戒的功德就沒那麼大了。那麼忍辱、精進、禪定、般若等道理也都是一樣的，所以到那個時節，沒有誰能洋洋自得而在心裡說：「**我是阿羅漢欸！**」連心中都不敢起念，因爲放眼所見都是阿羅漢，你那時的持戒能有多大功德？其他的道理也都一樣。所以雖然讀這段經文時覺得很傷感，但是轉個念：「**這也是我們修集福德的大好機會。**」我們未來幾億年在實證上所需要的福德功德，都從這一段時間把它修起來，這時最快也最好！這是教導大家換一個心態來看末法最後五十二年的狀況。

回到經文來說，到那個時候，諸地神發出了很大的音聲說：「**如來偉大的法炬，如今即將會滅盡了！**」因爲般若的密意不再有人信受了，可能那時手機拿起來、寫幾個字點進去一看：「**喔！般若的祕密就是這個？如來藏就**

是這個喔？欸！笑死人了！」那時的人就是這樣的。也許那時也不用手機了，就只是手上點一點就叫出來了，科技也有可能發展到那個地步，所以那時般若的密意已經不是密意了，是很容易就能理解答案的；那時的人都沒有經過次法的修學，也沒有定力的鍛鍊，也沒有經過斷除煩惱的過程，卻都可以直接知道般若的密意，所以不會有解脫和實相智慧的功德受用，因此世間沒有人信受了。到那時正法在人間也就滅盡了！所以這些地神發出這樣的大音聲，哭號著說：「法當滅盡。」這也是很難避免的事。

他們又呼籲說：「諸天諸神等，後莫有所悔，而言不見聞，佛道今已滅。」確實如同他們所說的這樣，因爲過去的一萬年之中，你們這些天神、地神也沒有很努力來護持正法，才會有今天這樣的地步；所以地神也罵得對。我現在幫他們把不好意思講的講出來，確實是這樣的：「如果你們怕將來修羅日增、天道日減，那你們就趕快投入正覺來幫忙弘護正法。」是應該要這樣，我就替未來的地神先告訴你們諸天神；假使你們今天在這裡聽了，回去以後要趕快講給所有天神們聽，別讓我蕭平實一個人孤軍奮戰。你們也該幫幫忙，這功德就分一點給你們。若是到了最後五十二年時再來懊惱、後悔，都來不及了；現在能作的就要趕快作，到那時「而言不見聞，佛道今已滅」，已經來不及了。

到那時再來感嘆說：「如來在無量劫中，自利而且利益了無數的人們，爲了成就佛道利益大家，所以如來忍受了非常多的苦惱，發願未來要成佛、要廣利有情；」這是多麼辛苦、多麼長時間的勞心勞力，乃至流血流汗才能作得到的事情！「然而法王雄獅釋迦牟尼大聖，度化諸眾生，用的是三乘菩提最清淨、最微妙的勝妙法，如今已經將要滅盡了。而即將滅盡時，佛門中那些破戒比丘是愚癡的、惡劣的，是佛法中賊，」到那個時節，當然他們最有力量，因爲黨同齊心、破壞正法；那時正法之事少有力量，而那些人連一點慈悲心、哀憫心都沒有，爲了爭名聞利養，就互相之間毀謗、羞辱、惱亂，惡事全都一起來，這就是末法最後五十二年的情況。今天時間又到了，只能說到這裡。

《佛藏經》上週講到八十九頁第一行，今天要從第二行開始：「魔使及魔民，鈍根難開化，諂曲懈怠心，瞋恚壞佛法；但於空林中，坐禪滿三月，自言是羅漢，無禪況得道。」地神所說的這八句話，不必等到末法最後八十年，在我們正覺弘法早期的臺灣佛教界、大陸佛教界，全都是這個模樣；估計南洋佛教界大約也是如此，才會有所謂的阿迦曼阿羅漢出現，但他們其實我見俱在。

地神哭泣說的「**魔使及魔民**」，這有兩類人；第一類是魔使，第二類是魔民。我記得十幾年前，似乎是十六、七年前，有一位南洋比丘，他叫作佛使比丘。我認爲這名稱很好，有意思；可惜的是他的本質就跟寫作《清淨道論》的覺音論師一樣，雖然沒有教導大眾惡法，是應該隨喜讚歎，只是這佛使比丘的名號與他的本質並不相當。如果從世間法來講，他是沒有過失的，這個名稱一點過失都沒有；就好像兒子、女兒結婚生了個兒子，父母爲這個兒子生的孫子取名字，總是要取最好的名字，這是人之常情；假使弄瓦、生了個女兒，那請求父母來爲這孫女命名時，父母親一定會替兒媳生的這個孫女取個最好的名字。假使那個孫子，祖父母給他命名叫作張國王，當然是好名字，但不代表他眞的就是國王。通常都是這樣的，所以無可厚非。只是說那個名字取得好：佛使比丘。佛使就是 如來派遣來的使者，當然是來爲大眾宣揚佛法，才叫作佛使，所以這名字是很好的。當年我一看見他那本口袋書就說：「哇！這名字好。」但當年我竟沒有想到「佛使居士」，這名字好欸！

既然有佛使，當然就有「魔使」，魔也會派遣使者來人間佛教中出家，如來很早就講過了。當年天魔在 如來面前放話，說到了末法時代他一定會派遣魔子、魔民來佛法中出家。天魔波旬說到作到，所以像法時期派了「魔使」來人間不容易成功，但末法時期絕對會成功，所以他派了魔子、魔孫一起來，就稱為「魔使」。「魔使」與「魔民」專要進入佛門中出家，就會讓你佛門中分不清楚誰是眞正宣揚佛法的人，而誰不是，專要讓你分不清楚。天魔就故意這樣子，所以我乾脆不出家了。我如果出家，一定被上頭的師父、監院或其他的堂頭和尙抓得死死：「**你這個不許講，那個也不許講。**」這是必然的。

就像當年我剛破參時，在農禪寺裡由於師兄弟來問法，偶爾就當場解答而說一點法，人家就來禁止了。雖然經過很多年後找了人，打來電話問我要不要去那裡出家；我心裡想：「**我去那裡出家，你們容得下我嗎？**」從世俗法來看，一定是容不下的。那時大師也會這樣想：「**我這個師父說來說去，講不出個所以然；你這個弟子倒是講得頭頭是道，那我這個師父的臉往哪兒**

放啊？」如果不讓我說如實法，而去講他們所說言不及義的世俗法——所謂的佛法，那我也不肯！而且大眾聽了一定也不依：「**那你出家前說是可以明心、可以見性的法，現在出家了，竟然講這些跟世俗境界一樣的假佛法。**」信眾聽了也不依，那時我已經出家了怎麼辦？無解。所以我就拒絕了。

因此我獨自弘法，愛講什麼法、我就說什麼法，誰也管不著。因爲我沒有誤導眾生，我說的是如實可證的佛法，合乎三量；不論誰悟後要從現量、比量、聖教量來檢驗都行。這樣看來我們等於獨矗一幟，跟人家都不一樣，所以就變成佛教界的異類了；但異類一定會被欺負的，而且當佛教界有許多「**魔使及魔民**」時，你這個異類就得孤軍奮戰，當然很辛苦；那我們不怕這個辛苦，可是一定要教導佛教界所有四眾弟子都具有擇法眼，能如實分辨何謂僧寶、何謂魔使、何謂魔民，一定要教導，不能獨善其身。

想要過好日子就獨善其身，跟諸方來一個河水不犯井水。我剛弘法時也是這樣子，也是想著井水不犯河水；因爲從小到大，老人家耳提面命都是這樣講的。我從小就是個乖孩子，不是胡作非爲的人，那我們弘法時當然要與人爲善，所以不管誰來問我某某大師、某某居士時，我都說：「**好，沒問題，**

他的修行很棒。」可是這樣一味當濫好人也會出事。當我把法弘揚出來說：「證悟之標的是第八識如來藏。」我們這個井水並沒有去犯人家的河水，他們流他們的，我們只是在井裡冒幾個泡泡而已，因爲我們都不去指說他們；而我們當時團體也不過幾百個人而已，所以我們是清者自清，但我沒有說他們濁者自濁。可是他們竟然會受不了我弘法，開始攻擊我們正覺，說我們是外道法等，說了一大堆，於是我只好回應而作辨正，就走上不歸路了。

這表示「魔使」容不得一、兩個水井裡有清水，他是要所有的井水都跟他河水一樣濁。既然他們污濁的河水要潑到我井裡來，那我就來個湧泉相報；只好這樣了，不然能怎麼辦？眼看著要被他們弄混濁了，所以當他們河水一直流進來時我就湧泉回報，讓我井裡永遠都是清水。當我不斷地湧出清水來，這些清水不斷混到他們河水裡去，河水就開始漸漸淡化、不再那麼濁了，因爲我這湧泉的力道很大。所以現在佛教界不論誰，只要談到禪宗的開悟，都說是證悟如來藏第八識；現在不論哪個地方講禪、講開悟時不講是悟得如來藏，人家就會說：「那你是個凡夫，不然就是外道，你不懂禪。」這表示佛教界的河水不像以前那麼濁了，開始變得清一些了。到這個地步「魔使」在臺灣漸漸有些吃不開了。這就是諸位在背後支持我的狀態下，達成的好結果。

那麼 如來末法最後年代的地神這樣說：「魔使及魔民，鈍根難開化，」表示到了末法最後幾百年時，「魔使及魔民」是漫山遍野，就像現在的大陸已經漫山遍野了。「魔使」是天魔派來的使者，那天魔波旬派他們來的目的昭然若揭，不思而知，他們一定是來破壞 如來的聖教，就是滲透到佛教的內部來，從內部把佛教轉變過去。在像法的末期，「魔使、魔民」就來了，以致天竺的佛教在西元大約六、七世紀時就已經被逐漸滲透；所以後來的印度佛教都已經是譚崔佛教了，其實就是印度教裡的一個支派—性力派—的雙身法教義滲透進來，全面佔據了佛教的所有寺院，把當時所有出家人的心都攻佔了，所以那時印度全面都是坦特羅佛教；學術界稱之為坦特羅佛教，現在翻譯作譚崔佛教，就是雙身法的假佛教，也就是現今密宗假藏傳佛教。所以咱們不得已只好離開那裡，投生到中國來。

這就是說「魔使及魔民」很容易籠罩天下人，但諸位也許會以為魔使與魔民來到人間，應該是頭上長角、一臉的橫肉；其實不然，他們外表都會讓你感覺慈眉善目，講話很柔軟，但是要誘導你走向外道法去。如果無法誘導你走向外道法，他會用另一種手段：不斷地讚歎你：「要布施、要修福德，這個最好、最實際，來世可以生天享福。」可是一談到佛法的修證，馬上就告訴你：「末法時代沒有辦法修學的，沒有辦法證果的，沒有辦法開悟的，修福德最實在啦！」然後讓你感覺他真的關心你，真的愛惜你，所以他一定會在最後講一句話：「末法時代說開悟的人，一定都是悟錯了，都會犯大妄語業的，你不要求開悟，好好修福德才安全。」就這樣告訴你。那你會覺得：「他的心地眞的好，太關心我了！」然後就死心塌地乖乖地廣修福德，永遠都住在欲界的人間或天界，歸他們管轄。

如果你堅持要當三寶弟子、廣修福德，也許他還告訴你說：「那你如果要堅持當三寶弟子，不然你死後就生天到我那裡去，我天上也有許多學佛的人啊！」他也會這樣講。那你看來他是挺關心你的，世間再也找不到別人比他更關心你了，而他也跟你一起來努力修福德。然後你說：「我喜歡修的福德是蓋寺院。」他也會幫你蓋，跟你一起努力蓋寺院，就是法上不讓你修學，就是這樣子作的。天魔要讓佛教只剩下一個空殼子，沒有佛法可修可證，這就是「魔使」來人間要作的事。

「魔使」的層級也各有不同，所以很多人遇到了魔使其實並不覺知，往往讓你覺得這個人眞好，而他說的你都聽得很順耳，淨告訴你一些覺得很容易信受的法：「**我們只要每天打坐一念不生，一念不生時就是涅槃，死時你只要一念不生不要再去投胎，就是入無餘涅槃，這樣就是證阿羅漢果。**」他不會讓你知道一念不生時還是意識我見的境界。意識不可能獨自存在，但他會讓你這樣相信一念不生就是證涅槃。也許又告訴你說：「**你想求開悟，那也簡單，你只要一念不生可以維持半天，就是小悟；可維持一天都無念，就是大悟；若是可以一念不生連續三天，就是大悟徹底。**」他會這樣告訴你，然後你信以爲眞，有一天終於坐到可以一個早上都不起念時，他就來恭喜你：「**恭喜你開悟了！**」他也會買了禮物來跟你慶賀，讓你覺得他就是你的人，這就是「魔使」幹的手段。

可是眞要高層次的「魔使」，你們想，天魔會派出最高層次的「魔使」是什麼層次？是他座下的大將軍還是什麼呢？他最看重、最親愛的人是誰？是他的子女，這才是最高層次的魔使。所以你們哪個女眾悟了，後來又發起圓滿具足的初禪時，他一週之內就會派他的兒子來見你。如果是你們男眾悟了之後又發起圓滿具足的初禪，他就會派女兒來。他的兒子、女兒什麼樣的膚色都有，因爲魔的眷屬是遍滿天下的；所以第一次派來英俊的黃種人，跟你的膚色一樣，是很有同感的白馬王子，妳不爲所動；第二次換個白種人，不然就換個黑種人來，不會很黑，是淡淡的淡黑色（大眾笑…），但同樣都是很英俊，讓妳見了都不會討厭他，會起歡喜心：「**眞的好英俊喔！**」這才是最高層次的「**魔使**」。

那我以前也教過諸位，遇到這種「**魔使**」，很容易讓他們退回，你就告訴他們：「**我也很喜歡你呀！你是否可以到人間來當我的丈夫？**」看他來不來。等他來投胎長大最少也要二十年（大眾笑…），這二十年你已經度了很多人，他哪有可能成辦？這條件他絕對不能成辦，就只好退回去。他心裡很清楚知道：「**原來妳在消遣我。**」也拿妳無可奈何。這就是最高層次的「**魔使**」，目的只是想要讓妳起欲心而退失初禪，重新落入魔的境界中。有時也許你入定了，派些大將軍或者嘍囉來跟你搗蛋，你只要不爲所動，他們都拿你沒奈何。那些低層次的「**魔使**」就等於走狗，一天到晚奔走來傳遞一些外道法的訊息給你，已是最低層次的「魔使」了。

有魔使就有魔民，單單「魔使」有時也會使不上力；譬如今天我講經時如果是十來個人聽我講經，永遠就這麼多，講上二十年還是這十來個人。那諸位想想，大家會認爲說：「他沒什麼法啦！頂多依文解義吧。」一定是這樣。可是哪一天，假使我是依文解義的，沒有什麼眞正的法，但是我有一大堆聽眾，因爲天魔會派遣一大堆聽眾來，每一次講經說法時都是幾千個人來聽經，一般人就會信受說：「這個人一定是大師。」假使不信的話，我們把全省所有的會眾，約定在某一個月的某個星期二，大家都一起來了，但是在這裡擠不進來，然後大家排隊，排上三個紅綠燈去，新聞一報導出來時，有很多人就會想：「有這麼一個大師喔！」然後記者就開始寫文章登出來，咱們頂多花些廣告費，記者就寫了，圖片也報出來，讓大家看到聽經時排隊，需要排過三個紅綠燈，這是什麼？一定是這世界上最特殊的佛法，一定是世界上最高層次的佛法。

報導出來了，接著人就越來越多，大家都要來擠，搞不好前一天早上就來排隊了（大眾笑…）。沒有法的實證時也可以這樣作，因爲一般學佛人只看表相；他們沒有擇法眼，在他們的擇法覺分生起以前，都不能揀擇，只懂得看表相。那些看表相的學佛者終於擠進來之後，就弄一些方法或手段，讓大家互相感染熱烈信仰的氣氛，於是大家就信得不得了，但這樣的大師，其實說穿了不過是常見外道法。

所以對天魔來說，「魔民」也很重要，單有「魔使」不足以成事，還得要有很多「魔民」助陣。所以「魔使」來人間，藉某個寺院作道場，他開始接引徒眾時，天魔就派了一大堆魔民來，造成那個聲勢。當聲勢起來以後，換了第二個「魔使」，同樣的方法去影響某個寺院，然後那一批「魔民」又移過去，繼續把聲勢造起來，眾生迷信就跟著一路走下去了。所以眾生還沒有開智慧之前，全部迷於「魔民」和「魔使」的表相，這都是正常的。

但學佛是學智慧，如果來到正覺講堂學上一年、二年，哪天有一個電影明星來了，或者某一個歌星來了，比如說從韓國來的、美國來的、英國來的，然後就趕了去捧場：「這是我最喜歡的歌星，我是他的歌迷。」啊！進了正覺一年、一年半了還當歌迷？那我一腳就把他踹出去，還容得他繼續在這裡混喔？學佛是學智慧，不該是越學越迷，眞的不能迷。世俗人愚癡自稱歌迷、影迷、球迷，表示他們迷在那裡面脫不了身。

譬如球迷，每一次球賽他都得到場，辛辛苦苦趕了去，還得把錢交給人家，回來以後就這樣睡一場好覺，這就是迷。迷於自我已經夠悲慘了，還要迷於外我我所，這種迷可就無以復加的悲慘。所以學佛人要有智慧，管人家迷什麼，我們一概不迷，我們看清楚那都是外我所；連內我所都不迷了，何況是外我我所？所以「魔使」再多、「魔民」再多，咱們都不爲所惑，道業才能日進千里。

所以「魔使」固然是一個帶頭領著眾生走入歧途的領頭者，可是若沒有「魔民」幫忙造勢也不足以成其功。就好像單單只有那麼一朵紅花，完全沒有綠葉，那紅花就不會顯得尊貴；天魔波旬很懂這個道理，所以「魔使」派出來運作成功之後，緊接著就是派一大堆的「魔民」來幫襯他，造成那個氣勢；而世間人愚癡就被迷惑了，然後就看表相，跟著他們隨波逐流去了。所以早期法師辦大型的說法聚會時，我相信你們之中有很多人看過：前面八個護法、後面也八個護法，單是隨從就有十六個人，在他身後還有一個人擎著寶蓋罩他，這眞的有大師的架式。

可是你們看 如來遊化人間時有這樣嗎？並沒有啊！富樓那尊者再怎麼不濟，也是個九地滿心的菩薩，他也沒有這樣。智慧第一的舍利弗尊者、神通第一目犍連尊者，十大弟子們都沒有這樣，末法時代的凡夫大師們背後竟然要有人撐個寶蓋來爲他莊嚴，那你說這會是 如來的十大弟子之所爲嗎？因此，以後如果看見哪個大師出場，別說前後各八個人，就說前四人、後四人，身後有人擎著寶蓋，你扭頭就走。因爲那叫作造勢，就好像選舉造勢一樣，那只是在迷惑愚癡的人。

江湖上有一句話講得很好：眞人不露相。他是混在群眾之中，讓你認不出來，一味平懷，不會讓你覺得他有什麼特別，但其實他是絕世高手。他的爲人非常好，不到必要時絕不出手；可是非得要他出手的時候，只要隨便動一下，惡人就遭受果報了。但你看他就跟平常人沒兩樣，所以那些武俠小說寫得眞好：這個人熊腰虎背，太陽穴鼓鼓的，內功非常棒的人，結果竟敵不了絕世高手這麼輕輕一拍。

這個描述還眞好，把他放到佛教界來不也一樣嗎？你們看那造勢場子多麼偉大，這一出場時前後各八大護法，再加上寶蓋，大家看了都說：「我跟對人了，這眞的是大師。」可是這個大師突然間遇到了某一個絕世高手，一句話就把他撂倒了，然後這個絕世高手一轉身就混入人群去了，再也找不到他。現在佛教界也是這樣，所以我去到菜市場、去到量販店買物品時，沒人認得我，眞棒！就像個隱形人一樣，我們不會被魔所影響。這就是說，「魔使及魔民」一定是互相配合的。

如今在人間最高等的「魔使」就是密宗四大法王，那些假法王就是最高級的「魔使」；至於其他的「魔使」呢？也許有人想：「導師，您好像比較厭惡密宗，但傳統佛教裡難道就沒有嗎？」那我只好老實說了，確實是有的，但我不想講，至少要讓正信弟子們對正統佛教留一點信心吧！別把人家的信心全部摧毀了。傳統佛教道場的信徒們，終究還願意對咱們說的正法稍加瞭解；如果是天魔派來的魔民，他們是完全不想理解的，就只是會繼續毀謗、辱罵、抵制、破壞。不管你講什麼勝妙法，他們都不想瞭解；就是一味要破壞你，那就是「魔民」。

所以我們弘法二十幾年，證實佛法中不論是小乘、中乘、大乘，實修時都不能否定第八識如來藏。傳統佛教的道場從那些大法師，下至信眾大部分都能接受；他們只是妄自菲薄，認爲自己此世與正法的實證無緣，不至於一味地抵制到底。可是「魔民」會抵制到底，就是密宗的那些基本信徒。人家說正覺的書中法義多麼勝妙，他們就是不讀，卻一味要毀謗，在臺灣就是這樣。那麼在大陸也有很多「魔使」以及更多的「魔民」；那些「魔使」很努力、很用心聯合起來，發動不知情的官方抵制我們，所以我蕭平實是他們聯合起來抵制的唯一對象。因此說，在大陸的「魔使、魔民」遠超過臺灣很多倍，簡直可以說其數無量。

那麼 如來藉末來世地神的口說這一些人「**鈍根難開化**」，他們都很聰明，所以懂得怎麼樣運用政治勢力，怎麼樣運用官方的力量抵制正法。他們是很聰明，也很有謀略、很有計畫地作；有人也許想：這樣聰明伶俐的人，怎麼會是鈍根的人？但其實正因爲如此才稱爲鈍根。我們弘法的過程中，也證明這件事；有好些人錄取了禪三，大多數的同修都看好他，說他一定會過關。不但一定會過關，而且有的人還甚至預測說：「**他大概可以一次過兩關。**」沒想到一次沒過關，上山二次也沒過關，還是到第五次才過第一關，第二關就別提了。

我們也有同修上山前被人家笑：「你也能上禪三喔？我看你沒希望，悟不了就是悟不了，別打妄想。」就這樣當面說他。可是人家上山兩次就過關了，這要怎麼說？又譬如說，我們這回第三梯次的禪三，有位內地同修，我在打算他是這回第二次上山的最後一天，如果他還沒有消息，我再來指點一下，沒想到他自己闖過去了，根本不用提點；可是大家都說：「他這個人又不好辯，口才也不是頂好，不怎麼聰明。」都認為他大概要很多很多次才過得去，可沒想到他自己闖過去了。

所以鈍根和利根不看表相，如果以世間法來看，我是天下最笨的人，正是以世間人的標準應該被判定為鈍根的人。我從小被我二哥敲腦袋，敲了以後就是頭上一個包；每一次就這樣敲下去，就罵：「你為何這麼笨？家裡的東西不自己用，老是拿去給別人。」啊！我也真的笨哪！我在學校讀書時都是在末班車，從來不是第一班車；高中時我對那些商業課本根本沒有興趣，因為我讀的是商業學校，學的是簿記、會計等，但我都沒有興趣，我讀自己的課外讀物，例如《十三太妹》、《鏡花緣》以及一些神仙小說；結果，期末考當然考不過去，就是死當，當然就留級了。所以我比諸位有福報，我的高中同學比諸位多一倍（大眾笑…），聽懂沒？對啊！但我當兵快退伍回鄉時想，以前功課沒有好好讀，這下退伍回鄉得要求職了，該怎麼辦？趁著還有半年要退伍，回家省親時就把高中課本帶到軍中去，有空就看；讀著讀著，發覺這些內容並不難啊！爲什麼當初都考不好？後來才知道，原來是無心於此。

所以要說笨，五個兄弟中我最笨。別人讀高中時都會想：「**我將來還要考上某某大學。**」讀職業學校的人也會想：「**我將來到了社會要怎麼樣謀生，我現在學的這些技能就是將來謀生要用的。**」他們眞的在當學生，而我不當學生，我都在空中來來去去的那些神仙故事裡，或是在《紅樓夢、茵夢湖、但丁．神曲》等上面著心，眞是笨呢！不會爲自己打算。像我這麼一個大笨、特笨的人，是名符其實的笨；所以後來我在高職時讀了四年才畢業。有時人家問說：「**你哪個大學啊？**」我就說：「**我彰化商職大學。**」因爲我在那裡讀書時，他們是讀高商，我是讀大學，因爲我讀了四年。可是我這個人到社會上來作事時，人家是學上四、五年才有辦法出門獨立辦事，我不是，我只學了一年半就在外面獨立辦事了。然後我學佛了，五年後開始弘法，寫了書出來，大學哲學教授讀不懂，只有證悟的人能讀懂，那我到底是鈍根還是利根？（大眾回答：利根！）喔！龍心大悅！

所以鈍根與利根不看表相，從表相來看時不準的。我這個人從小不管誰是怎麼厲害，只看對或者不對；所以有時為了一個道理，兄弟辯論，我雖然書老是讀不好，但辯論倒是很行，所以有一次我那四哥氣我氣得要命，捏著我的脖子大概想要捏死吧，因為他辯不過我就很生氣；但因為我說的在理，理對了怎麼辯都對；理不對時再怎麼辯都不對。好在後來我的外婆趕了出來，拿起黑糖缸上的蓋子向他擲過去，他才放手跑掉，不然我就一命嗚呼了，但這只是辯論呀！後來弘法以後我想，原來我往世學過因明學，而我講的也在理，所以我贏了。

我那時候小，差他五歲，在未成年兄弟中，這年齡距離是蠻大的。這就是往世的所學，但是人家看著總是覺得：「這孩子笨哪！好東西不會自己享用，拿去分給人家。」真的是笨！後來學佛以後才知道那是一種利樂眾生的習性，就是這樣子。所以剛當兵回來去到臺北，當學徒一般沒什麼錢，軍中的朋友要買一輛摩托車，來向我借錢，我沒錢就去向別人借錢來借給他；後來他也不還給我，我就存錢自己還，所以眞是笨。可是這樣笨的人，學佛五年就出來弘法，而且不從他悟；然後說出來的法、寫出來的書，大學哲學系教授也讀不懂。所以鈍根和利根不看表相，眞的不能以貌取人。

那麼「**魔使及魔民**」的特性不一樣，因爲兩種的體性不同。「**魔使**」聰明伶俐，「**魔民**」一味信受。但這兩類人都是鈍根，聰明伶俐的「**魔使**」對正法不信受，他永遠覺得自己才對，不管誰說什麼法，他永遠不信，永遠都要從你的法中尋找你的過失。但「**魔民**」卻不管「**魔使**」說的多麼荒唐，他們一味信受，沒有第二個想法。所以這兩類都是鈍根之人。佛說鈍根的人難以開化，因爲不論你怎麼樣爲他開示，想要化度他，都沒有用處。

那他們鈍根的根本原因是什麼？就是「**諂曲懈怠心**」。這就是他們的心理本質，他們是諂曲的。而諂曲的人有個特性，叫作欺上瞞下；他們只看重世俗法上的利益，爲了達到自己的目的，就對上面的人欺瞞，對下面的人同樣欺瞞甚至打壓，唯有這樣才能達到他要的目的。但是他們都沒有想到心地諂曲的結果，到最後會是眾叛親離。就好像臺灣有句話說：雞蛋再怎麼密也都有縫隙。這話說得太準了！所以欺上瞞下的人，遲早會被人家看破手腳。

那麼欺上瞞下的人有時其實只是圖個安逸，既要利益又要圖安逸，所以他要欺上也要瞞下。但這種人把事情交給他作時，他一定作不好；他只圖安逸，其實說穿了就是懈怠。所以你如果開一家公司，聘請一個總經理是這樣的人，那你得要準備著，不久就要站出來為他收拾爛攤子，因為他不是個努力奮鬥的人，他很懈怠。他只有一件事會努力奮鬥，就是為了擷取自己的利益。

那麼當他為自己的利益去籌劃、去進行而不能成功時，就是瞋恚心大大地發作起來，根本就不思考因果關係，只想要謀求自己的利益，這種人在佛法中修行不會成功的；因為在佛法中眞正的修學是不斷地棄捨，不是不斷地得。諸位可以從人天善法、聲聞菩提、緣覺菩提、佛菩提來看，全都是這樣。想要生天嗎？可以，只要持五戒加上行十善；行十善時不就是盡量利樂眾生嗎？這得要不斷地捨，然後才能生天享福。下一世想要得人身就要持五戒，持五戒也是捨：好喝的酒不能喝了，要捨；以前喜歡去打獵、釣魚，也要捨；以前作生意時想要多賺一點錢，弄一點虛假，現在也不行，也要捨。就是要這樣持續地捨，來世人身一定保住，沒問題。

那麼在聲聞法中說：「**我想要證得初果。**」然而初果有果可得嗎？沒有欸！得初果時反而是把自己的五陰、十八界全部否定了，說我這五陰全都是假的，也是捨。得阿羅漢果呢？是把五陰、十八界全部都丟棄，不再投胎了，連天界那麼好的享福之地也不去了，以後永遠無我，捨得徹底。那麼緣覺菩提、佛菩提也是一樣，所以有私心時就不是佛法中的利根人，佛法中的利根人是全無私心的。

佛法中最極沒有私心的人是誰？是　瞿曇老人啊！把天底下最好的法、最究竟的法都要給眾生。而且祂來人間時什麼都不要，這是最沒有私心的聖者，所以成就最究竟，這就是修學佛法跟世間法大大不同的地方。如果說慈悲喜捨四無量心定的修證，不也都是捨嗎？那最究竟的捨，是第四禪中把捨無量心修學圓滿了，才能得第四禪天的天王果位；可是他當四禪天王時，他又沒有想要把所有四禪天人都納為己有，或是當作眷屬都抓得緊緊地，他又不是這樣，因為他很清楚知道：由於捨，才有今天這個果報。世俗法都這樣了，何況是三乘菩提呢？

所以那些落在私心中，一天到晚想藉這個法在世間法中得好處的人，全都是鈍根人。如果因為往昔某一件善事而跟善知識結上了緣，後世中能有一世遇見了善知識，因爲往世那個善緣，善知識就幫他開悟；悟了以後他就想要把這個善知識拉下來取而代之，就表示他其實是鈍根人，所以他有這個私心想要得。善知識是已經捨了，才能站在這個位置上；他不在這個位置上，卻是妄想要得，想要把善知識拉下來，就是有私心，就不是利根人，所以這樣的人就稱之爲鈍根。因此經中 如來講得很白：**佛法背俗**。眞是至理名言！世尊說世間人所貪愛的，在佛法中是要棄捨的；世間人所認爲愚癡的、不想要的，佛法中反而認爲那才是好的修行，所以說「**俗之所珍，道之所賤**」，正好顚倒過來，所以我這個笨笨的人還眞是利根呢！

因此，我有一位哥哥很聰明伶俐，學什麼像什麼，成天到晚敲我腦袋罵：「笨！」其實他才是鈍根，他才笨！所以他那麼聰明，學佛以後竟讀不懂我寫的書，是因爲太聰明所以讀不懂。有一次見面時跟我說：「欸！**你都說你開悟了，那你憑什麼說你開悟？**」我說：「**有經典作依據啊！完全符合就是開悟。**」他太聰明了，他想出一個理由來反駁我，他說：「**那經典已經流傳二千多年了，誰知道是眞的假的？**」你看夠聰明吧？可正因爲這樣，我說他才是鈍根。所以鈍根與利根的判定不能看表相。

如來說，這些「魔使」、「魔民」、「鈍根」人，有諂曲心、有懈怠心，所以「瞋恚壞佛法」。他們對於善知識的說法不接受，是因爲善知識出世弘法時會斷了他們的名聞利養，因此使他們生瞋，瞋之不已轉變成恨，恨之不已有了怨心，怨之不已惱心就出現了。惱就是造作惡業來報復。所以有人寫了文章出來罵我，第一篇罵時，我們游老師出書回應；他又寫出第二篇繼續罵，我就知道他是什麼想法，所以當他第二遍寫文章又罵時，我再請游老師寫書回應，但我改爲局版書，藉他的罵來回應成書籍賺錢，他就不再罵了。我看穿了他的心，他想的是說：「我如果再罵他，他又藉這個機會賺錢。」所以他不再罵了。那你說這樣的人到底是鈍根還是利根？（有人回答：是鈍根。）鈍根喔！可是他挺會寫文章，你怎麼說他是鈍根？並且他還幫很多寺院主持禪七呢。有很多道場請他去主持禪七，你怎麼可以說他是鈍根？但是諸位不幸而言中，他正好是鈍根。

「瞋恚壞佛法」的人，全都是鈍根，根本不考慮這是不是正法。假使是利根人，看見善知識出來弘法時，縱使善知識所說有某部分法義說錯了，或者善知識的證境無法證實爲眞，至少其他的說法是正確的，那就千萬不能毀謗。因為如果毀謗他就是毀謗賢聖，這是放諸於後世百千萬劫而不易的道理；但那個法師竟然敢毀謗，這表示他聰明伶俐，但卻是鈍根；所以為了名聞或者為了利養，結果起瞋來毀壞佛法。這是何等重大的惡罪啊！竟然甘冒大不韙而去造作，這就是鈍根人。

但 佛說這一種人會出現一種現象：「但於空林中，坐禪滿三月，自言是羅漢，無禪況得道。」我們正覺弘法之前的佛教界不正是這樣？以前佛教界很流行閉關，但是閉關是有文章的，就好像搞政治的人說：「現在蹲下，是為了以後跳更高。」所以閉關跟外界隔絕，目的是為了將來可以讓人家更信服，對他更服氣、更信受，所以就去閉關。但關於閉關，林林總總、形形色色，有的人閉關三年是白天不出來，晚上出來晃（大眾笑⋯⋯）；有的人閉關是專修一念不生的打坐，還算是好的；有的人閉關是閉讀經關，也還好，專讀經典；可是聖嚴法師閉關六年是專讀日本人的著作，而且是凡夫的著作，那是閉的什麼關？讀書關喔？所以閉關是有很多名堂的，目的是為了出關之後大眾會崇拜他，於是名聞利養就來了，因為人家會傳說：「這師父閉關三年欸！」「這師父閉關六年欸！」

可是到了末法最後那二、三百年時，不用閉關三年、六年，只要閉關三個月就夠了；只要在空曠的地方，沒有閒雜人等干擾的樹林中，好好坐禪，不管怎麼坐，一天到晚打妄想亂坐也沒關係，只要坐上三個月都不出樹林，出來以後就說：「我證阿羅漢果了！」諸位別以爲這是到末法最後那二、三百年才會有的事，如今在臺灣與大陸都出現過了；以前有很多的道場都是舉辦禪七或是辦什麼精進共修，大家都很努力打坐，專求一念不生，只要眞能一念不生就說是證得阿羅漢果，不必斷見惑與思惑。再往前追溯，清朝雍正皇帝也是這樣，他也是坐到一念不生時就說自己是證阿羅漢，也說自己是眞正的菩薩。然後從雍正傳下來，乾隆、嘉慶大致上都相同。

所以陳履安思緒不清，竟然說清朝的皇帝都是菩薩再來，我聽了好笑說：「菩薩有那麼衰喔？」大菩薩們乘願再來時會落到意識境界的一念不生中喔？所以這種事情古來有之。雍正還打禪七呢，臣子們爲了保住那個官帽，都得乖乖跟他去打禪七，由雍正主持禪七，而且要是坐得好，妄念少，他就印證你開悟了！他所謂開悟以後是證什麼果？阿羅漢果。所以這個人當了人王不滿足，還要當法王。如來說的末法這種自稱阿羅漢的人還「坐禪滿

三月」，雍正七天就說證得阿羅漢果了；你們看「**坐禪滿三月**」頂多給他個一念不生吧，何況大多數的人都坐不到一念不生。一念不生是我走過來的路，我這一世學禪坐，人家說數息要數到數而不數，也沒有什麼方法教導，全寺的人都無法數到一念不生；那我自己變著法來數，我一、二個月就一念不生了，因爲我自己把往世所修的數息法找回來了，自己就會數隨止觀還淨等六法，可我沒有覺得我是阿羅漢啊！因爲覺得智慧沒有什麼長進，也沒多大的功德受用，所以我不認爲那是阿羅漢。所以這樣的狀況在雍正年代就有了，不是現在才有。

那我們出來弘法前，臺灣、大陸都有人是這樣，坐上幾個月的打坐功夫，一念不生時就認定自己開悟而稱爲阿羅漢。但是 如來說這樣修行的人：「無禪況得道。」連禪定都沒有的，因爲絕大多數人修打坐，坐上幾個月都是繼續打妄想的。老實的人就承認說：「**我打坐十幾年，始終數不到十。**」因爲如果起了妄想就要從一再度開始，他都沒有數到十過，很老實。但有的人說：「**那還不簡單？我才不過二、三個月都可以數到十了。**」其實他是打妄想，打到忘了自己在打妄想，所以連禪定都沒有，別說是得道。假使談得道，至少是要證初果，可怪的是那些大師們印證徒弟時，很少有人印證徒弟是初果、二果、三果，都是清一色的阿羅漢，眞的很怪欸！這個狀況到現代禪出現才打破，現代禪有印證弟子是三果、二果、初果，沒有全部是阿羅漢，算是比較進步了。後來李老師向佛教界懺悔因中說果，這無妨是一條好漢！

其他的道場有誰向佛教界懺悔過？臺灣四大山頭走了兩個法主，死前都沒公開懺悔大妄語業，估計後面這兩人將來捨報時也不會公開懺悔。所以眞要當漢子還是不太容易，因此我讚歎李元松老師是條漢子，他捨得下面子；但已經走掉的那兩個大山頭和尚，面子還抓得緊緊地；估計剩下這兩位會跟那兩位一樣，頂多是聚集幾個出家徒弟在佛前懺悔就算了，要期待他們向佛教界公開懺悔？沒門兒。但我說這樣都不是聰明人，因爲那樣懺悔的功德非常小。懺悔是善法，既然是善法，這個功德就要把它擴大！以前造了那麼大的大妄語及害人大妄語的大惡業，作這麼一點點懺悔小功德，表示還有許多被他虛妄印證開悟的大惡業會繼續存在著。特別是那些誤導眾生的書還繼續流通著，惡業還會繼續擴大。

如果能對佛教界公開懺悔，以後那些書就不會有很多人願意再讀，懺悔的功德才能大大成就。所以你看聰明人專幹傻事，那我們專幹傻事的人正是聰明人，到底這個聰明人跟那個聰明人一樣不一樣？（大眾回答：不一樣！）欸？怎麼會不一樣？有點怪欸！聰明人專幹傻事，專幹傻事的是聰明人，這看起來好像是一樣啊！怎麼會不一樣？是吧？欸！還眞的不一樣，名稱相同可是定義不同。後面這一句專幹傻事，是專門利益眾生，不顧自己的利益，所以看起來是幹傻事，不是爲自己求利。前面那一句的幹傻事，是爲了顧念自己的面子，所以他聰明地幹了傻事。所以這兩句聰明人的定義就不一樣。

因此老老實實的，不要有私心的修行，才是佛法中的聰明人，稱之爲利根。如果是爲自己的利益，不管是爲名垂青史，或是爲世俗法的利益，其實都不是聰明人。就像 彌勒菩薩開示給我們的道理一樣：求利當求二世利、當求自他俱利。對自己，是要求今世利，也要求後世利；如果不能二者得兼，至少要求後世利，不要只看今世利。如果只看今世利、不看後世利，就是傻瓜。如果像密宗四大假法王，那是沒有今世利，也沒有後世利。所以末法時代隨隨便便閉個打坐的關，就說他證得阿羅漢果，其實連禪定都沒有，更別說他證果了，這是事實。

然後　如來說末法最後年代的地神感嘆那時的破戒比丘們，說他們又會怎麼表現而得到什麼果報呢？「不得言得道，死言入涅槃；眾人信起塔，而自入地獄。」其實並沒有得證聲聞道或菩提道，他閉關三個月後卻向外人宣稱已經得道了，死時就說他要入涅槃了。也許有人心裡面想：「眞有這麼笨的人嗎？」但實際上眞的有啊！在我們正覺出來弘法之前，放眼天下佛教界不都是如此嗎？海峽兩岸、漢傳南傳全都一樣，到處都是阿羅漢。所以我們弘法之後那些阿羅漢各個趕快入涅槃去（大眾笑…），那是爲什麼？是因爲讀了我們的書後發覺：「壞事了！原來我以前是大妄語。」終於知道自己是「不得言得道」。

以前兩岸的佛教大師們，有誰知道自己根本還在凡夫位？有誰知道自己成就大妄語業了？那些大師們沒一個人知道呀！各個都是很有把握的認爲證得阿羅漢果了。他們都不知道沒有得道而自稱得道，就是大妄語業；那他們爲什麼甘冒大不韙出來自稱是阿羅漢？是因爲心中很有把握，一向都自認爲眞的證阿羅漢果了。好在我們有出來說法，他們最後終於知道自己的大妄語業，趕快去懺悔滅除大妄語業。

所以從我們正覺弘法十幾年之後，到現在就沒有人敢再對徒眾們宣稱說他要入涅槃了。但是徒眾們還不能體會到上師的想法，所以發了往生通告時，還把他寫說：「**我師父某時圓寂了。**」圓寂就是涅槃。但是這也要怪當事人自己，死時沒有講清楚說：「**你們不要把我寫成『進入圓寂』。**」所以我二十幾年後走人，千萬別寫我入涅槃喔！（大眾爆笑⋯⋯）也不要寫我是圓寂了。但你可以說：「**我依舊住在本來自性清淨涅槃，轉到下一世去。**」這是可以的，因爲無始劫以來都住在本來自性清淨涅槃之中。所以愚癡的人爲了留下好名聲，死時自稱入涅槃，但這是有果報的，都逃不了的：第一個果報是世間的榮耀，他死後眾人相信了，爲他建造涅槃塔，把他的骨灰供在裡面，讓今世人、後世人去供養禮拜。

其實這現世的榮耀，他已經領受不到，因爲他死了；但後世的果報是「**而自入地獄**」，地獄的時間比人間長很多，那個色身又比人間廣大很多，如果領受快樂時色身越大越好，時間越長越好；如果是領受痛苦時，最好色身像細菌那麼小，時間只要一剎那就好，但地獄不是這樣的。所以初禪天人得禪悅之樂，而且天身廣大，那多棒！那個時間又長。可是下了地獄時跟天上一樣，時間長，色身也廣大，領受的痛苦當然也大了。地獄越往下，時間越長，色身越大。那他爲了死前的那一個感覺，讓人家恭敬說：「師父要入涅槃了。」大家很恭敬、很崇拜，只是爲了這麼一個感覺。但這感覺在短時間領受完了，來世得在地獄受長劫之尤重大苦。

這是天下極頂愚癡的人，那感覺也許一、二個鐘頭，頂多給他一個月好吧！最後那感覺還是會消失，但未來世地獄果報卻要領受很久很大，且要受苦很多劫的，所以 如來說這是「鈍根」人。眞正的聰明人計今世利也計後世利，計自利也計他利；鈍根的人愚癡，只計現在短時之利，不計後世利；只計自己之利，不計眾生之利。因爲他們是誤導眾生，結果領受到那樣的果報，眞是太愚癡了！

如來跟我們說：「如是癡空者，互共相輕恚，我於無量劫，所得今盡壞。」果然如是！像這樣愚癡而墮於頑空的人，他們有時說：「反正一切法無常，都歸於空，有什麼地獄可得？地獄根本就是聖人假名施設教化，哪有地獄？」他們認爲自己很聰明，自認爲看穿 佛陀的手段，所以敢主張沒有地獄；釋印順就是這麼講的，還有白紙黑字明文記載著；所以他認爲一切法緣起性空，沒有眞實法存在。因此他也敢否定如來藏，敢否定西方極樂世界，敢否定琉璃光如來的世界；他認爲「彌陀信仰是太陽神崇拜的轉化，琉璃光如來的信仰不過是黃道十二星宿的轉化」。他全然不怕毀謗佛法、毀謗其他佛世界的未來世果報，因爲他認爲沒有地獄。可惜的是，不因爲他認爲沒有地獄就沒有地獄。有些人一廂情願，認爲「我說怎樣就是怎樣」，可是法界中並不是他說怎樣就怎樣，因爲十方諸佛依於所見，都不會也無法否定而說眞的沒有地獄，只能承認地獄眞實有。

所以那些人都叫作愚癡，墮於頑空，誤解了佛法，一天到晚主張一切法空；既然都空，沒有什麼地獄，沒有什麼餓鬼道；如果有鬼，你抓出鬼來我看看。他不相信，這種人你對他無可奈何。而這種人的主觀非常之強，所以如果他的說法是這樣，聽到別人有另一個說法時，他會不服氣，就會「互共相輕恚」。所以 世尊感嘆說：「我在無量劫中積功累德，努力修道而得來的最勝妙佛菩提道，如今全部都被這一些破戒比丘、惡比丘們毀壞盡了。」果然如此，假使我們沒有出來弘法，就眞的被他們毀壞，世間再也沒有人天眼目了。

世尊接著又說：「**爾時虛空神，共見釋師子，妙法毀壞信，發聲皆啼泣。**」設身處地來想一想，假使你是天神，或者說你是虛空神，看見人間正法被這些破戒比丘們不斷地毀壞，而且不是因外道來攻擊而毀壞，是佛教裡自己的出家人把它毀壞的；那麼可以預見，而且是你可以親眼看見的是：人間很多人死後去了修羅道，因爲他們學佛行善但是謗法，所以往生去修羅道，或者墮落三惡道，未來世不可能成爲你的道侶，所以虛空之神越來越少。如果你是天眾，你將看見天眾越來越少，因爲有的天眾捨壽時，是由於天福享盡下到人間去了，但是人間沒有多少人補上來，表示你的處境就越來越危險，惡神或阿修羅將會越來越多，然後群聚而來攻擊你，你除了發愁、啼泣，還能幹嘛？那時將無所能爲，那一定是很痛苦的時節。

虛空神等如此，再往上看，如來說：「**四天王聞此，皆共懷憂惱，時與諸天神，僉皆共來下，阿羅迦槃城，夜叉神眾來，僉皆大啼哭，出可畏音聲。**」四天王天人是住在須彌山的半山腰，都是護持佛法的。當他們看見人間這個現象，也看見人間好多人死了都不生到天上來，因爲都是被這些惡比丘們所誘導，死後墮入惡道者多；或者修善但是不信正法，因此往生修羅道的多，生到天上來的人比以前少了。假使你是四大天王，你也只能大家聚集著議論，但卻無計可施，只能心懷憂惱。

在這個情況下，總得要想想辦法，所以就時常跟著諸天神從四王天下來須彌山腳；那須彌山腳下有什麼樣的大眾居住呢？有「阿羅迦槃城」；「阿羅迦槃城」是夜叉王所住的宮殿，在曠野之中，所以又稱爲曠野宮殿；那些曠野就是其他夜叉住的地方，夜叉王就住在「阿羅迦槃城」，也就是住在曠野宮殿中。當四大天王從天上下來，來到「阿羅迦槃城」時，夜叉神眾也都來了，因爲他們也看見這個現象了，大家都一樣憂愁，所以大家一起啼哭。因爲知道不久以後，阿修羅眾很強盛時就會來打仗了；可能有不少人會喪身捨命，因爲頭被砍斷了就沒命了；也可能會缺手斷腳的，雖然後來還是能再生回來，但被砍時也是很痛的；所以大家都放聲大哭，那個聲音聽起來令人覺得恐怖啊！今天講到這裡。

《佛藏經》上週講到八十九頁「出可畏音聲」，今天要從「有諸七寶城」開始說起。也許有人想：那「阿羅迦槃城」裡的夜叉王，以及曠野裡的夜叉眾，他們與四天王互相見面時都很擔憂，然後啼哭，爲什麼啼哭時會是很可畏的音聲？因爲夜叉眾的身量比我們高大很多，如果他們哭泣時，音聲一樣也大很多。就好比有個人養著一隻寵物鼠，不管牠是白老鼠、灰老鼠、黑老鼠或天竺鼠；有一天牠的主人遭遇變故而大聲啼哭時；這一隻寵物鼠，被主人抱在身上，聽到主人大聲啼哭，設身處地是那一隻寵物鼠時，你會不會覺得很恐怖？道理是一樣的。

而且夜叉眾們都有五神通，因爲夜叉眾屬於四王天的有情，他們已經預先看到未來天眾日損，修羅眾日增了(因爲在人間三寶已經被破壞到很嚴重的程度了，他們都能看見未來的遭遇將會是怎樣，所以非常擔憂、非常痛苦)；不好的待遇即將出現了，修羅眾不久就會來攻打，在我方人數日減、修羅人數日增的狀態下，結果一定不樂觀，所以他們擔心，大家來相聚、來討論時又沒有辦法，因爲看起來這就是眾生的共業了。修羅眾日增是無可避免的，天眾日損也是無可避免的，因爲大趨勢已經在那裡，全都看見了。由於他們對未來的愁憂以及恐懼，這是可以想見的，所以他們想到沒辦法時只能相擁哭泣，你想那聲音還會小嗎？以人類來設想，那樣的聲音聽起來一定是非常恐怖的。那麼又設想說，自己是那個人所養的寵物鼠，當主人在那邊呼天搶地時，你聽聽看那聲音會有多麼恐怖？所以當然就如 佛所說的「出可畏音聲」，這是必然的。

接著說，除了「**阿羅迦槃城**」的夜叉王和城外的夜叉神眾，「**有諸七寶城，嚴飾極微妙，失色皆如土，諸天不樂住**」；須彌山腳下的夜叉眾如是，須彌山半山腰四王天的那些宮殿都是七寶所成，當然他們一定裝飾得很勝妙；但是在那個時候，大勢所趨已經決定了，未來不可愛的狀態即將實現，那些宮殿就不再有光輝了。也許有人想：「**這不對啊！宮殿本來就是嚴飾極微妙的，儘管天人在那裡哭泣，與宮殿何干？**」有人會這樣想也是正常，但其實事實不是這樣的，因為天人的宮殿之所由來，是由天人的福德感召而來，隨著天人的心境就會有所改變的。

空居天的宮殿不是像人間說要請工人一塊磚、一塊瓦，然後一個寶石、一個珍珠這樣鑲上去、去作起來的。當天人的業力以及他的眷屬業力，若是福報全部享盡，那宮殿就會消失；地居天的宮殿則會空出來而沒有天人居住。所以天人住的宮殿固然很廣大，所以容得下五百天女跟每一位天女的七個侍女，但那是他們的共業所成就的，不是像人間用人力慢慢建造成的。所以當他們心境極惡劣，未來即將受到嚴重影響而使心境很差時，那宮殿自然就失去了光彩，所以說「失色皆如土」，不再有什麼勝妙的光輝了。

那諸位想想，雖然裝飾很莊嚴的七寶城，裡面一座一座宮殿，他們都住得不安心，因爲擔憂著即將到來的不可愛環境，所以說他們當時已經不樂住了。就像人間，假使有人在事業上遇到很大的挫折，他眼看著整個事業即將崩盤，那你想他那個十億元建成的大別墅，他看著也不會再覺得很美，因爲都無心於此了。何況天人的那些住居，他們所住的宮殿都是由業力所成，跟他們的心直接相關連，所以「失色皆如土，諸天不樂住」。

「不樂住」是心情，表現於外的就是「悲號大啼哭，處處皆來集，各共懷憂惱，相見不能言」。大家看到這種即將發生的狀況，當然在各自的宮殿裡都只能悲號。「悲號」就是已經傷心到痛哭失聲，再進一步把那個憂愁的心發之於外，大聲地哭號出來，這叫作「悲號」！人間也是一樣，所以有的人剛剛聽到惡耗時他愣住了，然後開始啜泣，最後很大聲的哭出來，呼天搶地，就是「悲號」。所以悲號就是很大聲的啼哭！

也許有人想說：「不會每個天人都這樣吧？」但我告訴你：「就是會！」

因為天人有五通，他們發現到這一點時就會用天眼通加以觀察，知道未來即將發生的狀況時，就會以神通跟其他的朋友相互感應，然後大家都以天眼去看：「果然都是這樣！」所以不需要多久，所有的天人都會用天眼觀察未來的事，發現未來將會是這樣，當然大家都會在各自宮殿裡悲號啼哭！這樣想來，四王天、忉利天等欲界天還是有很大痛苦的，看來還不如在人間好；人間至少還有正覺這個法可以學、可以實證啊！可以往菩提道不斷邁進，在這二天之中住著可就難了。

這就是末法時代他們的狀態，但他們發現大家也都沒辦法改變未來的命運，只好相聚來討論；結果也是沒辦法改變，就來訴訴苦也好，至少心情會好一點，所以「處處皆來集」。「處處皆來集」之後，不會有人歡天喜地、面帶喜色，一定是「各共懷憂惱」，結果是「相見不能言」；這時都不哭了，因為各自在宮殿裡哭完了，來到這裡不哭了，只好愁顏相對，這就是他們到末法時代的處境。

現在二十一世紀這個時節他們還不會被修羅道的眾生聚集攻擊，但末法過後幾萬年時，他們就免不了要受到攻擊；但現在還沒來到那個地步，所以他們心裡大約還在想著說：「如來啊！大菩薩們啊！請保佑正覺好好弘法！」現在還沒有到他們悲號大啼哭之時，那是九千年後的事。如果正法沒有大力復興起來，到那個時候天人們眞的「相見不能言」了，因爲不管怎麼樣講，這是大勢所趨，誰都不能改變，沒有辦法再回轉到正法時代去了。

到這個時節，只能夠嘆氣，什麼事都不能作，所以天人們「宛轉臥在地，發如是音聲，共行閻浮提，見是大怖畏」。因此，我倒是想要呼籲諸天：假使不想看到情況越來越惡化，那你們也別只顧著在天界享樂，也該暗地裡幫助正覺好好以正法利樂眾生，引導更多人們趣向正法；人間五十年才不過天界一天，若肯花個一天的時間來人間幫正覺推上幾把，你們到時候就不用那麼憂愁了。這是我的想法啦，那他們有他心通，若是感應到了就想想辦法吧！否則到那時就只能「宛轉臥在地」。不論想到什麼、結果都是無所能爲，那只好「宛轉臥在地」了，因爲連站起來或蹲著的力氣都沒了。

所以說，他們發出那種大悲泣的可怖音聲，其實也都是很正常的事；欲界中的地居天人不是永遠安樂，因爲阿修羅眾會來跟他們征戰；當欲界天人遇到這種打仗的時刻，什麼時候斷手斷腳，或是身上被刺了、被捅了都保不定。雖然地居天人只有被砍斷了頭才會沒命，手腳未來還可以再生長，但是被砍了以後是要痛多久？而且宮殿也會被毀壞，他們所擁有的五百天女就不可能完好如初，這對他們來講是很嚴重的事，所以這種憂愁是無解的心境。

諸位替他們想想，你只要設身處地說：「我現在是個天人，擁有五百位美麗的天女，每一個天女各有七位婢女；我住著這麼莊嚴的宮殿，可是我的宮殿即將被人毀壞，我這五百天女可能被人家搶走一半、搶走四百位，而我這一仗打下來，可能斷了胳膊、缺了一條腿，或者身體被捅了好幾槍，也可能被砍了頭就沒命。」你想想看，這日子眞的不想看見，可是沒有辦法解決，那時也只能每天以淚洗面：「因爲這五百天女每一個我都愛，怎麼可以失掉那麼多！」對吧？「我這宮殿好莊嚴怎麼可以毀壞？」可是無計可施，又能怎麼辦？因此以淚洗面，淚乾了之後就只好憂愁而不知道怎麼辦，那就大家互相拜訪談論，最後也還是沒有結果，只能等著那個惡劣的狀態出現；這時的閻浮提都一樣，整個須彌山腳下所有的夜叉眾全都一樣，沒有辦法安心的過好日子。因爲所看見的景象就是這樣，這是令人很怖畏的狀況。

那麼 如來這時又說：「佛子自鬥諍，破壞而分散。」於是四王天和忉利天的天人們「**皆從天上來，共詣我生處**」。因爲人間這一些佛弟子們自己互相鬥爭，導致正法勢力被破壞，勢力分散了就更容易被打擊。確實是如此！諸位看看正法在臺灣二十幾年終於爭得一席之地，可是我們這個力量投之於大陸，只是一個小小的力量，雖然我們猶如尖刺一樣無堅不摧，可是大陸那些中央到地方的佛協法師們聯合起來，發動官方在全國串連抵制我們正法。

在抵制正覺之前，他們互相之間是怎麼樣呢？是互相抵制；不是「**僧讚僧，佛法興**」，而是一面倒，全都偏向密宗。我們正覺出現之後，他們終於有一個共同的敵人——正覺，所以聯合起來抵制正法，不再互相鬥爭了，合力來鬥爭正覺而使正法無法弘揚！可是我們沒有跟他們鬥爭，我們只是把眞實之法傳揚出去而已，因爲我們不是爲名聞利養，不是爲了打擊他們。因此對我而言，我們所作的一切不是鬥爭，我們的目的不在於打擊他們，不在於搶他們的名聞利養；但是他們顧念著名聞利養，對我們作的就是鬥爭；目前看來他們是佔上風，但不會是永遠的。因爲我們不是沒智慧的人，我們還是會繼續突破的，終究要把中國佛教復興起來。

在臺灣，我們復興佛教的大業算是第一步成功了，因爲現在有很多道場不再拿釋印順的書當教材了，改用我們的書本當教材；所以我們常常接到總經銷來訂貨，上面特別註明：「這幾十本、這一百一十本，是作教材用的，請在哪一天之前一定要送到。」這表示我們在臺灣復興佛法的第一步成功了！可是大陸，我們還是要繼續努力，但現在我們只能鴨子划水，等到成功了再跟諸位報告好消息。大陸各省佛協和中央佛協那些大法師們聯合鬥爭正覺，那無所謂，我們總是會找到出路，就一步一步鋪陳出去。但他們有鬥爭之心，還繼續在作抵制正法的大惡業。那個鬥爭之心始終不息，也沒關係，我們走另一條路，跟他們井水不犯河水；只是我們的井水有時會舀一杯過去給他們，那是你們個人偶爾會作的事，不是我們全體作的事，我們還是井水湧泉不斷地湧出，等候有緣人。

但他們在佛教界裡不斷鬥爭，特別是現在合力打擊正法第八識妙法，結果佛法的力量就被破壞，然後就分散了；這是末法時期的必然，無可避免，但我們可以換個方法來繼續復興佛教。可是到末法時代最後八十年、最後五十二年，那眞的沒辦法了，所以確實眞的會被破壞而被分散。這是可想而知的事，因爲必然如此，那時的人心更惡劣。距離那個時代都還有將近九千年的現在，弘揚了義正法都已經這麼困難了，何況是九千年後的時代呢？所以那時的天人們「皆從天上來，共詣我生處」，全都從天上下來，去到 釋迦如來出生在人間的地方，就是現在印度的藍毗尼園。他們回想 釋迦世尊剛示現於人間時是什麼地方，所以來到那個地方；但是來了也只能緬懷往昔，從天上來到這裡，回憶和見證悉達多太子以前的出生景象。

對末法時代法滅時刻的即將到來，也是無計可施，這時就是 世尊說的：「天神諸寶城，七日無光色，各共坐啼哭，滿七日不起：」在人間末法即將消滅時，天神們所住的那些寶城，整整七天都沒有光輝、沒有顏色；因爲他們都下來人間回憶 世尊的降生，心情非常惡劣，所以在這七天之中，大家只能坐在那裡緬懷 世尊，能作的只是啼哭，整整七天坐在那裡都不能起身。他們這時一面啼哭，一面訴說著：「如何大精進，勇猛世間尊，我等見住此，今當不復見。」大家一起感嘆，因爲無法相信末法最後的年代這麼快就來了。其實並不快，只是因爲他們在天界享樂慣了，所以時間過得很快，所以這時就抱怨：「爲什麼大精進的、非常勇猛的世間至尊，我們以前都還親眼看到世尊住在這裡，如今將永遠都不再看見了。」因爲他們在天上享樂，日子過得很快，沒有好好來人間護持正法，所以一下子就過去，到時候就只能接受戰爭的損害了。

四王天一天是人間五十年，九千年等於他們天界的幾天？誰算術比較好？是一百八十天？那我們想想看，如果每天享樂，半年時間很快就過去了，一定很快。所以如果今天有天人來這裡聽經時聽到了，回去要趕快勸導天人們好好下來人間護持正法；護持正法對他們有利，功德也算他們一份。否則，到那時候就只能感嘆，無所能爲。如果這九千年之中，好好下來人間幫助我們教化眾生，來轉變更多人的心態，至少大家共行五戒十善，還是有幾分可以轉易的。如果單憑人間的力量，恐怕這個趨勢是很難轉變的，所以那時他們就只能在那邊感嘆。

在藍毗尼園感嘆完了，想著想著不甘心，於是又一起到祇園精舍去。二十幾年前我去到祇園精舍朝禮時，看見的就只是一些地基、一些紅磚，那些精舍都已經不復見，樹木也不怎麼茂盛了。到九千年後，如果印度政府沒有好好維護，可能連地基都會弄得很髒亂，所以他們「咸共詣祇洹，相對而啼哭」。老實說現在他們去看了也會相對啼哭，因爲只剩下那些地基，大部分牆壁都傾頹了，只有一部分比較高的，那建成好像山的那些磚牆還好；其他每一間寮房和法堂等，全都只剩下地基，而地基大概只有離地面兩三塊磚頭的高度。現在已經變這樣了，如果到將來那時候外道更興盛，搞不好他們對佛教的聖地不喜歡，連地基都加以破壞，那他們天神們還會哭得更悽慘。

他們相對而啼哭時，只能互相訴苦啊！怎麼訴苦：「佛此說四諦，我等此中聞。世間將盲冥，互相輕恚慢，但起諸惡業，還墮於惡道。諸天妙宮殿，可惜今將空，我等諸天神，無復救度者。」他們抱怨說：「佛陀在這裡演說四聖諦時，我們當時都在這裡親耳聽聞。如今世間的有情，都將變成盲無慧目，等於天下不再有光明了。這時的有情們互相輕視、互相瞋恚、互相起慢，所以只會生起種種的惡業，他們都不再行善，捨報之後都將墮落於惡道之中。」末法時代的多數有情會繼續墮落惡道，就表示天眾會越來越少，惡道中有情就越來越多了，這就表示其中有一部分人會成爲修羅道的眾生，可是天眾只會損減而不會增加。

他們又感嘆說：「諸天勝妙的宮殿，眞的很可惜啊！如今將會空無天人來住，我們這些天神們，不再有人能來救我們、度我們了。」一般人都想：

「天神無所不能呀！爲什麼還要人家來救護、來度他們？」這是一般人的想法。可是等你瞭解眞相以後，就會知道：天上的神，或者天人天主，都是因爲往昔 如來的教誨，使他們懂得受持戒法，懂得修十善業，才能上生而爲天神。如果不是因爲往昔 如來的教誨，他們追尋而持戒修善，就不會有今天的天神快樂異熟果報。

譬如說，天神們在忉利天的日子過得很快樂，可是他們爲什麼要來人間爲苦難的眾生辦事情？忉利天總共有三十三天的天王，天主是釋提桓因——玉皇上帝，他們爲何常常要下來人間爲眾生辦事和勸善？諸位有沒有想過這一點？天神來人間附身於乩童，那時爲了讓人類信受而不得不示現神威，所以附身於乩童時自殘其身，那時身上的痛苦是誰來領受的？是天神自己要領受。他使用那個身體時的痛苦，當然要由他來領受。聽到而知道這個眞相以後，如果是會外的人一定會有兩種罵法：「你蕭平實神經病，亂說話。」第二種人是這樣罵：「那天神不就是神經病嗎？放著好好的天上快活日子不過，來人間受苦？」只有這兩種罵法。

可是那些地居天的天神們不是神經病，爲取信於眾生，他們得自苦其身，也是爲了未來增加天眾，希望修羅眾能增加得慢一些。但用的是乩童的色身，因此他們退駕之前要把一個好的色身還給乩童，所以退駕前要事先畫了符、作了法，等他退駕離去之後，幫忙辦事的人要趕快用那一些東西來幫乩童止痛和快速恢復，但造作那些苦痛的當下是天神們自己在領受的；不論是穿針，或者身上作了什麼樣痛苦的事情，例如穿了好多粗的針，又在粗針上掛些物品，又要繞境壓制鬼神而不斷地移動，每移動一下就是痛一次，表面上看是何苦來哉；其實不然，那是爲了教化眾生去惡修善。而他們自苦其身其實也是爲自己，因爲眾生都向善、都信因果、都知道有天條時，眾生修善的人就多；當眾生畏懼死後的懲罰時，努力行善的結果天眾就會增加了，他們就不害怕修羅眾日增；因爲大家行善之後，修羅眾就越來越少，所以天神都不是傻瓜。

那麼現在，人類自以爲聰明，所以對天界抵制就越來越多。舉個例來說，以前天神降乩是會開處方的，他會跟你斷脈，不直接碰觸你，只用寶劍末端貼在手腕的脈上三處來聽脈（等於中醫師把脈一樣），然後就叫筆生寫下藥物的名稱，全部藥名都寫好了，再從頭開始把每一味藥的分量一一確定，整個藥方才算完成。中藥房一看就知道：「這是神明的處方。」因爲人間的醫師們不會那樣開。病人抓了藥吃了，幾天就好了。可是現在人類自以爲聰明，不許再由神明開藥方；神若降乩時開藥方，罰不到神明就罰乩童或是罰宮廟的廟主；所以現在天上的正神來到人間都不能開藥方了，因爲怕害到乩童；可是又要幫眾生，那怎麼辦？只好用壽金來寫上符，加蓋了他的寶印，還要拿寶劍割舌尖出血，用血來一張又一張點上去，讓病人回家焚化在水裡喝。

所以現在的神明來到人間受苦要更多了，是因爲人類的自大心態而導致這個現象，自以爲說：「**那些乩童都是假的，沒有神、也沒有天界存在，那都是騙人的，全部要以人類爲主。**」可是以人爲主時，他們又都偏向西醫，歧視中醫，因爲中醫的理論他們很難管；西醫一是一，二是二，就是簡單的頭痛醫頭、腳痛醫腳，這很好管理。現在的趨勢就是打壓傳統醫學，崇尚西洋醫學，不從病源著手而只看病的表相來醫治，但是西洋人卻很努力在研究中醫。所以到底臺灣這一些醫藥管理階層是聰明還是笨？我也不知道。我先聲明，我沒有說他們是聰明或笨。

越到末法時代，天人、天神對人間的影響越少，只有靠菩薩繼續在人間弘化，別無他法。但菩薩既然不當國王、不當官，管不到那些，就只能專心在教化人心上面來作。菩薩有時也會想：「沒有如來統帥諸大菩薩，終究在許多方面都是力有未逮。」不就是這樣嗎？如果到了末法最後五十二年時，菩薩就決定說：「那我們大家都入山去吧，沒有人想要學眞正的佛法，就不要再弘法了；大家在山中安住，捨壽時看是要到哪個淨土或是到彌勒內院去，大家就去吧。」到那個時節天神們就只能這樣互相訴苦說：「我等諸天神，無復救度者。」他們也沒有辦法，因爲人心敗壞而沒有人願意學佛時，菩薩也只好都離開人間。

所以世間人總以爲天神無所不能，而天神有許多時候也眞的有所不能，特別是在修羅眾大幅度增加時，再大的勢力也無法挽回，無可奈何啊！因爲拼不過去了。所以諸天天神其實都需要有「救度者」，一定要有正法繼續在人間弘傳；但他們經過一天、半天的享樂然後休息了，也許醒來時想一想，來人間看有沒有什麼正法可以學習。也許他們來人間時剛好遇到有正法弘揚，聽聞之後或者斷三結，或者斷五下分結不等；因爲也許他斷三結後心地清淨就發起初禪了，捨壽後就可以生到色界天去，不必憂愁修羅眾來攻打的事，那他就是遇到「救度者」。所以人間有正法存在是非常重要的事，而我們的使命就是把正法持續不斷地延續下去。

我還打妄想：正法再續一萬年。也就是九千年到了，我們再把它多延一千年看看。雖然咱們往生彌勒內院的時間也會慢一千年，但 彌勒菩薩一定不會見怪，他反而會很歡喜看著說：「你們還在人間奮鬥，好樣兒的。」因為這表示未來龍華三會的那些阿羅漢，一定不會減少。而天神們的境界是忉利天的境界，他們都是在忉利天中，下面管著四王天，四王天再管著夜叉眾們；他們都需要有「救度者」，因此 如來的聖教在人間需要有人繼續弘傳，才能使天眾日增、修羅日減，這樣他們就會感覺安心。

可是以目前大陸佛教的現況而言，到末法最後八十年的時節，人間正法已經難以住持了；再過幾百年後，諸天勝妙的宮殿即將會一間又一間空無人住，因為修羅眾那些兵將打來時，大家只好逃命；而修羅眾也無法住在忉利天或四王天的宮殿裡，因為他們的福德不夠，也住不了，宮殿只好空掉，這就是事實。所以如何把了義的正法繼續住持於人間，這是鼎鼎重要的大事，因為這件事情牽涉到三惡道或者四惡道是否日減、天眾是否日增的事。所以正法住世很重要。而我一向很在意的是在菩薩眾之中，不想看到任何人大發脾氣，因爲來到會裡種福田，修了很多福德以後如果大發脾氣，假使又沒有機會悟道，死後就很可能變成阿修羅；所以我很討厭那些壞脾氣的人，誰要是耍脾氣，我總要找機會數落數落他，希望他趕快轉變，不要將來生到修羅道去；若是生到修羅道去，將來去不了我的佛土；我成佛時也不會歡迎他，這是我的原則。

我討厭阿修羅，所以看見脾氣大的人，我都不喜歡；而且修羅道如果將來生在我的佛土裡，我說了什麼法他不中聽就來搗蛋，那我不一天到晚要處理那些事情？我可不想處理那些事情，幫大家道業快速增上才重要，這是我的原則。那我們現在就是想要保持這樣的狀態，大家都很和氣，大家一片祥和，快快樂樂地修道，不要勾心鬥角、互相辱罵，我都不想看見這種事情。像這樣快快樂樂學佛、快快樂樂成佛，多好！因爲三大阿僧祇劫已經夠長夠苦了，不要再自己製造痛苦。那麼這接下來的一萬年，我希望是一萬年，修羅道不再增加，天眾可以日增，對正法也有好處，對天眾也有好處，何樂不爲？所以我們這個原則還會繼續執行下去。但是末法最後那八十年、五十二年的日子，真的不好過，所以如來又為我們預記說：

經文：【爾時閻浮提，毀壞無威色，經行處樹下，山窟無善人。

一切諸世間，悉皆大嬈動，諸天及大神，音聲可怖畏。

爾時忉利天，舉手大悲哭，各於宮殿中，發聲而呼喚。

諸天宮殿中，皆稱說我言：「永離大聖王，為我說法者。」

忉利天六月，不食修陀食，不聽伎樂音，憂愁如喪子。

諸阿修羅眾，聞有如此事，皆共相命集，欲攻忉利天。

時諸閻浮王，皆共相征罰；諸天阿修羅，亦皆共戰鬥。

爾時諸比丘，及諸比丘尼，多墮惡道中，少有得免者。

破戒諸白衣，隨順惡比丘，以是因緣故，皆趣於惡道。

諸惡優婆夷，隨順惡師故，亦復入惡道，世間皆嬈動。

有入城聚落，有至山林中，東西懷憂惱，以損其壽命。

爾時多惡賊，多有諸險道，種五穀不生，若生蟲所食。

爾時世人民，飢饉多餓死，死墮餓鬼中，久受諸苦惱。

時人施佛物，塔及四方僧，輒皆共分食，我後僧如是。】

語譯：【如來接著又說：

到那個時候南閻浮提洲，許多的事物都被毀壞了，沒有什麼威德可說，因爲一切色澤都退失了，以前比丘們經行的地方以及宴坐的樹下，或者過夜的山窟，到那時候都沒有修行善法的人了。

一切的各類有情世間，全部都大大的擾動，諸天以及所有的大神，他們發出的音聲都是很令人畏懼恐怖的。

到那個時候忉利天中的諸天，互相舉手招呼時都不自禁地大悲而痛哭，各自於所住的宮殿之中，發出聲音而大聲的呼喚。

諸天的宮殿中，全部都稱說我釋迦牟尼佛而這樣說：「已經永遠離開大聖王了，那是爲我演說勝妙法的人。」

忉利天在整整六個月之中，都不吃清白之食，也不聽受演奏各種音樂的聲音，心中憂愁如同喪失了獨子一般。

所有的阿修羅大眾們，聽聞到天上有這樣的事情，於是全部都互相傳命且聚集起來，想要攻打忉利天。

那時閻浮提洲所有人間的國王們，都各自互相征討而要求對方繳出罰款；諸天與阿修羅眾，那時也都互相在打仗。

到那個時節諸比丘，以及諸比丘尼們，多數人捨壽後墮落惡道之中，很少有人能外於這樣的果報。

而毀破戒律的那些在家人們，也隨順於造惡的比丘們，由於這樣的緣故，死後也都趣向三惡道。

至於其他惡劣的優婆夷們，隨順於那些邪惡之師的緣故，也同樣墮入惡道之中，這時世間全部都擾攘不安而動盪不停。

有些人進入城市或聚落中，有些人去山林之中，都一樣或東或西來來去去而不得安住、心懷憂惱，就這樣損減了他們的壽命。

到那時有非常多惡賊，道路沒有人修葺而有很多危險，種植的五穀也大多不會生長，如果偶爾生長時也很快就被蟲所吃掉。

那時世間的人民飢饉而不能果腹，大部分人都餓死了，死後又墮落於餓鬼道中，長久的時間都只能領受各種苦惱。

當時的人偶爾也會在佛前供養食物等，或者布施在佛塔或者布施給四方僧，但是民眾都會一起來分食，我的正法消滅後僧人們就是這樣子。」

講義：好像大家聽了都心情沈重起來，但我們不應該心情沈重，應該慶幸說：「**好在我不是生在那個年代。**」對吧？但如果從另一方面來想，假使心智雄猛，發願繼續住持最後百年的正法，雖然是非常艱苦，但也一定功不唐捐，而且那福德無量無邊，功德也是無量無邊！但現在先把這個種子種進心田裡去，這是說將來住持正法功德與福德無量無邊，了知那時雖然很辛苦，也正因爲很辛苦所以才能使護法功德福德無量無邊；這樣想，就不必再憂愁悲傷。從另一個層面回想過來：「**假使每天都像彌勒內院那樣的日子，那我的福德要從哪裡修？道業就無法增長了。**」先想一下將來道業要增長時，自己所需的福德要從哪裡來？

所以本來就應該慶幸說：「**我運氣好，碰到了末法時期而且有法可證，我可以出力出錢，來爲正法的弘揚而努力，我就能獲得無量無邊福德與功德。**」這樣想了，應該心裡偷笑，竊竊自喜：「**我遇到好機會了。**」正是如此！否則你若生到極樂世界去，能修什麼福德？誰接受你布施？而那裡持戒的福德也很少，因爲大家互相都不侵犯，那你持戒的福德就很小了。這是事實，你們想想看，在這裡一日一夜持八關戒齋，跟極樂世界百年的修行相比，還勝過呢！你只要一天的八關戒齋，還不談什麼修行，這樣受持一日一夜，就勝過在極樂世界修行百年。極樂世界的百年是這裡多久？諸位算算看吧；那裡一天是這裡一個大劫，而我們這裡一天一夜持八關戒齋勝過那裡修行百年；如果你在這裡盡其一生在正法中修行，不但實證了、還護持正法，還救護眾生、復興佛教，那你想想看，修這一世比起在極樂世界要修多久？

剛剛講的是一日一夜持八關戒齋，都還沒有實證，就這麼殊勝了；但現在是有實證的，而且你還在悟後救護眾生復興佛教，那你想想看，這功德與福德有多大！所以不要聽我剛剛唸了、講解 如來那些開示以後，心裡就很感傷說：「看來我好像應該逃離這個世界。」你們應該反過來想，因爲事情都有正面與反面，若單從表面上來看，到了末法最後五十二年時，眞的是很難過的日子；但也因爲這個緣故，所以你實證正法、護持正法、弘揚正法、救護眾生，每一天的福德與功德都是不可思議的，所以這也是機會。而且這個機會把握到了就是今世利、後世利，不像世間法作的只是今世利；如果是損人利己，後世果報難測；如果是損人不利己，那是今世、後世俱皆不利。

而我們現在作這個事情是今世、後世皆大利，而且是自利又利他。

這樣想一想，可能就有人敢發願說：「那我堅持不離開，不當逃兵，我要一直堅持到最後一年。不論是末法最後八十年、五十二年，而且我堅持到最後一天，那時才跟著月光菩薩入山去。如果大菩薩繼續在人間奮鬥，我就跟著繼續奮鬥。」如果敢發這個大願，你的福德與功德就不可思量，算數譬喻之所難知，這真的是事實。

可是如果逃到極樂世界去，逃到琉璃光如來的淨土世界去，或是這一世死後就趕快逃，先逃到彌勒內院去，那到時人家去到那裡相聚時，你會發覺說：「為什麼你們福德、功德比我大這麼多？」那時感嘆就來不及了！這意思是說，你們不要想著到天上去，或是老想著到極樂世界去；好好在這裡修行，這是最快的成佛之道，因為修福就是在這裡的這段時間最容易修！即使不修，單單這時候的持戒功德，福德也最大，因為是五濁惡世。所以要從另一方面來想，先把感傷的心丟到天邊，想著說：「我在這裡一定要實證，然後要努力用我實證後的功德繼續再護持正法，絕對不當菩薩道的逃兵。到那個時節，我在最後一年——末法時期過完了，就到彌勒內院去。我這功德福德可不是三車、七車滿載斗量，而是無量無邊的，以這樣的大福德來助益未來的道業，一定進步很快。」

這樣作對自己有什麼好處呢？就是五億七千六百萬年後，跟著 彌勒菩薩來人間，當祂成佛時你就是該入地了。那時你至少要入地，否則你有辦法襄助 彌勒佛來攝受那龍華三會各九十幾億的阿羅漢嗎？你要攝受阿羅漢時，不但自己要是阿羅漢，還得要有無生法忍，否則那時阿羅漢們才不聽你的，因為阿羅漢心中仍然有慢。會外的人聽我這句話以後又要罵我了，但我說的是事實。所以現在大家改一個想法，心情比較輕鬆一點了，我就好繼續講了。（大眾開懷大笑⋯⋯。）

「爾時閻浮提，毀壞無威色，經行處樹下，山窟無善人。」是說到了末法最後八十年時，閻浮提到處都一樣，因為人心不善，所以很多建設、房屋、宮殿都會被毀壞。一個心地善良的人，無論去到什麼地方，他看見公共設施壞了，就會感嘆說：「好好的設施怎麼會有人去毀壞？眞是惡劣。」他會這樣想的。那你們也可以看見，例如有時不巧就看見有人使用公共設施時，用完後就故意把它弄壞，不留給別人來用。人心越惡時，這種情況就越多；到那時政府也不太整修了，因爲修了馬上又被破壞了。而且那時的人可能逃漏稅都逃得很嚴重，大家都不願繳稅，政府也沒錢，什麼狀況都會出現，所以「**毀壞無威色**」。到那個時候，這都是正常的事。

那麼 如來在世時，那些比丘們經行的地方或者過夜所宴坐的樹下，或者山洞等處都不再有修善的人存在，因爲那時的人都不修善法。不必等到那個時候，你現在去朝禮聖地時可以看看，祇園精舍、正覺大塔、藍毗尼園以及靈鷲山、王舍城，都被喇嘛教外道佔據了，不再有正法的修行者在那裡經行、在樹下過夜，那裡的山窟也都不會有善人了。也許有人這時懷疑說：「**那正覺大塔至少還有修行人在啊！**」不！那地方都是惡人在住，因爲全都是喇嘛，專門要騙人錢財、騙色。因爲他們講的都不是佛法，竟然騙人家說是佛法，就好像賣黃金的金店，結果都是用鉛鍍了金來賣你，說這就是眞金，那不就是騙財嗎？

如果他們不自稱是佛教，自稱是喇嘛教，但是有人要信他們，也願意供養他們，那我就沒話說；但他們不是佛教，給人家的不是眞正的佛法，騙說是佛教，教的就是佛法，這樣接受供養就是騙財。可是我們臺灣的某些法官沒有腦筋，這個道理他們竟然聽不懂。一個中學生的智慧，你跟他說明了他也能懂，但那些學有專精的法官就是聽不懂，眞是奇怪！他們竟然不認爲喇嘛這樣是斂財，他們的想法可能是說：這達賴喇嘛說的不管是不是佛法，只要一個願打一個願挨，我就不管，不算斂財。法官如果說：「**佛法不歸我們法院管，所以你說他斂財就是毀謗。**」那麼佛法既然不歸法院管，你法院就不要管佛教界的事，偏偏你又來管了。所以我說達賴告我的這件官司還眞怪，裡面透著邪門。但這就是末法時代的特色。

到末法最後百年的時節，眞的到處沒有善人。所以菩提伽耶的正覺大塔現在都被那些喇嘛們佔據了。以前去朝禮聖地時，那時我還沒有破參，往世的證量還沒有找回來，所以看見人家在正覺大塔裡面弄一個石頭雕的四方型缽，看起來就好像古時我們鄉下餵豬的石槽，有許多人丟了一塊錢的美金，我想：「**供養三寶一塊錢太少了吧？**」我就恭恭敬敬放進去十塊錢美金。但現在想想還是錯了，因爲那是喇嘛收去的。唉！沒辦法，這就是末法時代。

所以說，現在都已經是這樣了，將來末法最後八十年時可想而知更是如此。到那時，既然世間大部分是惡人，那麼世間就不可愛了，所以「**悉皆大**

嬈動」，人心不安。什麼時候錢財、財產會被霸佔、被搶奪，都不知道；什麼時候連命都會失去，也不知道。那時人心浮動、天下不安，諸天以及大神們就會知道，他們自己的未來沒有什麼希望了，因此悲嘆還算是好的，大聲的號哭可就很恐怖了，所以那時人間沒有可愛的音聲了。別說佛法的音聲，連人間彈奏音樂歌唱的歡樂之聲也都不見了；當大家食不果腹、命在旦夕時憂愁時，還會有心情去寫出好聽的音樂？還有心情去唱出好聽的歌聲嗎？所以說「**音聲可怖畏**」。

接下來忉利天，那是欲界最極享樂的地方，因為再往上的夜摩天，享樂就少一點；再往上的兜率陀天，又越少一點。越上去的天界，對人間五欲或欲界天五欲的享樂就越淡薄，所以忉利天是欲界中最快樂的地方。但這時忉利天已經看到將來會變成什麼模樣了，大家互相見面時才舉手一招呼，都還沒開口就先哭了：「**舉手大悲哭**」，因為接下來就是苦日子，所以各自在宮殿中發聲呼天搶地。那他們自己就是天呀！所以要呼喚什麼人？就只能呼喚：「佛啊！為什麼不來救我們啊！」只好這樣大聲呼喚：「**大菩薩啊！為什麼不來救我們啊！**」他們這樣「**悲號**」之後，能說的就只有這麼一句話，就是

不斷提起以前 釋迦如來的事情，然後說：「我們已經永遠離開大聖王了，就是為我們演說佛法的釋迦如來。」就只能這樣感嘆。

他們每天都是在這樣的狀況下，整整有六個月「不食修陀食」。「修陀食」簡單的翻譯就是清白之食。區別於黑食就說是白食，白食與黑食是兩個對比，凡是不正當之食就是黑食。而忉利天所食都是清白之食，他們凡有所食不傷害眾生；不像羅剎們凡有所食都是眾生肉，如果他們都吃眾生肉，而他們很有威勢時，人間的眾生就要廣受眾苦了。所以 如來規定寺院都要施食，就是給他們另一條生存之路。那麼天上吃的是清白之食，都不是傷害眾生性命而得來的，所以甘露等一類食物都是忉利天的食物。

他們在法滅之後，天界六個月之中都沒有食慾；如果想要聽音樂的話，也不會有人演奏給他們聽，而他們自己也都沒有心思去聽；一方面沒有人會想要再去演奏音樂，一方面他們也不會想聽。這就表示心情非常的惡劣，惡劣到就像是獨生子死了一樣；因為那個惡劣的狀態來時，修羅眾一旦攻打上來，可能連命都沒有了，所以譬喻說「憂愁如喪子」，都還算是客氣。因為修羅眾這一打到天上來，如果沒有閃避得好，頭被砍了也就沒命了，那就下墮人間惡劣的境界中了；如果受傷或手腳斷了還算好，會再長回來，只是痛苦一段時間；可是命沒了，他的天福也無法繼續享受了，所以「憂愁如喪子」，對於享樂都不再有心思了。

所以如果有人守五戒、行十善，祈求的是生天享福，諸位算算看他享福能享多久？因爲人間正法滅後，他們就沒有什麼福可享了，只能成日裡憂愁。這樣看來，諸位繼續選擇常住娑婆的人間，大家共同來修證正法、弘護正法，才是最有智慧的抉擇。因爲天福不久長，這九千年過後再也無心享樂了。想想看，如果持五戒行十善而生天，不管男眾、女眾生天去當天人了，到那個時候面對五百位漂亮的天女，他每天愁容慘面，日子過得很不舒坦啊！那時不如我們就到彌勒內院去，那時會有好多法可以修學，因爲這九千年過完之後，不管怎樣都開悟了；你只要肯依著正覺這個法，再怎麼不濟，九千年後你也該悟了吧！（大眾笑……）對啊！那時就到彌勒內院聽聞當來下生　彌勒尊佛說法，那是多快樂的事情！所以不要想：「**我這一世萬一沒悟，至少可以生天享福去吧？因爲我在會裡布施過了就種下大福田。**」千萬別這樣想，因爲這不是聰明的想法，記住喔！

到那個時候悲慘的事情來了：「諸阿修羅眾，聞有如此事，」他們當然很高興，這事情是他們等待很久的事了，終於聽到忉利天有這個現象出現了，所以大家互相邀約，共同聚集在一起施設方法與步驟，想要來攻打忉利天。這就是忉利天以及四王天的一切天眾或眾神所最擔心的事，因爲修羅王與大眾的目標就是忉利天；他們上不了空居天一類的夜摩天，但可以攻佔忉利天。忉利天是所有享樂之具最具足的地方，可是四王天也不能置身事外；因爲修羅想要攻上忉利天之前，一定要先攻下四王天，所以四王天一樣遭殃；可是要攻下四王天之前，先要攻下須彌山腳下的夜叉大城及曠野，那些夜叉眾就倒楣了！這就是他們最恐懼的地方，因此才說夜叉眾以及「阿羅迦槃城」，四王天乃至忉利天等三十三天，到時候都會遭受到很大的苦惱。今天講到這裡。

……（註：以上無關法義，略之）講經應該是要像現在這樣講，既然是菩薩的身分該當如此，可是繼續這樣講經，將來在大陸播放就有困難，也很難講解詳細內涵。不過也許是另一個轉機，淨空法師被宗教局和中國佛協定義作邪教，但他穿著僧衣的說法視頻仍可以繼續播放，這又讓我覺得很難理解，有點不知該怎麼說，慢慢再思考吧。反正我們今天還不會講《大法鼓經》，應該是下週才會開講。

接續上週的內容，今天要從「**時諸閻浮王，皆共相征罰；諸天阿修羅，亦皆共戰鬥。**」這裡開始解說。這是說到了末法最後八十年或五十二年時，南閻浮提的所有人間諸國，大家都想要吞併其他的國家，所以全都沒有善心，都互相攻伐、互相征戰。這有點像中國的戰國時代，誰有能力就吞併對方，互相攻伐幾無寧日。現代也有許多戰爭，但這些戰爭主要還是因為國家內部的問題被外國所利用，因此才發生內戰，並不是純粹的侵略。

因為二戰以後全球有一個共識，就是不應該吞併別人；然而像中國古時戰國時期的事，也不是不會發生，因為人的心地越來越惡劣，將來遲早還是會產生這種狀況。所以南閻浮提洲的國王們，到那時會互相攻伐、互相征戰，想要佔有對方、降伏對方來歸自己全部統治，這是無可避免的，因為越到末法時代人心就越險惡。

有時都難免想到美國電影的星際戰爭，說是聯邦帝國想要征服整個宇宙。當年第一次看到時，心想，人心應該越來越民主，怎麼會變成整個地球就是一個帝國呢？好像不合邏輯。但是諸位想想看，現在地球上有許多的共和國，那些共和國的總統都是民選的，可是人民選出來的人竟然可以當萬年總統，這種事情也一直存在著；這樣想起來，未來世諸國互相征戰侵略還是不無可能。再來想想看，如果再經過九千年而人心變得更惡劣，就表示集權統治的狀況更有可能發生，這樣一來也就合理了。因爲人類心地越到末法時代越惡劣，所以每一個國家的國王都想要吞併別的國家，想要使自己成爲全球唯一的統治者，九千年後也還是有可能的。如來已經預記那時南閻浮提洲所有的國王都是這樣互相征戰。

也許有人想說，西牛賀洲以及其他的兩洲爲什麼就沒有？因爲其他那三洲跟閻浮提洲不一樣。例如其中一洲叫作北鬱單越，人壽千歲，根本不用謀生，生活資具食物等都是伸手可得，所以也不用聽董事長的命令辛苦去作事，各人生活各人的，生了孩子、養孩子也不用擔心褓姆錢與奶粉錢從哪裡來，因爲都是由善業的緣故，隨處可得，伸手就有了。也不用像有些人發愁著，只爲結婚典禮沒錢舉辦，因爲那裡的男女，看中意了就到一處去，也不用結婚，就不用擔心結婚費用得多少錢。所以那裡的人們不會有竊盜詐欺等事情，因爲不必去跟人家詐欺財物，隨手可得。

其他兩洲大致上有類似的狀況，但有些不同，都不像南閻浮提洲生活不容易，因此得要每天很辛苦積攢錢財；人間的南閻浮提洲是如此，其他三大洲不會有這種事情。那麼人間是這樣，上去二天的諸天亦復如是；忉利天的諸天一定會遇到阿修羅，因爲阿修羅王與帝釋是宿仇，當年釋提桓因與阿修羅王結了怨，是爲了一個女人而結怨；但其實也是本來就互相不和睦，因爲互相之間的心性不同、住居不同，眷屬也不同，但互相之間都有爭勝的心態，所以諸天與阿修羅一定會打仗。

但這裡說的諸天，不包括夜摩天以上的空居天，是指忉利天等諸天。忉利天是欲界第二天，但它分成三十三天，住在須彌山頂；這三十三天由中天所管轄，東西南北四個方面各有八天，八四三十二天，都由中天所管轄。中天，諸位知道那是什麼天神？就是釋提桓因，中國民間叫作玉皇上帝。所以你們如果看見玉皇上帝出巡時，事先會在預定經過的街道貼出長長黃色的紙條，上面寫著「**中天玉皇大帝謹訂於某某時候繞境**」，有沒有看過？那就是中天玉皇上帝，所以玉皇上帝就是釋提桓因，簡稱帝釋。

那爲什麼夜摩天就沒辦法打？因爲三十三天等諸天依舊是地居天，住在須彌山頂，而須彌山腰東南西北四面則是四大天王，例如多聞天王等四大天王所管理，所以把四大天王以及三十三天合起來就叫作諸天。那麼因爲正法在人間衰微時，諸天天人不能繼續增長，到這時勢力就變得衰弱了，所以阿修羅眾會想要來攻打他們。不管是爲了強取忉利天、四王天的財物，或者是爲了宿仇雪恨，就會來戰鬥報仇。

到了末法時代，這是在所難免的；由於天的威德本來就很大，如果人間的正法衰落時，生天的天眾就越來越少；若再加上人間修善法的人都不修行，專門行善而不修行，這樣的人是比修行人更多，因此就會導致修羅眾越來越多。那麼修羅眾多了，人多氣盛膽子就大了，心想：「**現在勢力大了，一定可以打贏諸天。**」他們就往上攻了。可是夜摩天是離開須彌山而在虛空中，阿修羅是無法上去的，因此諸天與修羅的戰爭只能打到忉利天爲止。

接著談到修行人：「**爾時諸比丘，及諸比丘尼，多墮惡道中，少有得免者。**」到了那個時節，諸比丘和諸比丘尼們，死後大多數下墮於惡道之中。這裡指的惡道不會是指阿修羅眾，而是指三惡道；因爲破戒之後連當修羅的資格都沒有，所以死後大多數下墮惡道。這裡說是「多」而不是「都」，所以不是全部，表示到那時仍然有一部分比丘、比丘尼是眞實在修行的人，就是諸位將來有的人出家、有的人也許還俗，也許來世還俗一世後又出家了，這都不一定；只要是努力在修行的人，這一些人才能免墮惡道中，所以說「**少有得免者**」，而大部分出家人都會墮落惡道。那時是不是可以像一貫道那一句話講的「**地獄門前僧道多**」？行不行？行不行？你還眞點頭喔？不行的！因爲那時是普遍的人心敗壞，而那時破戒作惡的出家人依舊是人間的少數，不會是人間的多數人，所以墮落而即將進入地獄的人很多，但那時墮落的比丘、比丘尼們混在那群人之中，依舊是少數，怎能說是「**地獄門前僧道多**」？

可是諸位別以爲這種事情不可能發生。怎麼不會發生？現在跡象都已經出現了，所以有不少大寺院在推廣密宗的法，他們眞是實修的密宗道場欸！還有，例如我們臺灣前些時候報章或電視上鬧得沸沸揚揚，說有一個妙禪居士同一時接受了兩輛勞斯萊斯供養，有吧？有喔！可是最近報導大陸也一樣，但大陸的並不是在家人受供養，而是出家人，那位出家人回寺時信眾成群結隊夾道歡迎，但那位出家人是搭什麼車子回來？一前一後兩輛，也都是勞斯萊斯，有的信眾就用手機拍下來，貼上了網路；然後就有一些聲音出來：「**哇！這排場多大！這大法師……。**」欸！眞是海峽兩岸互相輝映，眞要叫作「**兩岸一家親**」：一邊是出家一邊是在家，一個大陸人一個臺灣人。但這樣的一家親，也眞是令人覺得汗顏！我眞有一點冒汗了，修行佛法的人弄到這個地步，我混身都熱起來了，爲他們覺得羞赧，也代表我們對佛教界的教育還不夠，還有很多事要作；這將是大家接著應該要作的事，救護那些眾生的事也是一方大福田。

那你們想，現在距離最後法滅還有九千年，都已經如此了；而且這是大乘法代表性的地區，眼前臺灣與大陸就是大乘佛法的代表地區，現在兩岸都已經如此了，那你說到了人心更惡劣的九千年後，諸位想想看會怎麼樣？可以說是勢所必然，無可避免。因此 如來說，除了少數出家人以外，那些比丘、比丘尼們「**多墮惡道中，少有得免者**」。但是要提醒一貫道別幸災樂禍，他們一定更糟糕，因爲他們沒有佛法的實質，而繼續騙人說他們有佛法實證，也以在家身分繼續收受錢財供養，還詆毀佛教的出家人，未來世的果報一定會比那時的破戒比丘、比丘尼們更糟。

接下來要說什麼人？說在家人：「破戒諸白衣，隨順惡比丘，以是因緣故，皆趣於惡道。」信眾在寺院來來去去，寺院的存在一定是受諸多居士們的供養，那些在家人既然來信仰三寶了，那住持和尚說應該怎麼樣，他們就會怎麼樣；住持和尚表現如何他們就跟著如何，叫作上行下效，這是很正常的現象。好了，比丘們破戒，比丘尼們也破戒，那麼信徒當然也會跟著破戒，因為住持和尚都如此，「師父都這樣作，也說這樣沒事，我們怎麼不可以？」當然也可以，所以競相效尤。當每一個道場都這樣時，就是那四個字：「上行下效。」那他們都是隨順於惡比丘的信徒，由於這樣的因緣，當然死後也是趣向三惡道。那你們看，這事情是很嚴重的，因為嚴重污染了人心的事情是從那些破戒的比丘、比丘尼開始的，信眾當然會跟隨，大家蔚成風氣時都不認為是破戒或毀法的行為，這些現象就普遍出現了。

「諸白衣」是指男眾們，那麼女眾，如來說：「諸惡優婆夷，隨順惡師故，亦復入惡道，世間皆嬈動。」那些優婆夷們有樣學樣，所以也跟著住持和尚與破戒的出家人造惡。可是她們造惡時並不會覺得自己是在造惡，她們還是覺得自己是在修行，但其實是在造惡，但大眾都不知道。有人也許想：

「怎麼可能是這樣？」不說九千年後，只說一千年前，或者一千五百年前在印度，那時的佛教界就是坦特羅佛教，不都是這樣嗎？然後傳到中國，又來到臺灣的密宗，不也是這樣的嗎？

所以你看達賴喇嘛一天到晚講「博愛」啊！「慈悲」啊！可是他講的博愛就是喇嘛們要愛盡天下所有年輕漂亮的女人，希望每一個人都跟他們一起共修雙身法，這就是他口中「博愛」的眞正意涵。他講的「慈悲」也是這道理：「**我要趕快把雙身法傳出去，讓所有的女人都跟我們喇嘛一樣可以成佛，就是慈悲。**」他們有覺得錯誤嗎？從來都不覺得。因爲他們的祖師宗喀巴的二部《廣論》就是這麼教的，從宗喀巴沿襲以前在天竺的密宗那些祖師們，不管叫作帝洛巴還是佛護、清辨、寂天、阿底峽、蓮花生，全都一樣。還有個亂寫《大乘廣五蘊論》的安慧，全都是一丘之貉！他們都沒有覺得自己錯了，他們都覺得自己很精進在修行，修的是眞正的佛法。

到了末法最後那八十年時也是這樣，那些優婆夷們不知道自己正在造惡，認爲自己是在行善，因爲她們「**隨順惡師故**」。假使隨順於善師就沒有這個問題，然而「**隨順惡師故**」，當惡師教導說應該這樣來利樂他人時，她們就照著作。所以喇嘛來到臺灣時，就像他們在西藏一樣強暴了女信徒，繼續辯解說：「**我是慈悲幫她成佛欸！**」喇嘛們認爲自己正在行善，他們是大慈大悲的，因爲他們已經幫那些臺灣女性「成佛」了，他們不認爲自己幹了惡事。這都是因爲惡師的教導，喇嘛們自己也不知道是在造惡。直到我們寫了《狂密與眞密》流通出去之後，達賴喇嘛讀過之後無法回應，他們才知道自己錯了。可是他們不能承認錯誤，一承認錯誤時整個密宗就會瓦解。

也許有人質疑說：「**您怎麼知道達賴喇嘛讀過您的書，也許人家根本不屑一讀。**」可是我就知道，因爲他說的某一些話是我書上寫的，有時講的話又是針對我這套書中的說法而作辯解，證明他當然是讀過我的書。那他也不是故意要造惡，就算宗喀巴也不是故意要造惡，因爲他們的上一代，乃至以前最早的師師祖祖流傳下來的就是這樣。當然人家會問達賴：「**那麼法王爲什麼你不要寫書回應蕭平實的說法？**」達賴當然不會承認自己沒能力，他當然要說：「**那個跳梁小丑，不用理他。**」但問題是這個跳梁小丑跳到他家裡去，把他家所有珍寶全部都砸爛了，而他竟然還能忍。眞是忍功了得，只能這樣讚歎他，不然還能怎麼樣？菩薩又不能罵人。所以他們自己並不知道自己錯誤，直到我把《狂密與眞密》印行於天下之後，他們才知道。

可是這一知道以後已經騎虎難下，要承認自己的根本大法錯誤，那是多麼困難的事，要如何頂得住內部所有成員的壓力？記得去年或是前年，臺灣有個密宗基金會的主持人，特地來我們十樓講堂書局買了兩套《狂密與眞密》，說一套要給達賴。這人是久住臺灣的西藏人，義工問我，我說免費送他就可以，不用賣的。這表示以前他們不知道自己錯誤，但後來知道錯誤了，想要再深入研究看看。但他們能改變嗎？就像印順師徒一樣也是不能改變的，只好等著時間一天、一年、一世逐漸過去，自己讓時間洪流沖掉，只能這樣作。但這些人，追究他們的根本原因就是隨順惡師，如果隨順於善師就沒有這些事情了。

到最後那八十年或五十二年時，「諸惡優婆夷，隨順惡師故」，如來爲她們授記了：「亦復入惡道」，因爲法界中的因果不會由於她們不知道那是惡事就不受惡報，而是因爲她們所幹的實質是惡的，就得受報，這是因果律的必然。就好像去殺了一個人而說：「我以爲他是一個惡人，我哪知道他是個善人？」但這個解釋不能成立，法律依舊要判他的罪，而因果律是在他死後就會主動實行的。那麼情況到這個地步時，當大家是非不分，一同在造惡業而都以爲是在行善、在利益眾生時，你想想看世間亂不亂？一定很亂。

假使我們正覺沒有在臺灣出現，讓達賴喇嘛繼續在臺灣瞎搞胡搞下去，包括政府官員從上到下，以及民間那一些大公司、大企業家，一直下到販夫走卒大家都信密宗，那時臺灣還能有幾個完整的家庭？想想看那會多麼恐怖！那麼很多家庭破碎的結果，家裡的少年、兒童遭受到那樣環境的逼迫，不然就是失去父愛，不然就是失去母愛；然後環境突然整個改變，不能適應之時，心性偏激的結果，長大以後心中滿滿報復念頭，將來社會上一定充滿了暴力，那時社會還能安寧嗎？世間還能平靜嗎？

想想看那會是多麼恐怖，所以我們出世弘法，我寫了《狂密與眞密》出版時，社會上有好多人說：「這蕭平實膽子好大，連密宗這個千年大馬蜂窩他都敢捅。」可是我不去考慮那個後果，我想的就是佛教正法能不能永續留存，社會能否安祥利樂，所以我不考慮生命危險等事。我當然知道會有生命危險，因此我很低調，我的相片也從來不外流。我後來發現一件有趣的事，「蕭平實照片」這五個字也有商機。網路上就有，有一天人家告訴我說有人把我的相片貼上網了，我就來搜尋看看，因此打上「蕭平實的照片」，結果有好幾則，看起來好像都有照片，但點進去看過，原來是在作廣告，是利用這句話吸引人家點閱他的網頁，都是在作廣告，連我一張相片也沒有。原來是因爲很多人對我這個人好奇，看到那標題時就一定會點進去看。但蕭平實這個人好像神龍既不見首也不見尾，到底長什麼模樣？佛教界和密宗的人士都不知道，很好奇，所以就點進去看，那網頁賣的物品就可以多賣一些。你看，這也可以成爲廣告商機。

這表示，由於我們正覺的行動，而把某一些惡業給抑止或遏止住了。如果我們不幹這件事情，任由達賴等人繼續在臺灣大搞下去，由於他有政治勢力，而各大山頭也都配合他在弘揚密宗，讓他繼續搞二十年之後的今天，臺灣將會是什麼模樣？諸位想想看，走在路上都不安全，別說中南部，連臺北燈光明亮的街上，只要過了晚上十點你就別走了，但是我們把它遏止了。所以全臺灣的密宗文物店開始萎縮，臺北市那些密宗的佛教文物店大約剩下不到一半，其中有一間很大規模的也縮小格局剩下一半，這表示他們的信眾減少了，所以不好賣，現在只剩下基本信眾。但密宗的基本信眾，不管我說的有道理、沒道理，他們都會認爲我說的沒道理；我的書，他們連讀都不讀，反正一句話就是「你沒道理」，都不聽你解釋或開示，那些人是盲信者。但智信者不會這樣，他們會開始遠離，所以那一些文物店才會關掉一半，表示我們已經救了很多人，這就是我們正覺對社會的貢獻！

如果放任著密宗一直作下去，現在臺灣的出家人一定會比大陸那些出家人更囂張；大陸出家人，你們認爲很訝異的事情，在他們而言都認爲是正當的。例如大陸僧人可以去嫖妓，因爲法律管不著，信眾也不在意，所以喇嘛們上門睡信徒的妻子，丈夫事後還問妻子：「怎麼樣？」當夫妻都信喇嘛的雙身法時，喇嘛可以在信徒家中當著丈夫的面，進房間爲他妻子傳授雙身法。出家人若是賭博或上夜店，那就更正常了，因爲他們不一定有受過三壇大戒，大陸的大部分出家人是沒有受戒的。

如果想要出家，去跟住持說好明天要去寺裡出家時，明天早上先去理髮店把頭理光，去到寺裡直接換了僧服，就是正式的出家人了，然後住持就上報國家登記僧籍；但也有很多出家人沒有上報，這都很正常。少林寺後來弄到可以股票上市，而該寺的住持也去嫖妓。如果臺灣沒有正覺出世弘法，今天應該也差不多了。但現在大陸政府注意到了，知道這些僧人各個腰纏萬貫；其實腰纏萬貫還不足以形容他們的富貴，因爲一個寺院住持可以有兩輛勞斯萊斯，你想想看他們是多麼有錢？

但是大陸政府現在說要開始整頓，那我們不免掃到颱風尾。但我們還是支持政府這個整頓的行爲。因此說，人心敗壞到那個時候，「**世間皆嬈動**」是很正常的；所以大陸那位法師出入時坐兩輛勞斯萊斯，有人一面拍就一面評論，直播出去；如果繼續演變下去情況會更糟，而大家後來都會覺得很正常。因爲拍的人很驚訝，他的朋友們也很驚訝，可是身邊其他許多人好像都不以爲意。但臺灣正因爲有正覺在，所以各大山頭的出家人收斂多了，好像沒有哪位大法師敢用那樣的車子。因此說，到了末法最後五十二年時，一定比現在嚴重很多倍，「**世間皆嬈動**」是必然的事情。

「**世間皆嬈動**」的結果，人壽就會跟著損減，意謂人心惡劣時人壽會跟著損減，人心向善時人壽就會開始增長，這在《阿含經》世界悉檀中講過的。當人心越來越好時的人壽是每一百年增加一歲，最高到八萬四千歲；如果人心越來越惡劣，每過一百年人壽就減一歲，最多減到人壽十歲。人壽十歲時女生五月出嫁，現代女人若是十八歲就出嫁，大家都覺得很奇怪，可是到那個時候女生五月就出嫁；那時也沒有石蜜——沒有黑糖了，很多食物都不見了，因爲十歲的人智慧不高，很多食品都沒有人會做了。

既然說「世間皆嬈動」，表示那時人心不善，結果就是四面八方四處散走，所以如來說：「有入城聚落，有至山林中，東西懷憂惱，以損其壽命。」因爲世間嬈動，所以有很多人無法安居樂業，有的人從鄉下逃到城市裡來，有的人從城市逃往聚落裡去，有的人乾脆躲到山林裡去，就這樣東西奔走只求活命，沒有辦法安居樂業。所以心中一定懷著憂惱，在這個狀況下命不久長，且不說因爲意外而殞命，單是每天憂愁壽命就一定會損減。

譬如有人老是覺得身體不舒服，遇到一位庸醫告訴他說：「你現在患了癌症，最多再活一年。」結果他每天憂愁，半年後就死了，死後檢驗結果沒有癌症。但他若是遇到一位良醫告訴他說：「你這病根本就不是癌症，只是普通的症狀而已，醫治久一點以後就好了。」也許他吃了兩三天藥，一週的藥根本沒吃完就好了。有時良醫告訴他：「你這個不是癌症，我開些藥給你吃，但你要長期吃，吃上幾年就好了，你這個是慢性病。」但其實是癌症，醫師吩咐家屬一起保密，家屬真的跟著醫師保密，每天都順著他的意，讓他吃藥，結果過幾年後他的病好了，你看心對色身的影響多大！

也許有人想：「那是你胡說八道吧，天下哪有這種事？」我說就是有啊！不但有，而且這道理在佛法中早就講過，《楞嚴經》中早就講了——融通妄想。《楞嚴經》講的融通妄想，只講大家比較能理解的部分，其實這融通妄想的範圍很廣。因爲篇幅所限，經典中沒有講得很多。如果大家都告訴他說：「你這個是腸癌，最多只能再活兩年。」當每一個醫生都這樣告訴他，兩年後他眞的死了，因爲他就一直想：「我有癌症，我快死了。」胸懷憂惱無法解除，每天老是憂愁懷著惱恨：「我爲什麼這麼歹命！」到後來心裡就放棄了，身體也越來越差，然後死了，這就是融通妄想。如果有重症但每天都讓他快快樂樂地過活，也用藥物治療他，然後大家都陪著他過著很陽光的生活，不但那個病不致他於死，還可能延年益壽，這就是廣義的融通妄想。心會影響色身，所以「東西懷憂惱」，這個憂惱就會損減他的壽命，這是正常的事情。

接著是：「爾時多惡賊，多有諸險道，種五穀不生，若生蟲所食。」到那時人的福報少了，因爲大家不修善，福德跟著越來越少；那時惡賊就變得很多，因爲沒辦法生存的人很多了，飢寒起盜心，或是從偷竊之心轉成強盜之心。所以在世俗法中，有的人心地比較寬容，看這現象就說：「**飢寒起盜心，原諒他吧！**」如果他已經很有錢財了，還要跟人家詐欺竊盜，那就千夫所指，恨不得要他死。所以「**飢寒起盜心**」那時會成爲一種很普遍的現象，因爲很多人沒辦法過活，只好去偷，偷不到就搶了。所以到那個時候壽命損減，大家都憂愁，日子一定不好過，當然是多惡賊。

當世間嬈動時就多惡賊，還能保持每一條道路都平坦筆直嗎？到那時政府也沒錢了，還能拿錢幫大家鋪修道路嗎？沒這回事。所以到處是險道，就表示基礎建設都敗壞了，那個時節很可能這裡一大片淹水，那裡一大片地缺水灌溉，於是「**種五穀不生**」，因爲天氣也會跟著變壞，人心惡劣天氣就惡劣。人心很貪時水就很多，夏天就會很熱，冬天就把你給凍壞了，種個什麼菜，晚上一夜大地下霜全部凍壞，連菜都沒得吃；水果就別提了，爛的爛、裂的裂；夏天就越熱，冬天就越冷，那你要種五穀，僥倖種得活，生長的成果也不多，不像以前結實纍纍。好不容易終於有一些植物結了果實，看起來也不錯，沒想到一大堆蟲突然出現就吃掉大部分。現代不也還是有嗎？蝗蟲怎麼出現的，很多人都不知道，突然間就一大片黑壓壓的，這一飛過去，所有葉子都吃光了，眞的很厲害。到那時候連肚子都顧不著，這就是末法時代的窘況，但畢竟還能生存著。若是人心更惡劣時，飢饉劫也會出現；那時穀貴如金，地上看見一顆稻穀，都要趕快用個小盒子裝起來往懷裡藏好；因爲只要稻穀在地上，馬上會被撿走，撿得慢就沒得吃。

聽說現在南洋有一些島國再過一、二十年可能就會被海水淹沒了，那是滅國之痛，這也是無可奈何；但因爲人類的心越來越貪，於是欲火越來越強，夏天就越來越熱，結果是南北極的冰就開始融化，海水的平面開始升高，那些島嶼就被淹掉，變成暗礁了。當夏天越來越熱時，代表冬天也會越來越冷，因爲天氣是會兩極化發展的。今年有些地方不是也有六月裡突然下大雪整個冰封了？這就是人心大貪引生的果報。所以「**種五穀不生，若生蟲所食**」，到那個時節眞的穀貴如金，假使有這麼拳頭可以握住的一團黃金，你已經十天沒飯吃，眼看著再半天就會死，如果有人擁有那麼一個拳頭握住的一把米，你換不換？當然要換，因爲如果再過半天死了，那黃金也歸別人，爲什麼不換？所以《佛說興起行經》說飢饉劫來時穀貴如金，那是無可奈何的事情。

所以 如來接著說：「爾時世人民，飢饉多餓死，死墮餓鬼中，久受諸苦惱。」到了那個年代，世間人除非當國王可以到處去掠奪，否則一般人民都只有挨餓受凍的分，想要吃一餐飽飯都難。不說九千年後，現在就有了，看北韓那個士兵投奔南韓，他當兵都還吃不飽；當兵的軍人糧食通常一定是充足的，但他竟然都還吃不飽；送到醫院健康檢查時，才發覺他肚子裡好多寄生蟲，表示他一定在野外找很多東西來補充，只要覺得能吃的他就吃了，才會有那麼多寄生蟲。如果說到敘利亞那些戰亂地區，也是人心因爲愚癡而生貪，導致普羅大眾受遭殃。到了末法最後八十年時就是這個模樣，人民飢饉難得一餐飽飯。

說句實在的，餓久了突然給他一餐飽飯，恐怕他都會因而撐死了。所以餓很久的人，一開始只能給他喝稀粥；那粥還不能太濃，只能喝很稀的粥；等他都消化完了再喝濃一點的粥，第二天或第三天起才能吃乾飯。這是很悲慘的境界，所以大部分人最後是餓死。那他們這樣子的果報，表示前世一定是爲了生存而造了不少小惡業。如果多世以來修行善法，一定作了很多善業而生天，不至於接受這種果報。那他們有這種果報，表示往世就沒修什麼福德、沒造什麼善業，沒有福德才會遭遇這種果報。人類若是遇到這種果報時，那個年代一定也沒有佛法可以聽聞，也一定不想學佛，所以跟著造惡業，爲了生存什麼惡事都幹，因此「**死墮餓鬼中**」。在那個時節沒有誰會布施的，全都是無福無德的人，死後墮落餓鬼道中。

在餓鬼道裡的性質，跟我們家裡供奉的祖先是不一樣的，祖先還算是有些福報的，不算有德，但算是有福的鬼道，因爲至少每天有三杯清水一炷清香；逢年過節或者遇到忌日，後代還會準備三牲與水酒供養，也就是有三種眾生肉可以吃。如果這戶人家供奉的祖先有曾曾祖父，或是曾祖父的祖父都還沒有往生善道，往往也表示還有祖母、曾祖母、曾曾祖母，那麼一年至少有六個忌日你託我的福，我託你的福，一年至少會有六次的三牲與水酒可以享用。若是加上端午節、中秋節、過年，總共就有九次大宴了，還算不錯。而且沒有人會跟他們搶，因爲家家戶戶都有門神護衛著。就算子孫都不祭拜，可是子孫每天總得煮三餐吧？只管在廚房裡待著，一樣可以聞香而食，算是有福鬼。

可是餓鬼就不同了，眞的是孤家寡人，有的餓鬼甚至窮到連一株草的住宅都沒有。別看野外那些草，每一株草就是一個餓鬼的家，有的窮到連一株草安身都沒有，所以叫作孤魂野鬼。他們只能吃濃痰，人家感冒吐痰，就是他們的食物；人家身上長了癰、長了疔、長了瘡，擠了膿丟掉，他們只能吃那個。也許有人想說：「至少河裡有水可以喝吧？」不！業力導致他們連河邊都靠近不得，因爲他們的所見，河裡流著的都是火。人類看到是水，天人看那是琉璃，餓鬼看那都是火，近不得，這就是餓鬼的業報。假使突然看到人間某一個人感冒有痰，吐了一口痰，都得趕快去搶，還不一定搶得到。縱使搶到了，他就能吃得到嗎？送進嘴裡想要吃它，沒想到嘴巴一張開就噴火出來，那一口濃痰也跟著焦了，這就是他們的果報。

小時候隔陰之迷不懂佛法，看見人家死時道士在那裡作法事，貼出來十殿閻王圖，看見有個人雖然瘦瘦的，頭髮長長的，肚子大大的，肋骨一根一根的，竟會吐火，心想這傢伙也很厲害。沒想到竟然不是，是因爲他想要吃東西時，嘴巴一張開，餓火中燒就噴出來，連那一口濃痰也沒得吃。這就是爲什麼一般道場的法事一定要誦〈甘露水眞言〉的道理，他們以爲那個眞言眞的可以給鬼道有情甘露水；你看無福的人在世間都難以生存，後來餓死了下墮成爲餓鬼。若是想要來世繼續在人間生存，如來早就說過了，死後往生時一定要有個東西作依靠，才好去到下一世，那就是福德。沒有福德作依憑，死後誰也幫不上他，只好祈求說：「我的孩子趕快去學佛，幫我作功德吧！」只能這樣想。終於等到孩子學佛了很高興，心裡就開始祈求說：「趕快讓孩子去學一點什麼，最後懂得爲我施食，作個《三昧水懺》給我。希望他趕快去讀《地藏經》。」就這樣想。

所以有錢人而一毛不拔，那是天下最愚癡的人，因爲他一心一意要把所有財產留給子女；可是當他才剛走，子女辦完喪事後就去買勞斯萊斯來開。他省吃儉用捨不得花，才死不久，子女就開始過好日子，於是五月花、黑美人、東雲閣，幾乎每天喝花酒，也就開始賣田賣地，十幾年就把財產全花光了；這是我親眼所見的，那孩子守不住。而他下一世沒有福德作依靠，只能當乞丐，是因爲他這一生都沒有布施——沒有爲自己的下一世存款。也有很有錢的人，積聚錢財的過程不是很正當，民間都流傳著；而他也都沒有作過布施，雖然他的孩子能守住家業，還繼續擴大賺錢，繼續把他的家產發揚光大，可是他自己的下一世呢？民間流傳說他下一世往生到旁生道去，我就不要講他受生成爲什麼。這不是天下最愚癡的人嗎？生了孩子們，給他房子、給他土地就夠了，然後他自己要去工作謀生，其餘的錢財你就拿去爲自己的來世存款，不然來世哪一家銀行都會跟你拒絕，這個叫作因果律銀行。

因果正是這樣來的，因施得福，不施者來世無福。同樣是一對父母所生，爲什麼兄弟兩個遭遇那麼不同？同一對父母所生，而父母也平等分給他們財產，結果一、二十年後大哥飛黃騰達，這弟弟卻一直敗下去，最後敗光了，一定有他們背後的因果。就像我自己，因爲我爸是招贅的，所以我們姓蕭的都沒有分財產，跟隨母姓的兩個兄弟分了財產。我這個人由於與父母互有別業的關係，小時候是窮光蛋一個，但只要朋友有需要，我把僅有的就跟他分享。以前當兵時有件事也很有趣，明明我是窮光蛋一個，我連回鄉探親的車票錢都不太夠，不敢花錢。我那時剛入伍時當二等兵，一個月才領臺幣二十五元，回鄉一趟來回要三十幾元車資，眞的付不起火車票的錢，得要好幾個月省著用，才能存夠車票錢，但是我喜歡布施的習慣都沒改；所以軍隊裡的伙伴們，包括我的班長都說：「他家裡一定很有錢。」天曉得！

後來退伍回家，上臺北謀生時老闆很儉，我白天晚上都有在作事，但每個月領不到一千塊錢臺幣，也沒有加班費。我的同學們在公家機構上班，一個月都領三千多元，我才領一千元；過了幾個月看我能力行，才開始緩慢加薪，四年後我結婚前才領一千七百元臺幣。可是當兵時的朋友，他說要買摩托車缺錢，來跟我借，我沒錢就跟同事借了給他，後來朋友也不還給我，我只好領薪水時分期還給同事。

布施成了習慣就是會這樣，這是很多世、很多劫就養成的，如果是這樣的人，自然會有他的福報。從這個因果律銀行——福報銀行，在下一世就提領來用。所以我一個人上來臺北闖天下，五年後我離開那個永遠只能讓我活著餓不死的老闆，自己奮鬥，結果我四十幾歲就退休了。我說，我要專心學佛，不想再賺錢了；然後悟了出來弘法，正覺同修會就是這樣來的。所以如果沒有布施的習慣，就會在那個時候當飢餓的人民。而菩薩布施的習慣一直延續下來不會改變，只會有所差別，就是手中錢財少了，就布施少一點，但不會拒絕布施；這是一種習慣，因為你的心性本來就是這樣。

那麼往昔沒有布施習慣的人，生在末法最後幾十年時，他本身沒有福德依憑，而且穀貴如金，所以「**飢饉多餓死**」；餓死之後就去當餓鬼，因爲他沒有福德，就只好當餓鬼了。如果是有福德的鬼神，那會像什麼？像土地公。土地公是鬼道的眾生，是有福德的鬼；可是中南部的人們多是民間信仰，對這個根本不懂。譬如彰化縣的某鄉鎮，民眾去公辦的納骨塔祭祖時，因爲先人火化以後就安放那邊，每年總要去祭拜；但祭拜祖先時那管理人是怎麼說的？因爲有的人不懂就會問他，他就指導說：「**你那些祭品要先拜外面的土地公，土地公最大；拜完後供品撤下來就拿去拜塔裡的地藏王菩薩，然後才拜祖先。**」他認爲土地公最大，因爲好大一尊建造在屋外。顯然那個管理人的宗教知識缺乏得太嚴重了。若是知見不足的人，也就不會信因果。

那麼布施成習慣的人一定信因果，一定是很多世以來就學菩薩道，他們曾經努力在修行六度，所以布施成習慣了，沒有錢就去借錢來轉借給急需的人；用錢的人不還時，他就去代還被借者的錢。已經成爲習慣了，你要他改也很難。所以我小時候常常被敲腦袋說：「**你怎麼這麼笨！家裡東西都不多了，還拿去分給人家！**」就這樣啊！依世俗人的罵法就是：「**這孩子胳膊往**

外彎。」但這就是習慣，要改很難的。但這需不需要改？不需要。這習慣就一直留存著、保存著，將來才能憑藉而成佛，改了以後就沒辦法成佛。所以沒有福的人死後就是入餓鬼道。家裡的祖先本質不是餓鬼，餓鬼道的有情就是在屋外的孤魂野鬼，連依草附木精靈都算不上；即使是一株草上面天明前的那一點露珠都沒得吃，因爲都有鬼道眾生護著自己吃，他們吃不到，就是餓鬼。

當餓鬼就已經很可憐了，還會更可憐嗎？會的，因爲餓鬼的壽命很長。人類祖先們的壽命不會很長的，譬如阿公阿嬤很疼愛金孫，所以一個七過了又一個七，經過七個七以後他還捨不得走，因爲想要每天看著那個金孫；既然七個七都過完了，他就沒機會投胎重新爲人，只好當鬼而留在家裡；他留在家裡看著金孫長大，也許很有才華，謀生無礙、春風得意，他等壽命終了時就放心投胎去了。但也許看這金孫很惡劣、無惡不作，他的心死了，壽命到了時也投胎去了，所以祖先壽命通常都不會很長，並不屬於餓鬼。餓鬼的壽命通常都很長，因爲那是果報，由他的惡業所造成；因此在餓鬼道中飢火中燒，要經過很長的時間，報盡才能重新生而爲人，這叫作「久受諸苦惱」。

到那個年代，因爲咱們發願一直要到最後一年才會走，所以諸位跟我一樣都會遇見的。假使我們繼續努力度化眾生，大家都好好在作布施，遇見了有佛像的寺院或屋宇，就以飲食或其他食物布施，若遇見佛塔或者遇見僧寶，那我們就布施；這是已經成爲習慣，即使到了末法最後五十二年時，這習慣都不會改變。而諸位在正法中護持的福德無量無邊，到時候都有能力布施；其他同樣有修福而不造惡業的人，也一樣有能力布施；可是布施到如來聖像所在的種種食物，例如布施到佛塔、布施給四方僧的種種食物，飢餓的人太多了，都會來搶食，後來就用最公平的辦法，就是大家不要搶，看有幾個人，大家平均分了吃。就像古人講的「不患寡而患不均」，大家平均分配就沒話講了，不用互相爭吵或打架。

這裡講的「塔及四方僧」，這牽涉到佛教界有時在講的話，說「這是十方所施之物」，「怎麼可以亂花十方的錢？」有沒有聽過？可是，哪來的十方？原來他還有下方、上方、東西南北方、東南東北西南西北方的有情來布施給他？其實沒有！只有四方來的有情布施。那麼僧，爲什麼要叫作「四方僧」？因爲依照佛制，寺院沒有規定不許誰住，或者不許誰來掛單。佛制沒有這回事，古時是這樣的；只要是寺院，出家人都可以來掛單，天明就走人；若是來掛單以後不走而變成常住，當然就得分擔工作。所以寺院裡的財務就是「**四方僧**」共有，誰都可以來掛單或是來供養，但不許帶走；因此寺院中的僧人可以從四方來來去去，所以叫作「**四方僧**」。因此每一個寺院裡面所住的僧眾都叫作「**四方僧**」。

人家來供養僧眾時，依於佛制就是供養「**四方僧**」，不是只有供養這一座寺院裡的僧人。如來也規定不可以別請食等，道理是相通的，所以去供養三寶時不可以說：「**我只供養某位比丘，這些錢不許任何人用，只許他用。**」這是不合佛制的，因為供養到三寶的錢財是整個寺院僧眾大家共有；其實不單包括整個寺院的僧眾，還包括四方來的僧眾，他們可以來掛單時使用；若要住兩天、三天，或者要當常住而不離開了，就看狀況該怎麼作就怎麼作，所以叫作供養「**四方僧**」。但那時供養之食人民都會來分食，食物送來時他們都會來搶；不單是末法那五十二年的時節，中國古代就有這樣的事了！所以寺院裡的存糧往往有盜賊來搶，這也是歷史記載的事實，就別說末法五十二年時，所以這也是正常的事。如來又說「**我後僧如是**」，是我入涅槃以後，到最後末法五十二年時，出家人就是這個模樣。

把這一些現象都告訴大眾之後，如來一定會勸勉大眾，那我們就來恭聆如來是如何勸勉大眾的：

經文：【「阿難汝等當，勉力勤精進，莫見後末世，如是眾惡事；一切諸凡夫，愚癡無有智，起諸凡夫業，疾墮惡道中。汝等勤讀誦，是名智慧因，若為智慧故，疾得至勝處。我學世正見，汝亦如我學，斷世障礙事，疾得至勝處。勤行八聖道，當疾得涅槃，思量求自利，我所說如是。是劫過去後，六十劫無佛，尚無佛音聲，況有得道者。時世諸人民，飢餓所逼切，無有孝慈心，食母食兒肉。時諸家生子，常護恐他食；誰聞是惡事，復起生死業。諸苦癡為本，五陰貪為本，若不樂五欲，當斷諸貪著。受福果報時，深生貪著心，貪著因緣故，起惡墮惡道。無漏法空寂，世間無牢固，若知如是者，汝等應疾行。無心生心想，而自大驚畏：『我為作不作，是事為云何？』

如是諸凡夫，思惟而籌量：『我當云何作？』如是常啼哭。
無陰生陰想，無我生我想，聞自相空法，如是亦迷悶。
不知佛如實，所說諸陰義，聞則以爲定，畏處無畏想。
我說去來今，諸陰皆空寂，三世悉平等，猶若如虛空。
所有過去佛，亦說自相空；未來世諸佛，亦說自相空；
我今出於世，亦說一切法，自性自相空，三世無有異。
當來人不知，佛所說實義，貪著我眾生，常墮於惡道。
當來世如是，大惡甚可畏，汝等勤精進，莫見是惡世。」
佛說此經已，長老舍利弗及諸比丘眾，一切世間天人大眾，聞佛所說，皆大歡喜，信受佛語。

語譯：【世尊又開示說：「阿難你們大眾應當，要勤勉努力地殷勤精進，不要看見未來末世時，像這樣的種種惡劣事情；一切種種的凡夫們，愚癡而沒有智慧，生起了種種凡夫所造作的惡業，很快速墮落於惡道之中。

你們大家都應當殷勤的閱讀和誦唸，這叫作智慧生起的因，如果爲了智慧的緣故，努力修行就可以很快速到達最殊勝的處所。

我修學了世間的正見，你們也應該像我一樣修學，斷除世間法中能障礙道業的事情，快速到達最殊勝的境界。

還要殷勤地修行八聖道，將會因此而快速證得涅槃，應當思量尋求自己的利益，我所說的道理就是這樣。

當這個賢劫過去以後，六十劫之中都不會有佛出現於世間，尚且連佛這個音聲都不存在，何況能有得道的人。

那時世間的所有人民，被飢餓所逼迫到很懇切的地步時，心中就不會有孝順心或慈愛心，殺母而食或者殺兒而食的事情就發生了。

到那個時候所有人家只要生了孩子，永遠都好好守護著而恐怕被別人搶去吃掉；有什麼人聽聞到這樣的惡事以後，還會繼續造作生死業呢。

所有的苦是以愚癡作爲根本，所有的五陰不斷出生是以貪作爲根本，如果都不愛樂五欲時，久後自然會斷除種種的貪著。

領受福德果報時，深深生起了貪著之心，由於貪著因緣的緣故，就會生起惡業而墮落於惡道。

無漏的法是空而寂滅的，但世間卻不牢固，如果知道這個道理了，你們就應該趕快努力修行。

世間人是沒有心而生起了有心的想法，然後自己生起很大的驚恐畏懼：『我到底要作或者不要作這件事情？這件事情的本質到底是如何？』

像這樣的種種愚癡凡夫們，心裡思惟而籌量著說：『遇到這種惡劣的情況時我應當如何作？』就因爲這樣而經常不斷在啼哭。

沒有眞實不壞的五陰而產生了有眞實不壞五陰的想法，沒有眞實我卻出生有眞實我的想法，聽聞到善知識說明自我一切諸法等法相其實都是空無，對於這樣的法聽了不信受就永遠都住在迷惑和苦悶之中。

他們不知道佛才是眞實的存在，諸佛所說五陰的道理，他們聽完以後卻誤以爲是決定不壞的法，在應該畏懼的處所生起了無所畏懼的想法。

我釋迦牟尼說過去未來現在，一切五陰全都空無而寂滅，三世五陰全都平等平等，就好像虛空中無有一法一樣。

所有過去的諸佛，也都說五陰自相不眞實；未來世即將成佛的諸佛，也同樣說五陰的自相其實空無；

我如今出現於世間，也是說一切諸法，它們的自性自相都是本來空無，過去現在未來三世一樣都沒有差別。

可是未來的人不知道，佛所說的眞實義理，貪著五陰這個我也貪著其他的五陰眾生，經常都是墮落於惡道之中。

未來世就像是這個樣子，非常惡劣而極爲可畏，你們應當殷勤精進修行，不要留到那時看見這樣惡劣的世間而無法解脫。」

如來演說完這一部《佛藏經》以後，長老舍利弗以及所有的比丘眾，一切世間的天人和大眾，聽聞到如來所說，都生起大歡喜心，而信受佛陀所說的聖語。】

講義：這就是說，到那個時代你想要好好修行都很難，所以修行要趁現在；不要一天一天蹉跎過去，說：「我還有明天，明天還不會死啊！」然後也許又說：「我還有下個月，下個月還不會死啊！」一天一天蹉跎。其實日子過得很快，光陰荏苒猶如白駒過隙。我都還記得小時候穿著開襠褲在路上逛，我們那時生活環境很不好，小孩子有開襠褲穿還算是好的，在鄉下的市鎭裡都是這樣的。因爲父母親一天到晚在田地裡，沒有時間管孩子。現在孩子尿濕了就馬上換尿布，以前哪來尿布？都是穿開襠褲，直接就尿到地上去，褲子都不會濕，父母省下好多工作，因爲田裡工作就作不完了。如果是到後末世，比我小時候那個年代的日子更苦。你們年輕人不能想像我們小時候的年代怎麼生活；所以我們兩老有時候講起來時，我那個兒子都說是天方夜譚。

我小時候家裡是在市鎮中，但不富有，因爲我父母幾乎等於養著三家的孩子，大姨、二姨的孩子們下課時就到我家來吃午餐，然後再走路回鄉下的家，當時人們的最大宗開支就是飲食。那時我們家的牆壁是什麼？是用竹子鏤空架起來，然後編了竹篾再裝上去，竹篾的空隙用牛屎糊滿，等牛屎乾了以後再用土來糊。後來日子稍微好過一點，再用石灰加上麻絲攪拌後成爲灰泥，再糊到牛屎的外面；然後又演變，後來拆掉造磠磚牆、屋頂鋪成瓦房，就這樣一步一步演變。以前的日子很苦，大家現在打開電視看 DVD，想看啥就看啥；以前家裡若是有日光燈、有一臺收音機就不得了了。你們想想那個年代，公共汽車一開過去街道時漫天灰塵，以前能找得到誰開汽車？都沒有，只有開工廠的老闆才有汽車可以開，那個日子諸位很難想像。

當時的人家如果有腳踏車，一年要繳兩塊錢新臺幣，政府還發給你一個用鋁板壓製的號碼牌，要鑲在腳踏車後輪的擋泥板上面；那個號碼中間是突起的，可以抽起來，一抽起來號碼就看不見了；所以那個小板子一抽起來，小偷都不敢偷，因爲警察看到有人騎就說他是賊。當你要去騎時，從口袋裡掏號碼牌來插上去，就可以騎了。連腳踏車都要繳稅，賣冰當然也要有執照，每年要繳一定的錢；賣砂糖要有執照，每年也要繳一定的錢。諸位能想像那個日子嗎？想像不到吧？但以前都是這樣子的。

我們小時家裡沒有電燈，都點蠟燭；後來終於有電燈了，每一個房間都只敢點五燭光，因爲捨不得用電。有貴客來時才打開四十燭光的燈泡；當時很少人用六十燭光的，只有醫師那一類人才用得起，我小時候的日子是這樣過的。所以那個年代，比起末法最後五十二年時，我說還是好太多了。如果有一世一世修行而在正法中護持，那功德無量無邊，到時候有福德，日子才會好過。要記得繼續布施正法啊！今天只能講到這裡。

終於有點涼了，稍微像冬天；想來現在張家口大概是零下十幾度到二十度吧？張家口在北京的西北方。哈爾濱當然更冷，所以我們臺灣這樣不算冷，應該叫作涼快；這種日子好修行，總是比夏天好。

講義：《佛藏經》最後的經文上週已經語譯完了，講解的部分是講到九十一頁第三行，接下來要從第四行開始解說：「**阿難汝等當，勉力勤精進，莫見後末世，如是眾惡事；**」到了末法最後八十年時要弘揚如來藏法是非常困難的，如來在本經與阿含部的《央掘魔羅經》中有講到幾個譬喻，說到了末法最後八十年時，在世間要弘揚如來藏妙法，就好像一片大地或是一個大村莊裡遍地火起，全都是大火整個燒起來，若是一般人挑著一擔很細緻的乾草，穿過那一大片有大火的地方將會把身體都燒爆開了，而此人的身體和細乾草卻不被燃燒，就像是那麼困難。當然 如來還有很多的譬喻，告訴我們末法最後八十年弘揚如來藏妙法是非常困難的事；等於是辦不到的意思，這樣說比較直白，因為好多的譬喻都在說明非常困難。

反觀我們現在弘揚如來藏妙法，遭遇到的這一些挫折也就不用牽掛或抱怨了，我們就施設各種權巧方便來突破所有困難；但總是要比末法最後八十年時容易得太多了，所以大家心裡都別抱怨，別老掛在嘴裡說：「**明明這就是如來的正法，為什麼那些大法師們要那樣抵制？**」因為他們愚癡無智，抵制也是正常的；畢竟現在已經進入末法時期了，而且末法時期已經開始一千年了。對吧？正法時期五百年，像法一千年，現在是 佛入滅後二千五百多年，已經進入末法期一千年了；雖然我們正法如今在臺灣立足，諸大道場不敢再否定，密宗也不敢否定了，現在大家認定如來藏是佛教最究竟、最了義的正法；可是在大陸，我們還是要非常、非常努力，要加上好幾倍的努力才能作得到。因爲大陸的環境跟臺灣不一樣，所以我們努力差不多七、八個月了才有一點點成績出來，但還是要繼續再努力！

就是說，在末法時代最後八十年時住持了義正法，絕對比現在要艱苦十百千倍。到那個時候想要再來好好修行時，能修行的時間眞的不多；而且在那個環境很難修學，對正法打壓扯後腿的事情將會非常多，因此不要再以懈怠的心想著說：「**反正法滅還有九千年，我到最後一世再來求悟就好。**」老實說，到那一世沒機會用功了，能保得住性命就算很好了；所以現在是末法的初期，我們大家還可以用功時就要努力用功；也趁著現在可以把往世的同修們再找回正法的時候，盡量把他們找回來；別等到末法剩下二、三百年時再要來用功，那時不是用功的時節，那時是要救眾生不下墮惡道的時間。所以我們用功辦道應該是在這二、三千年中完成，該斷的、該證的都好好把它斷了、證了，到那時就是要救眾生。因為 如來已經預見了，所以吩咐阿難尊者等人說：「你們大家應當要『勉力勤精進』，別等到最後末世時來看見種種的惡事。」那時再要修行都來不及了。

如來接著又說：「一切諸凡夫，愚癡無有智，起諸凡夫業，疾墮惡道中。」這四句話是 如來說的，如果我這一世剛出來弘法時就把這四句話拿出來講，不曉得局面會變怎樣？大概也不會有今天的同修會了，因為早被幹掉了。我那時最嚴厲的一本書叫作《邪見與佛法》，都還沒有說大家都是愚癡無智，也都沒有指說他們會下惡道，就被臺灣和大陸的法師們罵作邪魔外道了。現在算是可以講了，佛說那些凡夫法師們「愚癡無有智」，以前不能取來講解的。以前只能純粹從理上來說：「你這樣的說法不對，他這樣的說法不對。」同時要舉出證據和說明道理，但不能說他們「愚癡無有智」，更不能指責他們死後將會「疾墮惡道中」；否則他們會說：「蕭平實一天到晚在咒人要下地獄。」

可是話說回來，當年我們弘揚正法時，好多人在網路上抗議說：「你們正覺很奇怪，怎麼敢說大家都悟錯了、就只有你一個人悟得對？」那時很多人這樣罵。他們認爲應該是百萬將軍一個兵，但事實上眞是像他們所質疑的這樣，就只有我一個人悟對了。然而我並沒有說所有人都悟錯，其實有人悟錯了，我並沒有指出來，例如現代禪就是一個例子——我從來沒有指責現代禪悟錯了。當年他們都自認爲證悟了，也都自稱是阿羅漢，所以他們不認爲自己「愚癡無有智」，都認爲自己智慧非常好。如果不是自認爲開悟了、智慧很好，怎麼可能弄到一大片山頭？都是一、二百公頃規模，也有法師蓋起世界最高的寺院，種種狀態都有。也有人自稱是如來或是宇宙大覺者，一定是認爲自己很有智慧。

可是遇到我這個不敢自稱成佛的蕭平實，三、兩句話就把他們撂倒，全都不敢回應。後來我乾脆講明事實，是因爲他們不斷在說：「大家全都錯了，只有你正覺對，哪有這個道理？」我就回應說：「是百萬將軍一個兵？或者是百萬士兵一個大將軍呢？」他們終於想通了，原來大將軍只能有一個，不可能說一百萬個大將軍率領一個兵，終於想通了而不再罵正覺。但這也是二〇〇三年拜楊先生他們發動法難之所賜，因爲我們寫了好多書印出來，乾脆一次把它講個明白，從那時起，臺灣佛教界才改變對正覺的看法。也是從那時開始，凡是有弟子開口求：「師父啊！我想開悟，請師父您指導我。」沒想到師父把他拉到旁邊說：「你去正覺，別說是我講的。」這就是一個好的改變了，所以現在臺灣佛教界中，如來藏變成顯學了！

這個顯學也開始發揚到大陸去，因此索達吉也在講斷我見的事，有些法師也開始在講如來藏了；那我們同修說：「索達吉講的斷我見內容，都是從導師您的《阿含正義》抄來的啊！我們應該把他舉發。」我說：「甭舉發！你就讓他講去，他講得越多越好。」他不知道斷我見的法很厲害，他講得越多就會顯示密宗的無上瑜伽根本不是佛法。密宗最頂尖的法是無上瑜伽、大樂光明，那是五陰的我所；當大家依照開示把我見給斷了以後，那個我所還能存在嗎？但索達吉不知道這個厲害，可見他愚癡沒有智慧啊，他不曉得講解《阿含正義》中斷我見內容以後的利害關係。

所以我勸大家說：「都別舉發，讓他繼續講去。」不曉得索達吉最近還講不講《阿含正義》裡的內容？我判斷遲早有一天學眾們聽完了一定會說：「欸！師父！既然五陰我是假的，那大樂光明、無上瑜伽都是依這個假我而建立的呀！那麼五陰我是假的，我們這個無上瑜伽不也是假的嗎？」一定會有人問。密宗在把雙身法無上瑜伽弄得金碧輝煌，推高到最上面去；但他現在講解斷我見，等於是從下面用刀子在砍著；這下面砍斷了，上面的雙身法還能存在嗎？

但他不跟又不行，所以必須亦步亦趨，我們講什麼他們也得跟著講什麼，否則跟不上潮流就會被大陸佛教界淘汰。雖然大陸的法師們依據宗教法規，對我們作了很大的手腳，讓我們無法在大陸弘揚佛法；但沒關係，咱們改絃易轍，還是可以走的；就像生物學家講的：生命自己會尋找出路。所以現在來指說大陸那些凡夫大法師們「愚癡無有智」，正是時候。以前不能講，若在以前講了，我大概小命不保。現在可以講了，因為他們讀過正覺的那麼多書了；兩岸的那些大山頭裡都設了研究小組，專門研究咱們正覺的法義。那沒關係，我正希望他們好好研究；研究的結果最好是住持山頭的堂頭和尚也來端詳端詳正覺的法義。

說到「愚癡無有智」，以前臺灣佛教界大家自認為都很有智慧，而且開口閉口都說開悟了；開示時也都跟徒眾們講：「你們學佛就是要學智慧。」

大家也學得很高興，覺得自己很有智慧了。其中最有智慧的人叫作釋印順，所以當年印順思想在臺灣佛教界風行一時，沒有人敢說一句話，就只有慈航法師出來講，但也沒有人敢出面支持他。慈航法師確實是有智慧，對釋印順作了授記：「**將來自然有人會來收拾他。**」那咱們就來契合慈航法師的授記吧，眞的沒有關係。

這就是說，連最有智慧的釋印順都不懂佛法；不懂佛法也就罷了，偏偏連解脫道那麼粗淺的法他也錯會了。在我們正覺同修會裡，斷我見、斷三縛結是基本的修證，這觀行是在禪淨班的後期就要完成的；沒想到印順竟然把識陰中的意識一分爲二：有個粗意識，有個細意識，細意識常住。這很明顯證明他並沒有斷我見，正是一個凡夫佛——理即佛、名字即佛。他偏又不懂裝懂說：「**意根是腦神經。**」我就說他是老糊塗了，他這個說法的書，只有大約五十頁，大約是九十幾歲才印出來的。印順眞的是老糊塗，不知他上一世死時有沒有把腦神經抽出來帶去投胎？我都不知道怎麼說他好。所以全臺灣佛教界認爲最有智慧的釋印順也是愚癡人，他連五陰中的識陰都搞不懂，連意根也搞不懂；等而下之，四大山頭就甭提了！

也許今天有哪位同修第一次來聽我講經，剛好是四大山頭的信徒，這一聽可能心裡老大不舒服：「你是哪壺不開提哪壺，講我師父幹嘛呢？」可是我得要說：「**我若是要救你，就得講你師父的錯處來證明。**」不然你會繼續被他誤導，會繼續在心裡常常這樣想：「**你們正覺講的法對，但我師父講的也沒錯啊！**」就因爲這個緣故，於是正訛兩邊的法混雜在一起，始終都弄不清楚，像這樣如何建立擇法覺分呢？擇法覺分起不來，就無法眞的投入正法中好好學習。所以即使到現在，進階班裡都還有人在想：「**我們以前在密宗學的也沒錯，雖然正覺的法也沒錯，但我們以前的喇嘛上師講的也沒錯啊！**」然後就繼續兩頭跑，那我就說他在禪淨班白學了！

對啊！顯然禪淨班中教的五陰、十二處、十八界那些法，他還沒學好。如果他弄清楚了就不會再說喇嘛講的法也對。弄清楚了就能判斷喇嘛說的法都在我與我所中，從來不曾離開過五蘊、六入、十二處、十八界法，顯然都在我之中，連斷我見都達不到，又如何能說他在三乘菩提上有所實證？這就是沒有擇法覺分。

所以「愚癡無有智」是末法時代大法師們的現象，因此你們以後不論是誰，不管誰見了我都不要稱呼：「蕭大師！」千萬別叫我大師，因為末法時代的大師都是那樣沒有智慧的（大眾笑…）。我也應該忌口吧？可是《佛藏經》都講到今天這個地步了，俗話說一不作、二不休（大眾爆笑…），我就乾脆講白了：連釋印順都如此，於是臺灣後山那位比丘尼我見都沒斷，更別說是明心了，竟然都敢自稱宇宙大覺者。

一般的學佛人都有一個基本的智慧：「**假使我沒有把握，沒有弄得很清楚明白時，絕對不會加以承認或者加以否定，也不會自稱我證什麼果或者成佛。**」這是一般學佛人都有的智慧，可是末法時代的大師們連這個智慧都沒有。你們現前可以看見自稱成佛的人太多了！密宗那些附佛法外道就不提，大陸我們也不講，單說臺灣，釋印順的傳記是他自己同意的命名，叫作《看見佛陀在人間》。那不等於對外宣稱自己成佛了嗎？可是他連我見都沒斷，就甭提開悟明心的事，無生法忍更不用說了。那他的徒弟後山那個比丘尼，緊跟著自稱「宇宙大覺者」，這名號比他師父更響亮；他師父最多就只是用書名告訴人家說：我釋印順成佛了！沒想到她堂而皇之，一點都不避諱地自稱是「宇宙大覺者」，所以那宇宙大覺者的雕像，雕的就是她的身相與面容，都說那是「宇宙大覺者」的雕像。等到後來被佛教界舉發了，她又不敢承認是自己的雕像，就說那是 佛的雕像，不是她的雕像。可問題是，佛陀長成她那個模樣嗎？佛陀三十二大人像，會是她那瘦板板的模樣嗎？會是她那個瘦瘦削削的臉龐嗎？

所有造佛像的人都記住一對口訣：「佛面猶如淨滿月，菩薩雞子面。」妳釋證嚴雕出自己的法相來，充其量只能是菩薩像，憑什麼叫作「宇宙大覺者」？你們看，像這樣的人會是有智慧的人嗎？甘冒無間地獄的風險，來對信眾們顯示她已經成佛；這是有一點普通智慧的學佛人都不敢作的事，而她公然作了。但她有沒有把握說自己眞的成佛了？因爲那「宇宙大覺者」雕像的出現，是在我們出了很多書之後才造出來流通的，顯然我們的書她讀不懂，沒有辦法揀擇自己根本就是個凡夫。如果讀了正覺的書而且懂了，一定知道自己沒有實證，卻繼續這樣蠻幹，背後就是一個道理——名聞與利養的關係，以及貪著眷屬欲。就只有這個原因。

但一個有智慧的學佛人，不管是多麼大的誘惑絕對不會大妄語自稱成佛。可是他們幹了，那諸位想想，他們有智慧嗎？是不是愚癡？所以 如來早就講了「愚癡無有智」啊！不幸的是現在才末法一千年，已經如此了，再九千年後呢，可想而知啊！所以一切破戒比丘、比丘尼們，都只是沒有斷三縛結、沒有證悟明心的凡夫，確實「愚癡無有智」；然而如果有世間智，就會先斟酌衡量：「需不需要爲了一世的虛名，需不需要爲了一世的利養或眷屬，而去造作大妄語業？」而他們沒有這個智慧。縱然全世界都讓他們擁有，也不過幾十年，來世卻不在人間了，那麼愚癡作什麼呢？所以 如來說的一點都沒有錯：「愚癡無有智」。

他們那類人，外顯大師的模樣，內心和私下裡「起諸凡夫業」，都是弄得一大片山頭，動不動就是一、二百公頃，每年的收入都是臺幣百億左右。對我們來講眞的嚇死人了，假使正覺同修會一年收入一百億，我睡不著覺了；因爲這錢會燙人，得要趕快把它運用出去，而且要全部用在眾生身上，否則因果自負。而他們不懂這個道理，或者懂但是不相信背後會有因果，於是「起諸凡夫業」，都是在作些世間法和表相的事；所以臺灣的四大山頭都要爭第一，一個是爭全球第一，因爲信眾最多。一個爭的是學術第一，就是我們講堂北邊的鄰居。一個是爭世界第一高，他造的寺院最高，人家問說：

「你師父為什麼蓋世界最高的寺廟？」徒眾們異口同聲說：「因為我們師父證量最高啊！」假使哪一天有誰蓋得比他的高，怎麼辦呢？那麼還有一個大山頭，是搞寺院全球最多的第一；不過這山頭也還算好，現在懂得把錢挪回到大陸去從文化層面發展佛教文化，倒也還好啦！所以陸客來的錢沒有白花，現在又回大陸去，也還算好。

這就是說，不懂佛法或者不信因果的人，對於什麼是沙門果，他們完全沒有概念，因此造作許多凡夫業；大法師們是這樣，密宗則是外道，不歸佛門，咱們就不提它，因為那已是等而下之、再等而下之。但是這些藉著佛法廣造凡夫業的人，如來已經授記了：「疾墮惡道中。」死後不會繼續在人間混個幾世再下去，一定是捨壽就下去了。一旦去到三惡道中，何時回來人間哪？那不是人家講的後會有期，因為那一下去的時劫很長遠，要很久以後才能回來人間。特別是大妄語成佛的大法師們，那不是無間地獄業、就是阿鼻地獄業。那裡一天等於人間六十小劫，何況他們的壽命又都是長達一劫，要到何時才能回來人間？眞是後會無期啦！可是他們不怕、膽子眞大。

咱們是應該佩服他們膽子大、還是應該害怕？諸位都說應該害怕，我也害怕！根本不能想像。可是他們就這樣子幹了，一點都不害怕。所以如何救眾生，就是諸位該一起來挑的擔子；這擔子我一個人挑不動，所以我幫助諸位實證，諸位實證以後一起來幫我挑，大家共同來成就救護眾生的大福德、大功德。我們不能眼睜睜看著他們下墮，因為未來 彌勒尊佛成佛時要度很多眾生，就是人間的這一些人，我們要一個一個救護他們，別讓他們下墮；這是我們的使命，因為除了我們，沒有人能辦得到。想到了這一點，是不是覺得肩頭很沈重了？所以都要精進、要努力，就是剛才 佛講的：「**勉力勤精進，莫見後末世，如是眾惡事。**」

接著 如來就勸勉說：「**汝等勤讀誦，是名智慧因，若為智慧故，疾得至勝處。**」如來吩咐阿難尊者等人——就是我們，應該要精勤讀和誦諸經。在講《法華經》時，什麼是讀、什麼是誦，還記得吧？應該這樣勤讀誦，這就是智慧之因。有的人也許想：「**那我都還沒有證悟，哪能那樣讀、那樣誦？**」不然就乖乖地依文解義也行，依文解義的讀誦都遠勝過那些大妄語的人！所以藉著依文解義的讀誦，漸漸地也瞭解原來正覺說的法是正確的，那就種下了菩提因，這菩提因種下以後遲早會走入正覺中；一旦入了正法、就可以實證，三乘菩提的智慧便生起了，所以說這些都叫作「智慧因」。如果爲了智慧的緣故而讀、誦，努力精勤修學，很快就會到達最殊勝的境界。

假使有人想：「**那什麼是最殊勝的境界？最殊勝的境界是不是阿羅漢的境界？**」（有人答話，聽不清楚。）不是喔？你們這麼大膽，敢說阿羅漢不是最殊勝的境界？臺灣有佛教以來，那些宣稱證悟的大師們都說已證得阿羅漢果，你們竟敢說那不是最殊勝的境界。可是你們眞的講對了，因爲一個大阿羅漢來到禪師面前也開不得口，被禪師罵了也不敢生氣的，就因爲禪師開悟般若了。

你們看中國禪師好厲害，西天來的俱解脫阿羅漢，而且還有神通；他跟黃蘗希運禪師同行，走到一個地方要過河時，由於上游大雨、河水暴漲，過不去了，那阿羅漢說：「**過河有什麼困難？**」於是他飛到河面上，就像武俠小說講的什麼凌波而渡，他就走在水面上，然後招手說：「**來啊！過河啊！**」黃蘗希運可不是像世俗人趕快跪下禮拜說：「**原來您是大阿羅漢！**」他反開口指著阿羅漢罵：「**原來是個自了漢，早知道就剁了你的腳後跟。**」那阿羅漢也不敢生氣，老實說像那樣的阿羅漢也不會生氣了，反而大聲讚歎說：「果然是個菩薩！」然後自己離開了。

阿羅漢們自己都很清楚，來到禪師面前沒有開口的分。所以早些年我講經時說：「南洋如果還有阿羅漢，來到正覺也開不了口。」當時佛教界私底下罵翻了，都說：「這蕭平實好狂傲。」但我不是狂傲，我說的是如實語。更何況千年來的南洋根本沒有阿羅漢。南洋從西元五世紀的覺音論師開始，就沒有阿羅漢了。我是老早就料定南洋沒有阿羅漢，誰能來踢館？就算有阿羅漢，來了照樣開不了口，我說的是實話。可是當年他們不懂，大家私底下罵翻了說：「這蕭平實好狂傲。」

可是我一點都不狂傲，我只是講如實語。所以「至勝處」是第一義諦，實證第一義諦才是最殊勝之處，但諸阿羅漢並沒有證得第一義諦。但是若從更嚴格的「至勝處」來講，就是第一步要得無生法忍，得要先入地；第二步要入第四地，發起意生身——三昧樂意生身；第三步要滿足七地心，斷除一切習氣種子；最後一步是所知障異熟隨眠全部斷盡，也就是成佛。這叫作究竟的「至勝處」。所以至高無上的殊勝境界，是佛地的境界。

那爲什麼把初地的無生法忍也算進來？就像馬鳴菩薩講的：「一個世界

中只要有一個初地菩薩住持佛法就足夠了，因為沒有人能推翻他。」他講這話有道理的，只要有個初地菩薩；他至少得是慧解脫才能入地，又有無生法忍，所有外道對他無可奈何，都只能拜他為師；所以初地無生法忍就是第二個層次的「至勝處」，於一切聲聞緣覺乃至十迴向以下的菩薩而言，都是至高無上。

那麼證悟時呢？也許增上班有些同修剛拿到我的金剛寶印，心裡想：「證悟就只有這樣嗎？」當然不是只有這樣，是因為我給你很多，得的容易，使你自己在正覺裡面不覺得怎麼樣！就好像給你一間別墅住進來，十天後很習慣了也覺得沒什麼，可是還住在違章建築裡的那些窮人見了呢？那可就是大大的有怎麼樣了！住在違章建築裡的那麼廣大的人們，是指什麼樣的人？就是那一些凡夫大法師乃至信眾們。如果是喇嘛們和他們的徒眾，要說是住在哪裡？他們是連違章建築都沒有，就弄一些草與樹葉遮一遮雨，就說他們是住大別墅——成佛了，就說他們是大富長者——成佛了；那根本就是門外漢，連依文解義都不懂。

也許有人講：「欸！你蕭平實這樣講，太過火了吧？」我說：「不過火。」

舉個例吧，被達賴喇嘛尊奉為至尊成佛的密宗黃教宗喀巴，他連我見都斷不了，認為色陰眞實、受想行識眞實，所以雙身法的境界眞實。明明白白寫在他的《菩提道次第廣論》中，更寫在他的《密宗道次第廣論》中。而他所謂的斷我見是說，我見的內涵是什麼，把那個內涵的語文意思丟棄了就是斷我見，而不是否定以五陰為我的我見。他們都是以假作眞，所以假使想要成佛就觀想自己成佛，觀想成功了就是眞的成佛了，就這樣啊！那假使說成佛之後有大圓鏡智、有妙觀察智等四智，他們說「**我們密宗都有啊**」，所以就自己另外立一個內涵，說那樣叫作大圓鏡智、妙觀察智乃至成所作智，他們就另外建立，那就是以假作眞。所以大陸當年有許多喇嘛說要誅殺蕭平實，弄了個麵粉人寫著三個字：蕭平實。就放在木板上，作作法事之後舉起刀來，一刀從脖子上把頭頸割成二段，就說蕭平實死了！可是蕭平實好幾年前被他們作法死了，如今卻還坐在這裡講經。

這讓我想起三國時的一句名言：「**死諸葛嚇走活仲達。**」這蕭平實死了，可是依舊活蹦亂跳在講經。那麼人家問起時，喇嘛們都說：「**這個法作完了，他一定死。雖然現在他還繼續在講經，只是作法後所定的死時還沒到，一到**

他就死了。」（大眾爆笑…）就這樣講。當年他們也作法誅殺毛澤東，他們說真的殺了毛主席。當人家問說：「爲什麼還沒死呢？」「因爲時候還沒到啊！」全都是以假作真。

所以我說他們那個「成佛」，其實是隨便弄個姑婆芋的葉子或芭蕉葉擋一擋，就說那是大別墅，全都以假作真。他們只要觀想那些葉子成爲大別墅，就認爲大別墅真的蓋成了，從來都是如此。所以斷我見的內含，宗喀巴也另外施設一種我見的說法，然後把那個見解砍掉，不再放在心中了，就說這樣叫作斷我見；可是對自己的五陰、六入、十二處、十八界假我，還是抓得牢牢地，但都自稱斷我見了。這就是以假作真，所以說他們沒有智慧。因此世尊說的「至勝處」，要以第一義諦的實證作爲初步；實證之後，接著怎麼樣能入地，然後怎麼樣滿足七地心，而後怎麼樣成佛，成佛時才能說是究竟的「至勝處」。

縱使是個三明六通的大阿羅漢，來到一個明心禪師面前，依舊是開不了口，所以二乘解脫不能叫作「至勝處」。而且那個解脫不是真實的解脫，那是 如來方便施設，假名解脫而已。所以我十幾年前《邪見與佛法》中講過：

阿羅漢沒有證無餘涅槃，開悟明心的人才有證無餘涅槃。佛教界當時一讀，全都罵翻了：「**這蕭平實講的都跟古時的大德們不一樣，眞是邪魔外道。**」好了！佛點出來了：入無餘涅槃是把蘊處界全部滅盡，無一法存在。那阿羅漢入了無餘涅槃時是誰入？沒有人能入啊！根本沒有阿羅漢進入無餘涅槃呀！那阿羅漢生前知道無餘涅槃的境界是什麼嗎？也不知道，所以阿羅漢有證無餘涅槃嗎？這一說開了，他們就閉嘴了。但禪師們才悟了就知道：「**原來無餘涅槃裡面就是這個離見聞覺知的如來藏，啊！原來這才是涅槃。**」

所以禪師們雖然還無能力入無餘涅槃，卻已經看見無餘涅槃是怎麼回事，已經把無餘涅槃掌握在手裡了。那到底禪師們有沒有證無餘涅槃？有！又稱爲本來自性清淨涅槃；只是說禪師們如果想要眞的入無餘涅槃，他得要修到入地時；但是他也不會入無餘涅槃，一定再起受生願，依十個無盡的大願世世自度度他、直到成佛。所以說，要到這地步時才能叫作究竟的「**至勝處**」。即使是三明六通大解脫阿羅漢的境界，也還是談不上最廣義粗淺的「**至勝處**」。那諸位來到正覺要證的就是這個「**至勝處**」，每一個人都得證，只是早證晚證的差別罷了。這樣是不是覺得說：「**這正覺同修會，我眞的沒有白來一趟。」是沒錯啦！可是在正覺會中修行，我們不斷地把營養灌給你，讓你趕快成人，可以荷擔 如來家業；問題是有的人嘴巴始終不張開，咱家也拿他無可奈何，也就是說自己該配合的就要配合。

接下來說：「**我學世正見，汝亦如我學，斷世障礙事，疾得至勝處。**」如來說：「**我修學世間的正見，你們也是像我一樣的修學。**」那問題來了，什麼是世間的正見？如來十號中有一號叫作「**世間解**」，主要有兩個層面，第一是理解有情世間：地獄世間的有情是怎麼回事，鬼道有情、旁生類有情、人間有情、欲界天有情、色界天有情、無色界天的有情，都是怎麼回事？這些有情全都知道了，還要瞭解器世間：有情所生存的器世間是怎麼來的，爲何成、爲何住、爲何壞乃至空？包括十方一切的器世間，都善能理解；只要想理解，一念之間就瞭解了，不需用天眼或宿命通去看，這才叫作世間解。

所以假使有眾生來見佛，佛不必用宿命通去觀察他的過去世，而是想要知道時一念就知道，這就是十力之一——宿住隨念智力。這就是面對有情時的世間解。十方如來全都一樣，一念之間可以知道任何一個世界的任何狀況；只要祂想知道，一念就知道，這才稱之爲「**世間解**」。那麼另外就是：

爲什麼會有這些器世間的成住壞空?某一個器世間爲什麼現在是在壞劫,某一個器世間爲何現在是成劫等。任何一個有情,不論十方世界哪一個有情,只要你知道那個有情,提出來請問 佛時,如來當場可以告訴你,他的往世怎麼回事。也就是說,器世間成住壞空的原因,有情輪轉的原因全都理解了,才能叫作「**世間解**」。

那麼這「**世間解**」的證得,是從哪裡來的?是從因地修學世間正見開始的。在三大無量數劫之間不斷進修,到最後具足了知,這就是從世間的正見開始學起的結果。那我們要說,在資糧位修學六度波羅蜜時都是世間正見。在我們出來弘法之前,臺灣佛教界很少人在講六度,我覺得很奇怪。那是我還沒有證悟之前,這一世學佛五年就證悟了,其實是把往世的種子提回來;可是我在把往世的證量回復之前,曾經在悟前親近的道場幹部訓練中,就講了菩薩六度,還包括六度互攝等,我全都講了,可是我並沒學過,因爲我不曾聽誰講過菩薩六度。他們如果保存得好,那錄音帶的內容現在應該還在,對禪淨班的同修們來說,那還眞的蠻有可聽之處。

但是我要說:他們在菩薩六度的修學上,全都叫作世間正見。可是這世間正見就已經不容易學了，譬如布施，諸位來到同修會都知道布施有三種：財施、法施、無畏施。可是施的因果卻不容易了知，能如實理解施的因果，才眞正懂得布施的世間正見。至於布施的三輪體空就別提了，那是出世間法。所以三種布施會有什麼世間的果報，這是必須瞭解的，否則修布施度是修不上心的，最多只是在表相上學一學；眞要相信布施的因果，就不再貪著世間的財物了，再大的誘惑也拿他無可如何，因爲他知道布施的因果。

可是對布施的因果不瞭解的人，他們就會起貪；所以前些日子不是報導說大陸有個寺院，那法師乘坐勞斯萊斯，也是兩輛；臺灣那個妙禪也是，一次同時接受兩輛勞斯萊斯的供養。爲什麼領受兩輛勞斯萊斯的供養？都因爲心中有貪，表示他不懂布施的因果，成什麼佛？人家在他身上布施，好歹也是個布施，人家得了來世的大福德，那他未來世呢？絕對還不了！所以我說那種人叫作傻蛋。內地常常罵人家傻蛋，在臺灣是罵傻瓜、笨蛋，臺灣少人這麼罵。但那種人眞的是傻蛋，眞的傻、眞的笨，聰明人不作這種事，因爲那因果債，未來世挑不起。

但是懂布施的因果也還只是世間的正見，而持戒的因果，忍辱、精進、禪定、般若的因果，道理也是一樣的。所以有智慧的學佛人會笑一貫道，因爲一貫道的講師、前人、經理都說：「你來我們佛堂布施、來護持、來捐款，我就可以幫你地府抽丁、天堂掛號。」原來人們想要不下墮地獄，得要靠他們去買得，想要去天堂也得要靠他們賄賂。問題是他們如何從地府抽丁？他們如何幫你到天堂掛號？天堂又沒有掛號處！（大眾笑⋯⋯）說大話都不臉紅欸！然後一天到晚罵佛教，這就像臺語講的：入侵了廟裡，還把廟公趕出去，佔廟爲王。

只要好好持戒就可以來世繼續當人，根本不會下地獄，何需他們去地府抽丁？只要行十善就可以生天堂，不需要他們拿你的錢去掛號。護持他們的那些錢，不如直接拿到育幼院、老人院去，保證來世就生天堂，幹嘛要他們幫你掛號？自己掛不是更好嗎？這就是布施與持戒的因果，但也還是世間的正見。有的人不信因果，得叫作愚癡人。因爲從世間法就看得出來：同一對父母所生的兩個孩子，或者是雙胞胎，但他們長大以後發展、際遇、個性完全不同，那就顯示因果了。如果沒有前世的因果，純粹是因緣際會，同一對父母同時所生的雙胞胎，應該整整一世都同一個樣兒，結果竟然是一個很好，一個很差，這背後當然是有因果在現行。修忍辱行也是一樣的，所以忍辱、精進、禪定、般若的修學，即使沒有親證，都有它的世間因果。

講到這裡，也許有人心裡想到一個問題：「**那我修學般若很多劫以來，到現在都還沒有悟，這到底什麼因果？**」這因果就是，你每一世都會相信般若這個法，你都會努力去求證；然後有一世，你把六度都修學好了，就會遇到了義的正法，那時你就能實證了，這就是因果。假使有人不信這個因果，表示他學佛以來時間還很短，最多不過一萬世、十萬世，時間還很短，只是十信位的行者。修學般若的時程是很久遠的，不能夠說：「**我已經修學整整五十年了，都還沒有辦法實證。**」人家修學十萬世了都還沒有實證呢！你想想那些大法師們，他們會出家，也是有往世的因緣；要是說讓你出家，你可能都還想說：「**我才不要出家！**」可是他們年輕時就毅然決然出家，後面走岔了路，那是另外一回事；他們當年的出家是懷抱著理想的，但為什麼至今還不能實證？顯然他們已經學佛很多世了，才可能出家，但為什麼還不能實證？因為往世學錯了，但是畢竟還有般若的正念在，因此還是會想要證般若，這就是學般若的因果。經過一世又一世可能都被誤導，也可能曾修學到正法，學了很多世乃至很多劫以後，終於開始懂得揀擇，對於錯誤的法開始聽不下去，或者心裡開始有疑了，開始遠離表相的正法；到那個時候開始，大概十百千世後他就證悟了，這就是修學般若的因果。

那麼修學般若時，還有世間的因果；世間人見了你，在談話當中會覺得你很有智慧。「**你很有智慧**」這個印象在他心中建立了，那你跟他就很好共事：可以成爲世間法上的朋友，也可以成爲事業上的好朋友，乃至願意在無量劫之中繼續當親屬等。這也是修學般若的世間因果，這些也要能懂，才能說具足世間的正見。如果沒有這個世間正見，遲早都得退轉，幫他悟了也沒用。所以我們第二次法難時的元覽居士，他發動法難以後，有人告訴我說他是怎麼講的呢：「**老師總是叫我們要布施，要救濟眾生，要護持正法。那布施時，五十塊錢也很好用，爲什麼要布施？我可以去圓環吃一碗滷肉飯欸！**」我聽到了就說：「**啊！我都幫他證悟了，他還這麼講。**」果然就退轉了。這就表示：他在六度的世間正見上還沒有學好。

那麼世間正見很重要，這六度的世間正見學好了，才有可能進入加行位中。加行位學的就是煖、頂、忍、世第一法。談到這四加行，又聯想到密宗假藏傳佛教以假作眞，他們看見佛法中有什麼，他們同樣也就會有什麼法；密宗也講四加行，但他們說的四加行都不是佛法的內容。他們的四加行，第一個加行是要獻給上師哈達，第二個是要作歸依大禮拜，以及其他的加行；但全都不是佛法中說的四加行，都是以假作眞，仿冒佛法四加行的名義來騙學佛人。所以他們連世間正見都沒有。

他們一定不跟你教菩薩六度，談到般若時他們也不曉得怎麼談，因爲他們從來不讀正統佛教的經典，《般若經》肯定沒讀過。談到持戒時可就羞於啓齒，可是達賴喇嘛西藏宗教基金會的董事長，竟然大言不慚：「**喇嘛們都是持戒清淨的**。」他說的沒錯，你眞的不能說他講錯了，只是他說的持戒清淨定義不同。他說的持戒清淨是講喇嘛們都是依十四根本墮戒，完全受持。十四根本墮是什麼？主要就是每天都要修雙身法，每天要吃肉飲酒壯陽等，依十四根本墮的規定，所以他們都持戒清淨。這也是以假作眞的眞實事例。

換句話說他們不跟你談佛法，你要學的佛法他們都有，可是那些佛法名相所指涉的法，他們全都曲解了，都換另外一套來講。就好像人家喝光了Johnnie Walker，他們把瓶子拿了去裝進自己釀的酒賣給你。後來又乾脆自己印、自己貼，然後撒進自己的尿，說那瓶叫作 Johnnie Walker。就是這樣子。外行人一看就說：「欸！沒有錯，眞的是 Johnnie Walker。欸！你看，搖起來一樣是黃澄澄的。」（大眾笑…）對啊！但很多人都上當了，我們想法子救他們，他們還不肯被救呢！

喇嘛們如果跟你講布施，都說：「你們一定要好好供養上師，供養到上師心裡歡喜了，才會教你正法，所以上師比佛更重要。」都是這樣講的。可是供養佛菩薩時，全都叫你用觀想的。但是供養喇嘛時要用眞正的錢財，金銀珠寶不嫌多，鈔票更是越多越好，就是不能用觀想的。就這樣教布施。所以喇嘛們連世間正見都沒有，因爲他們對於布施的因果完全不懂，才敢這樣作。

那麼如來說：「我學世正見，汝亦如我學，」這世間正見是證道的基礎，如果這世間正見沒有學好，不用提什麼斷我見、斷三縛結、證阿羅漢、明心、見性的事。換句話說，在世間生存的首要就是信因果，連世俗人都會說：「不要幹惡事，即使沒人看見也別作，因爲舉頭三尺有神明。」世間人都懂這個道理，可是喇嘛們不信。因此，如來教導的「施論、戒論、生天之論」，他們都不信的；要是有誰跟他們講：「**欲爲不淨、上漏爲患、出要爲上。**」根本沒得談，他們才不和你談這些。但這些都還只是次法，而這些次法他們完全不信，表示他們還沒有世間正見。世間法上的正見完全不存在的人，而自稱他們成佛了，或者自稱人中之寶——仁波切，其誰能信？對咱們來講就是這四個字，可是外面無智的人們卻信得不得了。

我常常說：「**再怎麼邪謬的說法都會有人信。**」果然如是！你看大陸那些法師們，不是個個都是暗地裡在學密宗的法嗎？那些大師們搞雙身法平常得很哪！顯示他們都沒有世間正見。這個世間正見是很重要，因爲它是維持三界中繼續生而爲人的基本；如來吩咐說：「**我學世正見，汝亦如我學。**」就表示阿難尊者等人在這方面已經修學完成了。那麼修學完成後的果報是怎樣呢？就是：「**斷世障礙事，疾得至勝處。**」可以斷除世間種種障礙之事。修學菩薩道，必須要有福德；福德不是從這一世來看，而是要包括過去世的所修，這不是一世、二世能修得的；這福德能一世一世累積下來，正是因爲這個世間正見，努力去修學，至誠心中去信受它；福德修夠了才能把世間種種障礙的事相斷除，否則的話，想要進正覺的門都難啊！

諸位也許想：「哪有什麼困難？我每週都進正覺講堂聽經。」可是你要知道，有的人很想來正覺聽經，事情可是一大堆，每次都使他不能成行。也許你想：「我禪淨班兩年半結業了，也沒什麼困難。現在進了進階班一年，也沒什麼困難啊！」可是有的人才來一趟正覺，鬼神就找上他了，不讓他來；也有人是宮廟的住持而來正覺學法，知道這個法很勝妙，可是他家廟裡的神不放他，他也沒轍。有的人想要來正覺學佛時，冤親債主就慫恿他的家屬百般阻撓，他就無法成行。有的人因此而不堪其擾，有時候打電話來訴苦，有時剛好我同修接到了就勸他：「你還是多修福，未來世再來學。」不然也沒辦法，那鬼神亂得很厲害，讓他連店裡的生意都沒辦法作。結果他聽勸，答應鬼神不來正覺學法，生意就好了。

所以進正覺的門是不容易的，若是福德還不夠，阻礙就會很多。那諸位覺得稀鬆平常：「我每週都來聽蕭老師講經哪！」但我們還有很多同修仍在大陸，他們之中有很多人想要來臺灣親近一次都很難；所以我們要想辦法把法送回去，因為他們來臺灣真的很難。所以能進正覺學法，不是容易的事。因此，有的人身在福中不知福，我今天得要跟他們點一下。

說句比較實在的話，你們比我的子女還要幸福，他們要見我都得要三約、四約，見我都不容易，我卻是每週都送到這裡給你們見。（大眾爆笑…）所以我說你們比他們幸福！表示你們已經很多劫就修學世間法正見，這外門廣修六度菩薩道，已經修學過很多劫了，有了正知見才能接受。不然的話，上網查一下正覺，對蕭平實竟是一大堆的負面評語。可是為什麼你們會接受呢？譬如有的人是特地從內地來聽經，也眞的不容易！但為什麼你們願意這麼辛苦前來？一定有原因的，這表示世間障礙之事，你們有福德把它們排除了，如果你們福德不夠的話，一定辦不到的。那你們有這個福德作支持，把世間正見學好了，這資糧位的菩薩六度可以學好時，很快就會到達「至勝處」，一定可以親證第一義諦。

別看說：「**親證第一義諦，也才不過是五十二階位中的第七住位，還淺著呢！**」千萬別這麼想，當你實證了以後，出口不凡、出語不俗。不是那些大師們講的所謂佛法了，所有阿羅漢一聽就會驚訝地說：「**啊！你跟他們不一樣！**」阿羅漢們也只能對你恭恭敬敬的，不會對你頂嘴的；因為你有第一義諦，他們沒有；你看得見無餘涅槃中的境界，他們看不見，而你說明了他們也聽不懂，這就是「疾得至勝處」。

那你們之中也許有人想說：「**導師！您把我們講得這麼好，但我明明這一世才在您的指導下證悟的呀！**」可是我要說：「**不一定每一個人都像你這樣。**」我們之中，其實有不少人是往世就證悟過的。否則悟後一定會一念又一念的想：「**這是眞的嗎？眞的嗎？眞的嗎？**」哪能對我這麼一個相貌平庸的老男人（大眾爆笑…），竟然這樣的信受？原因是什麼？原因是往世結了很深厚的緣。你們往世曾經跟著我，難道我是個獨善其身的人嗎？所以一定是有一部分人是往世就已經悟了，也有一部分人是這一世才證悟的，但也是由於往世修學世間正見，次第來到這一世緣熟了。什麼叫作緣熟了？你正好遇到一件大事，這件大事叫作「**復興中國佛教的大業**」！這件大業正在造作，你這一遇上了，不悟就難了。

比如上一世，我在江蘇、浙江一個人生活，沒辦法出來復興佛教，在那個殺伐戰亂的年代我能幹啥？那機會就不存在了。可是我這一世想要幹這件大事，現在開始作起來時，你們的機會就來了，我這也是把握機會的時節。那麼這個「**至勝處**」，以往我說了，佛教界不當一回事，所以打壓的打壓、背地裡毀謗的毀謗；等到知道正覺這個法厲害時，後來只好去　佛前懺悔，沒有辦法作什麼。所以從打壓到後來宣稱：「**我們不理他**。」「**不理他**」就是讓我獨轟一幟，讓我一個人說了算，不就是這樣嗎？再到後來只要談到開悟就說：「**去正覺！**」這表示斷我見之後，接著證悟明心，這實證般若就是「**至勝處**」，世間無有一法可以超越。

還記得嗎？我們增上班講《瑜伽師地論》，已經講十幾年了，在那裡面講到菩薩見道時，彌勒菩薩說，除了要依未到地定之外，還要先有四加行；四加行的第四位叫作什麼？正是世第一法。也就是三界世間的第一法，所有諸法無出其右，可是你證悟之時呢？就是超過這世第一法了，那不就是「**至勝處**」嗎？所以從世間正見學起，這菩薩六度的資糧位要先好好學，當這外門廣修六度學完了，來到四加行完成後，就是證悟般若之時，這就是「**至勝處**」。

這一悟以後再讀經典就不一樣了，這時可以說：「**我現在有眼力了！**」為什麼呢？以前經典請出來，每一個字都認得，可是這些文字背後的意思都不懂。然而這一悟以後再讀時，力透紙背。像人家學書法說：「**他寫得好，**

力透紙背！」道理是一樣的。因爲字裡行間，文字背後所講的道理讀懂了。當然不是像讀《瑜伽師地論》或《成唯識論》時，悟後一請出來就能懂。因爲那裡面的法屬於無生法忍，那太深了！但一般的經典——例如第二轉法輪的經典都可以讀懂一大半了。至少《心經》和《金剛經》都可以讀懂，都能知道以前的誤會處，這就是「至勝處」。因爲世間無有一法能超越證悟的這個智慧。

接下來　如來又說：「勤行八聖道，當疾得涅槃，思量求自利，我所說如是。」理是理，行是行；也就是說，道理懂了得要付諸於實行，不能只是瞭解而不實行，不實行時都只是知識，就說他沒有轉依成功，不是眞的證悟。所以有時佛教界有智慧的人會講：「某某人是實修的，至於另一位某人只是學問僧。」你們聽過的！對啊！但釋印順爲什麼被叫作學問僧？因爲他一天到晚在經文的字面去鑽研，都是用思惟的，完全沒有付諸於實修，那就是作學問。如果他有付諸於實行，即使沒有證悟，人家都還是欽佩他，會說他眞的苦修、實修。可要是單單在經文上面去作比對、去思惟、去鑽研，人家表面上看起來是在讚歎他，表面稱讚他說：「唉呀！你眞是學問僧哪！」其實背後是說：「其實你這個人根本沒有眞實修行。」所以往年印順名氣還沒有很大之前，有很多人都說他是學問僧。

所以八聖道眞的要付諸於實行，苦諦、苦集諦、苦滅諦要努力去理解，深入其中的內涵。可是深入理解之後一定要付諸於實行，就是要好好修學八正道。所以我們禪淨班中才會教導諸位世間的八正道、出世間的八正道，道理就在此。那這八正道到底有沒有勤行，我們從一個人的行爲上可以看得出來。比如說，八正道中講到「正命」，請問出家以後開商店、開公司賺錢，是不是「正命」？確實違背了出家人的「正命」。這樣樂於世間的營利事業，就談不上「正志」了。八正道雖是很簡單的道理，結果沒有付諸於實行，然後對外都說他已經開悟了，宣稱他是阿羅漢。你們不信，但會外的人信呢！連佛法的基本道理也不懂的人，都可以自稱如來，也會有人信呀！這表示那些人都已經成就毀破聲聞戒，或是毀破菩薩戒的重戒了，那他們未來世想要證得涅槃就不可能了。

所以　如來說：「勤行八聖道，當疾得涅槃，」這八正道眞的要付諸於實行。如果所說、所行都與八正道相違背，表示他的知見是錯誤的，知見錯誤就是沒有正見。八正道的第一步就是正見，連正見都沒有的人，怎麼可能行好八正道？所以八正聖道他們其一皆無，八正之道具無其分。像這樣的人宣稱開悟、宣稱證得阿羅漢果了，竟然也有人相信，表示大眾的正知見還沒有建立。所以八聖道得要勤行，未來才能「**疾得涅槃**」。

那他們沒有勤行八聖道，能不能證涅槃？可以啊！未來可能幾百萬阿僧祇劫以後也能得，那叫作「**當遲得涅槃**」。因為每一個人遲早都會成佛，除非是聲聞種姓。不管他現在造了多麼大的惡業，即使毀謗 如來、破壞佛教正法、違背法毗奈耶，死後下墮三惡道；但是有情都有無量的未來世，總有一世他們會懺悔滅除罪業，然後如實修行，那麼在懺悔滅罪後，再經歷三大阿僧祇劫就成佛了。所以還是能得涅槃，只是遲得。但若是懺悔後，罪業沒有滅盡，仍有業障，即使再經歷阿僧祇劫，供養過九十九億佛以後，也還是不得順忍，就別說是證初果或明心了。

那麼 如來吩咐說：「**思量求自利，我所說如是。**」因為是勸阿難尊者等人。可是你們不要想說：「**那只是勸阿難尊者等人，和我們無關。**」焉知當年你們不在現場？應當這樣想，否則就好像世間法說的：「**把自己這個官作小了。」你要把自己這菩薩作大一點，就是說自己既然當了菩薩，就要想：「我要當菩薩摩訶薩，我不要當小菩薩。」應當這樣想，然後你才可能「當疾得涅槃」。至少進入同修會後努力用功，將來證得本來自性清淨涅槃，這就是「疾得涅槃」。

那麼「思量求自利」，其實就是告訴所有的後世佛弟子們，大家都要好好思量：「怎麼樣才是對自己最有利的法門，然後好好去努力實行。」如來特地吩咐說：「我所說的道理就是這樣子。」換句話說，就是要大家好好去思量：怎麼樣可以趕快實證。不管願發得多大，如果沒有實證，畢竟能夠作的很有限；若是實證了，就可以作得更多，而且也是對眾生最有利。今天講到這裡。

《佛藏經》今天應該會講完吧！因爲今天是一百九十五講了，如果今天圓滿了，將來整理成書時就正好二十一冊。這麼多冊，眞是意料之外，所以《佛藏經》還是眞的叫作《佛藏經》，眞有它的本質，才會講解到一百九十幾講。可是後面這裡「無陰生陰想，無我生我想」等，看到這裡我又想：看今天能不能講得完？假使講不完，下週還得再接著講解時，就每一冊都把它增加一點也好。

上週講到「思量求自利，我所說如是」，今天要從下一行開始講：「是劫過去後，六十劫無佛，尚無佛音聲，況有得道者。」這是說這個賢劫過了以後，六十五劫之中都不會再有佛出世。偈文中說是六十劫，那是爲了字數的方便，其實是六十五劫。大家也許又想，經中不是說過去莊嚴劫有千佛出世嗎？那未來星宿劫也會有千佛出世，賢劫之後不就是星宿劫嗎？

其實不然，因爲莊嚴劫也不是在賢劫之前而緊接著賢劫的，是有很長久距離的；那未來的星宿劫也不是賢劫之後緊接著就是星宿劫。宇宙中沒有那麼好的事，連著三劫都是千佛；諸佛如來都常這麼說：「如來出世猶如優曇鉢華，時時乃出。」佛出現世間並不是常常有的，應該說「時乃一出」，所以一劫之中前後相續千佛的機會是很難得的。那麼爲什麼說這個賢劫過去之後要六十五劫才會再有佛出世呢？我們請大家來看補充資料，這是《大寶積經》卷六十三〈龍女授記品第六〉：

「彼於無量那由劫，當得供養一切佛，後於未來星宿劫，諸根寂靜當作佛。」〈龍女授記品〉說那些龍女們，未來要經過「無量那由劫」之中供養一切佛，然後在未來的星宿劫，才是「諸根寂靜」成佛時。星宿劫與賢劫的差距是無量那由他劫，所以不要期待說：「賢劫過後還有星宿劫，緊接著有一千佛讓我追隨。」沒那麼好的。假使有那麼好的事，搞不好有人就看輕了賢劫千佛說：「反正下一劫還有一千佛，我急什麼？」

但是接著《大寶積經》卷七十二〈遮羅迦波利婆羅闍迦外道品第二十四〉又這麼說：「彼於當來多億佛，皆悉供養求菩提。於其未來星宿劫，皆得作佛同一號。」這裡沒有說星宿劫是賢劫之後多久，所以星宿劫不是離我們賢劫很近，而是很遠的未來。那我們再來看《賢劫經》卷八〈歎古品第二十三〉說：

「其王千子，是賢劫中過千佛已，六十五劫當斷無佛。然後有劫號大名稱，皆同斯劫成最正覺。」這裡說的是：「然後有劫號大名稱，他們才在大名稱這個劫之中一起成就最正覺。」這是某個國王的千子被如來所授記的情況，這段經文中說「六十五劫當斷無佛」。六十五劫後接著只說「然後」，這個「然後」到底是多久，佛並沒有講是多久。例如我告訴你們說：「你如果把這些條件完成時就入地了，然後你將會成佛。」這個「然後」到底是多久呢？是兩大阿僧祇劫，不是入地後就立即成佛。記住這一點，千萬不要依文解義而誤會了。

那我們再看《賢劫經》卷八〈囑累品第二十四〉這麼說：「爾時世尊告賢者阿難：『受斯本法古今諸佛之所由生也，人命難得，經道難值，佛世難遇，所以知難。千佛過已六十五劫世無有佛，中間曠絕。過大稱劫八十劫中亦復無佛，過星宿劫經三百劫，玄斷法教佛不復興，至淨光劫乃當有佛。』」想想看，也就是說 世尊開示給阿難：「得到這個法之後，這是古今諸佛之所由生，」古今諸佛都是由這個法來出生的，如果沒有證悟這個法，就不可能會有佛出生；這個法當然就是「無名相法」，就是「無分別法」，就是第八識如來藏，「諸佛之所由生」都是因爲這個法；然後告訴大家人命難得，說有很多難，眞的人命難得。

想想看《佛藏經》前面講的那些往昔破戒的比丘們，爲什麼到現在都還不能悟入？已經供養過九十九億佛了，那是經過了多少劫？那可不是幾億劫，而是經過阿僧祇劫了，到現在連順忍都得不到，就別說實證了，他們至今連初果都得不到。所以在這輪轉的過程中，那些比丘都是經過三惡道一一輪轉過來的，所以眞的「人命難得」。可別說：「我走出門就撞到人了，所以人很普通啊！」可是從十法界來看一切人，其實不簡單的；因爲人在三界中住於樞紐的位置，從一切有情法界來看時，人類其實是極少數。

你想想看，生爲一個人，當然從世間法上看起來說當人好辛苦啊！人就是苦，所以要求解脫；可是你看三惡道之所以會有眾生，是因爲往昔在人間造惡所以下墮。若是住在地獄道、餓鬼道中，要怎麼造惡？造不了的。那鬼神道的眾生，他們也是需要人類給的供養；人類要是不供養，他們求生都很困難。即使像最普遍的鬼神例如土地公，不也是要人類供養嗎？爲了人類以香以及淨水供養他們，或者求人類供養他們三牲乃至五牲，得要付出多大代價滿足人類的所求？所以人類才偉大。

你去求神保佑你賺大錢，不過給他一點小小的供品，他要幫你賺很多錢，那他累不累？眞的累啊！求神許願如果成功以後，求願的人得還願，還願時往往是全豬一隻，或者五牲等。有人發大願說：「你如果幫我賺很多錢，我就幫你蓋廟。」假使那一間廟花臺幣一億元，他一定想說：「假使給我賺五十億、一百億元，我給你蓋一間廟。」代價相差很大。有時人家玩六合彩一類的，找鬼神說：「**如果你保佑我中獎，我就幫你蓋廟。**」但他沒有說是蓋什麼樣的廟。而鬼神說：「**他也沒指定我幫他中什麼樣的獎。**」於是鬼神給他中個獎：臺幣五萬塊錢。那他就去買個玩具廟供上去，或是一些磚頭蓋個不到一公尺的小廟。一定不會把五萬塊錢全部拿去蓋廟。那麼鬼神容易當嗎？眞的也不容易啊！鬼神如果要有好日子，眞的得要靠人類。

那麼天界之所由來，不也是在人類持戒修十善嗎？那麼生色界天、無色界天，不也是在人間修學禪定而上生的嗎？所以人間是個樞紐。因此說，有人若覺得當人好像也沒什麼，可是有很多有情都很希望當人，因爲當人才有各種的可能。就好像小孩子玩什麼大富翁，其中有一張牌是「**機會**」，那一張「**機會**」抽出來時大好大壞都不一定，所以生在人間若是大壞，就是下三惡道；若是大好就證悟明心，多棒！中等的就是來世再生而爲人或生天。所以說人命難得，並不容易，那因此要寶愛這個人身，千萬不要下墮。

接著說「**經道難值**」。也許有人說經典現在好多，幾萬塊錢去請一部《大藏經》來都沒問題的。但這要從兩個層面來講：第一個層面說，還有很多人請不到《大藏經》。能請到《大藏經》的人有多少？太少太少了，否則那些印刷廠不早就發了？再說，請到《大藏經》的人把經典請出來一讀，字字都認得，道理卻不明白。所以 世尊說「經道難值」是實話，經中的法道要怎樣如實獲得，這眞是世間困難的事情。

再來是「佛世難遇」。古時有許多修行人以天眼通看過時，就知道什麼時候 佛會來到人間示現；他不想捨壽，就以他的神通力和定力入定去了，專要等 釋迦如來降世。可是有一天他出定來到世間問說：「如來現在在哪裡？」人家說：「如來已經過去一千多年了。」他又遇不到了。也眞的是佛世難遇。想要親值 如來並不是容易的事情。你們看，這就有三難了，由這三難就知道爲什麼值遇諸佛很難。有佛出現在世間還得要有人命，沒有人身時，佛出現在世間就與他無關；縱使佛出現世間而他也得人身，可是他跟佛不在同一個地方，那也沒輒。就算與 佛同在一處，就像《佛藏經》講的那些惡比丘們一樣，結果 佛說了很多法，他們是受報完了生來人間聽聞而親承 釋迦如來，結果連順忍都得不到。因此就得知道：值佛而能實證，也眞的是難。所以你們不要以爲說：「我進了正覺以後，不過努力修學三、五年就開悟了，這有什麼難？」那是你們遇到了我，所以不難，否則我還是會告訴你：還眞難！

因此，這三難大家都要很理解，如來特地作個結論給我們：「所以知難。」然後就解釋爲什麼要說「所以知難」，是因賢劫千佛過了以後整整六十五劫中沒有佛出現，所以叫作「中間曠絕」；然後要經過「大稱劫」，大稱劫是《賢劫經》講的「其王千子」在大稱劫中一起成佛，也就是相繼成佛。那你看我們賢劫之後六十五劫無佛，承侍諸佛如來功德福德無量無邊，得要好好把握。假使沒有機會可以實證，也不用急著去極樂世界，因爲去那邊(縱使你悟了去那邊)，只要住上一天，賢劫的千佛都過完了。因爲極樂世界的一天等於娑婆世界的一個大劫，如果現在往生過去，一個不巧正在極樂世界的夜裡，怎麼辦呢？所以眞的要好好思量思量。過完這個賢劫後的六十五劫中，都沒有佛出現世間，想到我們接下來有九百九十六尊佛，都能値遇奉侍供養，眞的很棒；若是往生去極樂世界住上一天，這福德與功德的增長就消失了，多可惜！

也許有人想：「**那我生到極樂世界去，每天早上用衣襟盛著好多天華，到十方世界去供養諸佛，這樣修福也不差。**」可問題是那些花是怎麼來的？

是誰給你的？是你自己種的嗎？你買來的嗎？那都是 阿彌陀佛給的，要想到這個問題。半天之中供養了十方世界諸佛，那是半天的事，其中還有細節咱們就不談，談到這裡就好。所以這個賢劫千佛要好好把握，別輕易放棄。對我來說，我認爲放棄了就是不智，若是聰明人，就是要留在這裡，末法最艱苦時也不過再九千年；屆時眞無法再多延續一千年的話，咱們就往生去彌勒內院。就這樣子繼續成佛的道業，才眞是聰明人。可是就像古人講的：「鐘鼎山林，人各有志，不可強也。」有的人眞想要去極樂世界，我們也不阻攔，但是我要把聰明人的想法告訴諸位。

那麼這大稱劫過後「八十劫中亦復無佛」，整整八十劫連一尊佛都沒有，終於才到了星宿劫。星宿劫一千佛成佛後，再過後又三百劫都沒有佛出現，再要到淨光劫才又有佛。那你想，值遇 如來是多麼困難，所以不是那麼容易的事。那麼這個賢劫過後六十五劫之中無佛，想要聽到「佛」字的聲音都聽不到；我們在這個末法之世啊，假使沒遇到正覺、沒有遇到蕭平實，至少也聽外道說他成「佛」了，也能聽到「佛」的聲音；可是這賢劫過後連「佛」的聲音都聽不到。

也許有人想說：「哼！那這樣賢劫之後如此，可是賢劫之前應該也不差吧？」不！《阿含經》告訴我們說賢劫之前九十一劫有佛出現於世間，名爲毗婆尸如來；毗婆尸如來過後六十劫中無佛，到三十一劫之前才又有二佛出現在人間，佛號叫作尸棄如來、毘舍婆如來。那你們看，九十一劫中才只有三尊佛，接著才是賢劫千佛的一二三四佛，就是 拘樓孫佛、拘那含佛、迦葉佛以及 釋迦牟尼佛，所以賢劫之前九十一劫中才只有三尊佛，賢劫之後六十五劫也都沒有佛出現，就賢劫這個時候有千佛陸續示現，正是最好的。而過去莊嚴劫之後不是緊接著賢劫，未來星宿劫也不是緊接著賢劫之後，因此這個賢劫有一千佛出現世間，咱們得好好把握才是。

回到經文來，連「佛」的聲音都聽不到，這表示未來六十五劫之中世間不可能有人得道，不管這個得道是得聲聞道、緣覺道或佛菩提道，都一樣，連「佛」的音聲都沒有，就不會有二乘菩提了，二乘菩提就很容易中斷的。在西元五世紀時二乘菩提已經不存在人間，除了現代的正覺以外，都是空有經典而沒有人實證了。十幾年前臺灣流行南洋佛法，那時臺灣的大乘法開始不流行了，因爲大家發覺只有正覺的法才對，所有大師們證的大乘法都錯了，乾脆往南去追逐，所以就有一些所謂的南洋阿羅漢弘化的記載，被翻成中文書籍而流傳到臺灣來。可是今天你們把它檢查一下，那些所謂的阿羅漢，有哪一個人眞是阿羅漢？全都是凡夫，都還落在識陰的境界中。所以我說千餘年來的南傳佛教，他們都用五世紀時覺音論師寫的《清淨道論》在修行，這注定了沒有辦法斷我見。因爲覺音論師自己書中講的，連斷我見的內涵都說不出個所以然來；他自己都只是一個凡夫，後人用他凡夫的著作修學時哪能證果？所以二乘菩提其實早就中斷了，是我們再把它復興起來的。

因此如果連「佛」的音聲都聽不到時，佛菩提道一定都不見了，二乘道就更別提了。所以 如來說：「**況有得道者。**」連一個得道的人都沒有，這之後再整整六十五劫無佛，表示到那時的眾生都是沒有福德的人。所以 如來就說了：「**時世諸人民，飢餓所逼切，無有孝慈心，食母食兒肉。**」眞是恐怖啊！在那六十五劫之中的人民很飢餓，因爲五穀不生，少數能出生的糧食一定都被有勢力的人霸佔，一般民眾都是被飢餓所逼切，到那時就沒有所謂的孝心或慈心了。

世間人所說的父慈子孝，是因爲物資充裕，廣有錢財，所以老爸捨不得兒子過窮苦生活，一下子給他這個，一下子又給他那個；房屋一戶不夠，再給他第二戶，讓他去收租金。那老爸如果想說：「我們老倆口都有年紀了，不想開伙，吃兒子去。」於是打算輪流住在三個兒子家，這個月住老大家，剛開始，老大的媳婦不太情願，想到還要多煮老倆口的菜餚，多麻煩！但是老倆口一個月到了，打電話通知這老二來接，左等右等就是等不到，終於姍姍來遲已經很晚了，都快午夜了。這二兒子來到大哥家要接老爸時，卻看到老爸把支票簿拿起來，塡上「新臺幣伍拾萬元」給了大兒子：「兒子啊！謝謝你！你這一個月招呼得很周到啊！」這二兒子眼睛就亮了，於是二媳婦整整一個月奉侍得非常好；到了一個月的最後一天，那三兒子一大早就來了，於是父慈子孝。

所以物資充裕時怎麼樣都行，可是如果長日裡「飢餓所逼切」，這父親每一次都只給兒子一點點食物，而他自己也是吃很少，每天這樣過日子，過上一個月以後兒子開始搶他的食物了，哪來的父慈子孝？這時沒有孝心也沒有慈心了。假使日子再更難過，接著就是「食母食兒肉」，母親年紀老大了總是比較沒力氣，兒子長大有力氣，就食母肉；如果孩子還小，食物都沒了能怎麼辦？心裡就想：「將來如果有食物，孩子再生就有了。」就把兒子殺來吃了。你別說哪有人這麼狠，竟然吃孩子的肉？就是有啊！在中國的古書記載中，就說過「易子而食」的事了；對自己的兒子下不了手，就跟別人換孩子下手殺來吃，就是這樣的狀態。那你們說，在這種時節若還繼續住在人間，那不是傻瓜嗎？所以那時不要繼續住在人間，一定要到兜率內院去。

由於那時食物太珍貴了，所以說：「時諸家生子，常護恐他食；」如來作個結論說：「誰聞是惡事，復起生死業。」總之 如來老人家就是疼惜我們這些孩子們，勸告孩子們說：「到那個時候，你們不要住在人間了，都應當到諸佛淨土，或者是色究竟天，不然就是兜率天的彌勒內院，不要繼續住在人間。」可是那時不想再住人間的話，得要有一些福德或者有一些證量；假使沒有福德也沒有證量，生不了兜率天的。如果有福德可以生兜率天而沒有降伏欲貪，才到了兜率天，去問人家彌勒內院在哪裡？人家指點了處所以後，要過去時沒想到半路上被攔截了。被什麼攔截？被五欲攔截了，被誘惑了就在外院享樂而忘了道業。因此得要有證量，才能不被誘惑；才一享受第一個誘惑，就會有第二個，再也走不開了，心裡就想：「我先玩一天再進去吧。」一天玩完到了第二天時又想：「我再玩一天吧！」就這樣一天一天把一生都過完了，又下來苦難的人間了。

所以窮苦時不要在人間，因此在那個「食母食兒肉」時，有資財的人家當然會有不同的作爲：「時諸家生子，常護恐他食；」日子過得去的人家對孩子都是要守護得很好，不然一出門就被人家拉去吃了。末法最後時世，就有這樣的惡事，若眞的無法再弘法時，千萬不要繼續待在人間，待在人間就是愚人，所以 如來才說：「誰聞是惡事，復起生死業。」世尊勸大家不要造生死業，那什麼叫作生死業？凡是造作了會繼續輪迴生死的業，不論是福業或罪業，全都是生死業。那麼造作什麼業會在人間輪迴生死？不論是行善或造惡而廣貪眷屬、廣貪名聞、廣貪錢財、廣貪這個世間的權位，都是生死業。因爲一定要繼續受生才可能取得這些外我所，若是貪愛這些，死後就一定會去投胎，不可能往生天界去，所以生死業都不要去造。

可是造生死業都有它背後的原因，那些業都只是表象。那些業行被造作出來的背後是有心在運作的，就是因爲心出問題了。心出問題的原因，如來開示說：「諸苦癡爲本，五陰貪爲本，若不樂五欲，當斷諸貪著。」之所以有八苦、有三苦，都是因爲沒智慧；這些苦還只是歸類而說的，是歸類起來說人有八苦，其實八苦也可以總合爲一苦，就是最後的五陰熾盛苦，也是個歸類。所以說人有八苦時，把這八苦另外歸類成三個，就說是三苦，但這些苦之所以生成，全都是因爲愚癡。愚癡又名無明，就是沒智慧。智慧有世間法上的智慧，也有出世間法中的智慧，如果有智慧，離開了愚癡，就可以離開諸苦。所以如何把無明斷除？是個很重要的命題。

學佛人最重要的就是智慧，也許有人想：「**那二乘法跟智慧無關吧？**」不！二乘法也是智慧，只是那個智慧的層次比較低。所以有智慧的人，第一個層次就是聲聞乘的聖者，第二個層次是緣覺乘的聖者，最高的層次就是佛菩提道中的聖者。所以智慧有層次，隨著斷癡的差別才會有三乘聖人的差別。《金剛經》也講過：「**都是因爲無爲法上的不同，賢聖才會有所差別。**」（編案：「一切賢聖皆以無爲法而有差別。」）所以都因無爲法的智慧層次不相同，才會分爲三乘菩提。但愚癡的有情就會受生在三界中，可是受生在三界中時並不一定具足五陰；如果你證得四空定，來世生到無色界去，就只有受想行識，不會具足五陰的，因爲你沒有色陰，十八界只剩下三界：意根、法塵、意識。

所以具足五陰，通常都是講欲界的有情，可是這五陰的由來是以貪作為根本，貪於欲界中的五欲所以才會具足人間的五陰。五陰最具足的就是人間，到了色界天就沒有這麼具足，因為他開始變微細了，也就不很具足；所以人間是最具足一切法的，若是想要成就一切種智，還是在人間悟了以後來觀行最好。假使你到無色界去，沒法給你觀行了，因為你只剩下意根、意識、定境法塵，那你還能觀行什麼？生到色界天時就已經少了六界，十八界只剩下十二界，相應的諸法能夠讓你觀行一定是比人間更少，所以人間具足諸法。

但在人間也是貪最具足的地方，所以如果廣有錢財而每天去布施，大約沒什麼人會拒絕你的布施，因為在人間大部分人都貪。比如有某一家公司廣告說，他們某一天會有特別的折扣，或者會有某些特賣品，於是有好多人三天前就去排隊了，願意在那邊露宿街頭。乞丐是不得不露宿街頭，他們卻是因為貪而那樣露宿街頭。又譬如有時說要舉辦個週年慶活動，有什麼慈善單位要贈送某種用品，就有人為那些物品而大老遠前往，這就是因為貪。所以有時人們排隊只是為了一個小便宜，但一個不順眼就可以打架而進了醫院去，那醫藥費是那物品的好幾倍，這不就是貪引生了瞋嗎？所以說五陰貪爲本。

爲什麼貪會扯上五陰？因爲五陰就是由於在人間五欲上的貪著，導致必須在人間繼續受生，所以人間五陰的具足就是因爲貪。而所有貪裡面最重要的貪，就是男女欲。否則你應該生在人間時就是一個中性的人，就像色界天非男非女一樣。可是每一個人生在人間時，若不是男人就是女人，因此會被區分爲男性、女性，報戶籍時要先確定這一點。如果報戶籍時無法確定性別，大約都會先駁回，那就麻煩了，會被要求先去醫院檢查，然後開個證明來。所以人類都是有男女相的，因此說五陰以貪爲本。

如果貪到非常的強烈，其實是因爲邪教導才會導致此，例如喇嘛教假藏傳佛教的邪教導，那其實是源於印度教中一個支派，叫作性力派的教義，也不是所有印度教都崇拜所謂的生命之神。他們所謂的生命之神，並不一定就是指這男女性的事；所以性力派只是一個支派，但這個支派日漸發揚光大，現在已經是印度教中最重要的派別之一了，所以現代印度的女性常常會被陌生人強姦致死。五陰最具足的是整個人間，但是強烈的惡行就會因此而造成，比如印度女性出門時要很小心，晚上千萬別出門。即使是白天搭公車，上車前得先要看一下車上有沒有很多女性；如果只有自己一個人上去，成為車上唯一的女性，就可能會被車上的男人一起輪姦，連命都沒了。

這種事情在印度幾乎每年都會被報導出來，其實是經由邪教導而產生那樣的重大惡行。密宗喇嘛教的信徒也是一樣，可以說是源於往世不斷的邪教導，在這一世又遇到邪教導時就會接受，因為他們還會覺得是在幫助人家成佛。那印度教這個惡習邪見如今還存在，而喇嘛教是到世界各國把它發揚光大，全都落入我所中。如來就說：「**若不樂五欲，當斷諸貪著。**」想要解脫就是要先斷除五欲，求財色名食睡等，都得要設法遠離，在人間需要這五個部分，只要可以滿足就好，不要額外再去貪求；額外追求就是貪，就會追逐更大的五欲。

比如吃肉的人，剛開始就只是有一塊肉、一碗飯，他就可以過一頓飯了。後來開始講究肉要怎麼切、怎麼煮、怎麼炒、怎麼燉，弄到後來才會成為一盤菜要幾十兩銀子。古時的石崇就是這麼吃的，所以他吃的飯得要金包銀，有時吃雀舌。金包銀懂不懂？不懂？飯不是白的嗎？飯煮好了以後先用蛋黃和一和，然後再下鍋炒，這一顆一顆的飯粒咬開時裡面都是白的，外面則是黃的，這樣懂了？這就是金包銀。還有花了很多錢叫人家去網羅好多麻雀，但他只取麻雀的舌頭炒成一盤菜；麻雀舌頭很細，想要夠他炒成一盤，那要多少隻麻雀的命？你說那一盤菜不需要好幾兩銀子嗎？當然要啊！而這就是食的貪，貪到極致就會搞花樣。

所以你對五欲不去貪著，維持著基本生活上所需要的型態就好，不需要特別去貪著。如果能這樣修習，貪著心越來越少，最後你就脫離欲界了。脫離欲界時五陰就不會像人間這樣具足，因爲到了色界時，鼻根、舌根不需要用，所以沒有這二根的勝義根，不需要鼻根鼻識來嗅食物的味道，也不需要舌根舌識來嚐味道，因爲色界天人不吃食物，就少了香塵與味塵，所以就少了六界，五陰就沒有具足了，這就是一種解脫——解脫於欲界。如果想要對五陰的執著加以斷除，第一步要作的就是除掉五欲；吃飯時無妨配著菜吃，好吃一樣吃，不好吃也一樣吃，但不必特地去要求要怎麼吃，更不必特地講究，可以吃得飽、不傷身，有營養維持這個道器可以修道就夠了。

所以不論哪裡開了一家新的素菜館，聽人家說有多好吃，都跟我無關；

什麼地方新建成一家影城，播放的影片多棒，影音品質有多麼好，也跟我無關。現在新聞報導說勞斯萊斯有特惠，每一輛優惠一百萬元，也都跟我無關。就隨著自己有什麼樣的能力過什麼樣的生活就好，不必因爲我現在有幾百億元，我就一次買十輛勞斯萊斯炫耀，也不用。這就是說，不用去貪著；應該怎麼樣去生活，你就怎麼樣生活。

反過來說，貪名也會出問題；假使他現在身價百億元臺幣，可是他很刻苦節儉去買一輛裕隆的車子來開，連司機都不請；他是想要博得勤儉的好名聲，但人家看了會說他怎麼樣呢？中南部有一句笑話，專說那些守財奴：「**有錢人！乞丐性命。**」（臺語）。有沒有聽過？你們內地人聽不懂，意思是說：他是有錢的人，但他的命就像乞丐一樣。因爲他過的幾乎是乞丐的生活。有一百億元財產，買一輛車時卻是還不到一百萬元的車子，司機也捨不得聘請；死後留給孩子們去大肆享樂，他自己未來世就去當窮光蛋，因爲這種人是不會布施的，就是守財奴。佛法中就說這種人心貪，貪財富而看不開。

如來進一步說明：「**受福果報時，深生貪著心，貪著因緣故，起惡墮惡道。**」有錢人花錢跟一般人不一樣，一般人都會在柴米油鹽等七件事上留意，但他聽到美國有辦選美大會，買了很多張機票闔家去看，這錢捨得；但是勸請他布施時卻是一毛不拔。你們別說世間沒這種人，我遇見過的。當年臺灣還有選美時，大約是一九八四年吧？一張門票兩萬元臺幣，那時公務員一個月才幾千塊錢；選美的門票一張兩萬元，一次買兩、三張，但我勸請他布施時，他說：「好！你改天來，我一次給你。」到時間去時，他從口袋中掏出臺幣壹仟元來，意思是「別再找我布施了」，就有這樣的人。我就說，這種人是領受往世修得的福報，這是他的果報，我們不嫉妒，但心裡就想：這種人「深生貪著心」。作好事時很捨不得，享受時怎麼花都行。

為什麼享受時他捨得花錢？因為他是在享受，由於「我所」的作祟，使他這方面很捨得花，若是要花在別人身上就很捨不得，世尊就授記說：「貪著因緣故，起惡墮惡道。」也許有人會說：「他又沒幹什麼惡事？怎會墮惡道？」你怎麼知道他沒幹惡事？若是沒幹過惡事，今天錢財能如此一直累積下來？正經的商人，猶如古話說「逐什一之利」，進貨十塊錢，我賣十一塊錢。但這樣一生能賺多少錢？通常很有限的。但他本來也是無產階級，突然變成一個大富長者，那不是作了某一些惡事而造成的嗎？這事實咱們就不舉例，講起來難聽，也會得罪世俗人，犯不著。只是大家習以爲常，不覺得某某人是在造惡而已，因爲沒有想到那一層。

假使我今天作了某一種事業，不必幾年就成爲巨富了，可是背後就像人家在講那個大將軍一樣——一將功成萬骨枯！那大富之人成功的背後是犧牲了多少人？那我們不方便舉例，諸位想想看就知道，這就是「**起惡**」。雖然他在名義上可以辯解說：「**伯仁又不是我殺的。**」但伯仁正是因爲他而死的，這也是「**起惡**」，只是那個造惡的形式與過程，法律上不能直接歸罪於他而已。那麼政治上也有許多事情同樣是如此，這樣造惡的結果，未來世就是墮落惡道；因爲他的行爲荼毒了很多眾生，這就是生死業；因爲他要墮落惡道一世又一世，有非常多的不可愛生死等著他繼續去領受。

接著說：「**無漏法空寂，世間無牢固，若知如是者，汝等應疾行。**」惡事講完了，未來世繼續留到人間會產生的惡果報也說過了，就告訴大家：這一條明路是大家應該要走的，就是「**無漏法**」。「**無漏法**」是「**空寂**」的，「**無漏法**」從來不在三界有上面講，一切有只會使人墮落生死，而「**無漏法**」是空，也是寂靜的。二乘菩提的「**無漏法**」是讓大家把蘊處界觀空，不是密宗喇嘛教講的那個觀空，他們是想像的，他們所謂的觀空其實落在有中。聲聞法中的觀察，是把蘊處界諸法實際上加以觀行而證實其無常故空、無常故苦、苦故無我，無我所以就解脫了，這才是「無漏法」。至於大乘法，除了這部分還要再加上現觀「無名相法」如來藏眞實如如，永不可壞而且能出生萬法——所有蘊處界悉皆從如來藏中生；而如來藏本身也是空，所以具足三乘菩提空法。又是絕對的寂靜，祂的境界中連一法也無，這才是眞的「無漏法」。「無漏法」是空、是寂滅的，這才是眞實法。

但三界世間不牢靠、不堅固。道家說煉精化氣、煉氣化神、煉神還虛，他們要煉到三花聚頂而可以出竅，可是出竅之後還是在人間的境界中。如果想要繼續在人間而不被色身所繫縛，那也容易，只要幹點善事、不造惡業，死後去當有福鬼就夠了。而他們三花聚頂之後能夠出竅，出竅時也是有個色身，卻是入定後才偶爾現行，不是一直都存在著，那有福鬼的色身一直存在著，豈不是比他好一點？所以那也不牢固。聰明人只要持五戒、行十善，死後生欲界天，比他的三花聚頂、元神出竅更棒！所以愚癡人才去學那個。若是到色界、無色界，所遠離的繫縛就更多了，但依舊是生死中事，始終不離輪迴。所以懂這個道理的人，應該要歸向「無漏法」，應該努力快速地精進修行。

可是想要努力精進修行就眞的能精進修行嗎？萬一走岔了路，問題更嚴重。特別是走岔路時若不精進，反而是好事，精進就更糟，所以如來接著說：「**無心生心想，而自大驚畏：『我爲作不作？是事爲云何？』**」明明世間沒有所謂的心，因爲世間人所謂的心都是這個覺知心、作主心，而這覺知心、作主心都是生滅法，不得久住，怎麼會是眞實的心？所以這心是暫時而有，不是永恆，不是常住的。也許有人想說：「**怎麼沒有？上帝的心就是眞實的。**」可問題是：上帝的層次在哪裡？據《聖經》自己講的，供養上帝時要用什麼供養？要帶血的生肉，還不能煮熟。既是要帶血的生肉，那他的境界有沒有到達忉利天？有沒有到達四王天？都沒有！那他的心到底是什麼樣的心？不過是人間鬼神的心而已，可是外道眾生當作是眞實有。

眾生都對自己的心起執著，其實這覺知心不是眞實法，所以不能說有眞實的心，所以 世尊說是「**無心**」。「**無心**」而生起「**心想**」，然後自己產生了大驚畏，每天都在那邊尋思：「**我對這件事到底要作、還是不作？**」也在那邊思惟猜想：「這件事情到底是怎麼樣，我得要弄清楚才能作。」都是在這覺知心上面用心。也許有人想：「可是我明心了，已經證得如來藏了，如來藏這個心眞實有啊！」但你有沒有問你的如來藏「有沒有心」？祂不會跟你回應有沒有心，因爲祂不知道有沒有心。對你來講，祂是心，對祂來講，祂不認爲祂自己是心。祂從來不認知自己是心，所以祂所住的境界也是「無心」。

那麼還沒有證悟的人聽不懂或者讀不懂，就說：「明明經上有說如來藏這個心，你怎麼說是『無心』？」可是等他證悟了以後，他反而會說：「原來還眞『無心』。」因爲如果你依如來藏境界來住時，哪有心可得？也是「無心」啊！可是還沒有證悟的人一天到晚講：「有個心，有個心，我要找到那個心才行啊！」找來找去卻都是覺知心。然後他就想：「既然是證悟了，我證悟的心應該跟一般的心不同。」後來就想：「那我知道了，應該就是一念不生而不要去分別時的心。」所以他想像實證的人應該要像他那樣，說只要保持一念不生時就是眞實心。可是他不知道眞實心是不起心想、不起我想、不起法想的，哪兒有心？所以這些人都是「無心生心想」，然後一天到晚在那邊驚訝恐怖等。很多學佛人不就是這樣嗎？好多人都是這樣：驚畏遠多於努力修行。

除非是進入佛門以後都在混日子，每天嘻嘻哈哈過日子而不在修行的人，就沒這個問題。所以佛門中只要努力在修行的人，不是每天都在生起驚畏之心嗎？有的人剛開始很歡喜：「這一回師父終於印證我開悟了！」可是後來看到經典講的內容還是讀不懂，後來又看到戒法中說大妄語業是什麼樣的果報，心裡又想：「我這樣究竟對不對？」一天到晚都在疑心，心裡總是驚畏著。

哪一天遇到某一個師兄弟、師兄姊來，就說：「你看我們這個法多麼勝妙，結果竟然被正覺蕭平實說我們不對，說這個法錯了，豈有此理！我們要不要也找他的毛病來破斥他？」十幾年來臺灣佛教界正是這樣，這時就得思量：「我爲作不作？」思索著自己到底要不要作這件事。也許哪一天這師父告訴他說：「來勸導大家，你都看到我們某某山眞的可以幫人開悟，那你上來演講來鼓勵大家。」但他心裡還是要想：「我爲作不作？」到底要不要上去講？我要不要推辭？他總要弄清楚：「師父叫我上去這樣講，然而這法的本質是怎麼樣？我聽了師父命令上去講以後，到底是在幫助師父還是在陷害他？還是在幫助師父陷害法師們？」他得要先想清楚，要去琢磨，他得弄清楚這件事情的本質是怎麼樣。只有愚癡人才會師父一呼喊，他馬上就上去亂講一通，那是連世間智慧都沒有的愚人。所以還沒有證悟時，這種事情是很平常的。

如果老老實實持名唸佛一心求生極樂世界，他就沒這個事了，根本不會「大驚畏」。可是他又會有另一方面的事，當人家說淨土持名唸佛不究竟，說這個層次不高，說「你應該要改爲無相念佛了」，他心裡又懷疑起來了：「這件事情到底怎麼樣，到底是對或不對？也許主張無相念佛的法門，正是個邪魔外道吧？可是如果那個法眞的比持名唸佛更好呢？」他總要思量的，然後他接著又想：「我要不要去學學看？」這就是「我爲作不作？」這也是學人之間很正常的現象。

這樣思量的結果，後面總要作個結論吧？所以說：「如是諸凡夫，思惟而籌量：『我當云何作？』如是常啼哭。」不曉得有沒有人學佛學到後來半夜裡想一想總是會掉眼淚？不曉得有沒有這種人，想來應該是有，因爲急著證道又無門可入，可是眞的很想證法，卻又沒辦法實證，所以心裡非常的苦，因此夜裡常常都在啼哭。可是這樣的人都屬於凡夫，實證的人就不必常啼哭了。你們進了正覺同修會，還哭不哭？不哭了！什麼時候才哭？證悟了就哭，因爲喜極而泣，不是嗎？進了正覺同修會修學，即使還沒有證悟也不會哭的；最多的是在禪三裡，就差那麼一點卻老是參不出來，心裡覺得苦了所以哭。但一下山回家以後，總是覺得自己又進展好大一大段距離了，心中其實還是歡喜的。

「常啼哭」都是因爲很精進、很努力，可是對於法的實證始終沒有絲毫進展，更恨的是連一點下手處都沒有，所以每天總是在想著：「我當云何作？」都是這樣在思惟著。一直要到什麼時候心得決定？要進了正覺。所以有時你也許跟親朋好友推薦正覺，他們可能要在心裡思惟好幾年，在那邊躊躇猶豫；想了好幾年，後來想一想，眞的走投無路，因爲所有大山頭都去過了，眞走投無路，眞的沒辦法了，只能坐在家裡發呆，無計可施。沙發上一躺，眼角剛好瞥見書架上有一本正覺的書，這時無可奈何，反正都沒辦法了，只好取下來讀一讀看。才讀上幾分鐘，終於發覺原來如此，所以就一腳踏進來了，當天晚上就來正覺報到。好多人是這樣進來的呀！不是嗎？可是在這之前，「我到底要不要去正覺學法？」總是不斷地思量，往往得思量好久，這都是正常的。

那麼有的人不肯進正覺，因爲正覺的書他讀過了，但他不能接受，他認爲：「**我這離念靈知明明是眞實不壞的心，你正覺偏說這是虛妄心，我不服氣。**」這就是 如來講的：「**無陰生陰想，無我生我想，聞自相空法，如是亦迷悶。**」這五陰本來就是生滅法，不是眞實法，但他落在五陰中，老是認爲五陰之中縱使五色根是生滅法，是假的，可我這個覺知心一定是眞的，因爲有生以來我這個覺知心就一直在，每天都是白天作事晚上睡覺，白天醒來又作事、晚上又睡覺，就是這樣一直存在啊！他認爲這識陰是眞實的，所以明明不是眞實存在的五陰，他始終都認爲是眞實的。

甚至像宗喀巴，包括色陰他都認爲是眞實的。宗喀巴爲什麼被密宗黃教稱爲至尊，或稱爲「世尊以來的第二佛」，我眞的想不通。因爲這色陰明明這一世才有，本無今有，他竟然可以說這色陰是眞的，說是不生不滅；原因就是他被雙身法所欺瞞，所以他在《菩提道次第廣論》中主張色陰及受想行識都是眞實的！他認定的五陰虛妄是說：「色陰與受想行識這個名詞才是虛妄的」，認爲這樣就是斷我見了，但五陰實際存在的宗喀巴這個我、這個五陰是眞實常住的。他是這樣講的，所以他根本就沒有斷我見。

他的《菩提道次第廣論》就這麼講，像這樣的人明明是連佛法的入門都不懂，竟然會成爲密宗推崇的至尊。像這種假至尊，是比世俗老人都無智，竟然會是密宗的至尊。想來那些喇嘛一定是比宗喀巴更無智，才會推崇他是至尊。那三家村裡的老人家總是會感嘆說：「**唉！老張又走了，那身體也老得不能用了，走了就算了吧，早死早投胎。**」都知道這個色陰會壞，三家村裡的老人家還不是大學教授，大字識不了幾個，人家都有這個智慧，結果至尊宗喀巴連這個智慧都沒有，這樣還能叫作至尊？而他正好是「**無陰生陰想**」，宗喀巴是密宗裡最具體、最典型的代表。你如果把《菩提道次第廣論》好好讀一讀，也好好思惟思惟，你會證明我說的沒錯，這是《廣論》中白紙黑字明文寫著的。

他所謂的斷我見，是依我見的名詞去建立一些道理，然後把那些名詞中的我見見解與道理滅掉，說這樣叫作斷我見。譬如人家說那一隻野狗非常兇惡，要把牠殺掉，為民除害；他就說：「好！那我去殺。」他就用一些草綁成一隻很兇惡的野狗模樣，然後把「牠」殺掉，說我已經把牠殺掉了。他就是這樣斷我見的。他另外去建立一個我見的名目，然後把它滅掉後就說自己已經斷我見了，這樣也叫作至尊。然後認為那個眞實在咬人的野狗已經不存在了，他就這樣認定除掉惡狗了。好在他沒有遇到那一條野狗，那一條野狗就叫作蕭平實，當他遇見了我，就一定被我咬著了，那時再教他怎麼認識野狗。可是這種人是無可救藥的。

五陰非我、五陰無我，因為五陰是生滅法，無常、苦、空、無我，他全都不懂，所以在無我法中生起了「我想」，才會有《菩提道次第廣論》那些謬論，也才會有後面的那兩篇止與觀。那兩篇止與觀是在講什麼？都在講雙身法的前行與修練，叫你從修練寶瓶氣等世間法開始，在最後面叫你要修雙身法的止觀，他的止觀就是雙身法的止觀。所以廣論團體有個教《廣論》的女老師，哭著對大眾說她不敢教止觀；因為她知道那是雙身法的止觀了，她敢教嗎？不敢教啦！算她有良心。所以宗喀巴這一些人就是「無我生我想」。

不但這樣，他還進一步把「無我所」當作「眞我所」，因為他追求的樂空雙運——所謂的俱生樂，其實是依五陰我而有的法，是依五陰等虛妄法而產生的虛妄法，結果他認爲那是常住的，這種人 如來授記他說：「**聞自相空法，如是亦迷悶。**」如來講的是自相空等法，五陰自己的一切法相都是緣生性空，而眞實我這如來藏心也是空，這兩個法都是自相空。五陰藉由二乘菩提之道可以觀行，現前證實都是無常、苦、空、無我，因爲五陰的一切法相在在處處都證明是無常、苦、空、無我。可是愚癡人聽到善知識這樣講解時，心中都害怕。

先不說大陸佛教界，單說臺灣就好了；你看我們書中把五陰的內涵講清楚，也說五陰苦、空、無常、無我之法，講了二十幾年，在很多本書中印出來流通出去，至今有哪一個道場接受？到現在爲止，沒有哪一個道場接受。那我們也講如來藏自相空，因爲如來藏在一切諸法之中運爲時，顯示出來的法相就是空，祂完全沒有人性、我性、眾生性、壽者性，這些體性都沒有。空雖然是眞實法，可是沒有一切三界有的法性，所以祂的法相也是空，這才是眾生的眞實自己，而這個眞實的自己也是空。但是他們聽聞到這些「**自相空法**」始終弄不懂，再怎麼思惟也想不通。像是這樣子，他們永遠都是迷惑著，都是處於悶悶不樂的狀態中；縱使有心要研究，請出經典來，每一個字都認得，可是依文解義時老是覺得不通，因爲他用現象界的法想要套入實相法界去，當然解釋不通。所以 如來說他們：「如是亦迷悶。」這也是事實。

對於這些人 世尊又點出來說：「不知佛如實，所說諸陰義，聞則以爲定，畏處無畏想。」這些眾生不知道「佛」是如實法，諸佛如來不是如虛之法，可是你們看臺灣佛教界以前大家遵從的印順法師，竟然主張說 釋迦如來已經入滅了，已經不存在了。依他這個見解，成佛以後就變成斷滅空了！這樣的人就是「不知佛如實」。而我們出來弘法時就說「如來眞實」，我們常常講如來常住不滅，他們始終都不懂；當他們讀了經典中說的，或者聽了善知識所說的五陰無常、苦、空、無我，就認爲佛法一定只是這樣，就主張一切諸法緣起性空。臺灣佛教界以前不都是這樣嗎？大陸佛教界更是如此。

認定一切都是緣起性空，可是他心裡又猶豫起來：「如果一切都是緣起性空，那我們修行成佛以後豈不變成斷滅空？我們死了以後豈不變成斷滅空？可是明明經典裡又這麼講啊！」然後他心裡就決定說：「果然一切都是緣起性空，所以這五陰的全部都是假的，沒有眞實的我。」嘴上說得好聽，非常堅定地向人家這樣弘傳佛法。那這樣看來，應該說他心中對於斷滅空已經無所畏了吧？因爲一切都看空了：「一切都空時有什麼好害怕的？假使哪一天誰拿刀砍死我，死了就死了，反正未來也是空。現在不死二十年後死了也是空。」那就應該讓人家砍了他也無所畏懼才對。

「如果哪一天蕭平實寫了書說我印順法師講錯了，那應該也無所畏，因爲是空。」果然他都沒有回應我，應該眞的是無所畏了吧？不！一個名不見經傳，佛教界籍籍無名的鍾慶吉寫了一篇文章，在《自立晚報》一個星期天的專欄登了出來，他馬上就回應了！而且是針鋒相對，語氣激烈，那他有看空嗎？顯然沒有看空。明明釋印順這個「我」是把握得牢牢地，那鍾慶吉是何許人物？又不見經傳，臺灣佛教界連聽都沒聽過，他卻是回應得很快；依臺灣佛教界來說，釋印順不只是上駟，應該說是上上駟了，他這位上上駟卻是很快速應對下駟了，而且還叫他的門人——上駟盧女士，同時寫文章一起登出來罵鍾慶吉居士。

可我這個蕭平實在臺灣佛教界很有名氣，不斷寫書評論他，而他都不回應。這表示釋印順的自我非常強，原來他的五陰我還沒死掉；假使眞的實證了緣起性空，就應該現觀五陰的一一陰全部苦、空、無我、無常，完全無我，那就應該一切都無畏，因爲都證空、成佛了，沒有任何值得他畏懼的事，爲什麼他從來不敢回應蕭平實？其實他沒有眞的住於無畏，他其實害怕眞的住在無畏的境界中。眞無畏是蘊處界一切都推翻掉，眞實的無我、究竟的無我，那才是眞實的無畏境界。可是他不敢住，害怕處於這個無畏的境界中。本來應該有的「無畏想」他滅失了，表面上看來他有「無畏想」，其實他害怕那個無畏的境界，所以回頭又建立一個「細意識常住」的思想，就妄說禪宗開悟的就是直覺。

他所謂的直覺就是細意識，所以他害怕處於無畏的認知裡，這就是標準的「畏處無畏想」，他心中害怕。如果他眞的有智慧，應該說：「這五陰、十八界、六入、十二處全部都是苦、無常、無我，所以沒有眞實的我。不管粗意識、細意識，全部都是生滅法而無我。」他應該這樣主張才對，但他卻又主張一個細意識常住不壞的說法，而他所謂的細意識，其實還是粗意識，就是人間六塵中的直覺，還及不上色界境界，所以釋印順這個人正是「畏處無畏想」。如果是世間沒有學佛的人，或者只是信仰三寶而從來不聽經聞法的人，或者是外教的信徒等，得要叫作「畏處無畏想」，是應該覺得恐怖的處所，而他們認爲這是安全的，例如人間的五欲境界。

「畏處無畏想」這句話，可作兩種解釋。在人間生而爲人，其實是可畏懼之處所，因爲人命無常，隨時隨地都可能沒命。就算壽考好了，壽終正寢活上七老八十甚至活上百來歲，也都是可畏之處。因爲生死之法猶如水火相交不曾停歇，這輪轉之苦永遠不曾停歇，這正是可畏之處，可是他從來都認爲這是最好的境界，認爲只要一念不生就是涅槃了，這就是「畏處無畏想」，正是應該要覺得可畏之處，而他生起了「無畏想」。另一種應該要怖畏的地方，他反而認爲這是最好的境界，永遠都不需要恐怖：「**我死時只要一念不生，那我就進入無餘涅槃了，以後我就在無餘涅槃中永遠一念不生。**」這也叫作「畏處無畏想」，因爲他覺得那是寂靜的、安全的、永住的，是永遠不死的境界；然而這叫作愚癡人，因爲這也只是五陰的生滅境界罷了。

如來接著說：「**我說去來今，諸陰皆空寂，三世悉平等，猶若如虛空。**」但 如來所說的過去、未來、現前，不論三世中的哪一世五陰，全都是「空寂」。當然這「空寂」你可以從二乘菩提來解釋，也可以從大乘菩提「無名相法」的境界來解釋這個「空寂」。五陰依二乘聖者的現觀，全部都是生滅無常、苦、空、無我；既然生滅無常、苦、空、無我，終歸於滅，不能去到來世；前世的五陰也是一樣苦、空、無常、無我，終歸於滅，不能來到今世；所以前世的張三不會是今世的李四，今世的李四也不會是來世的王五，全都只是虛幻而不能與前後世直接相聯結的一世，當然是空寂。但是從大乘法來講——依「無名相法」來講，也可以說去來今世的五陰全部空寂，但我們時間不夠了，今天只好講到這裡。

《佛藏經》上週講到九十二頁第五行：「我說去來今，諸陰皆空寂，」若從大乘法來說，在如來藏自身的境界中，根本沒有五陰可說，此世五陰不存在，今世與後世的五陰也同樣不存在，所以 世尊說：「諸陰皆空寂。」

今天接著要說的是：「三世悉平等，猶若如虛空。」這前後四句偈的法義，假使不是從大乘法來理解、來現觀，一定會說這是胡說八道。如果從二乘菩提來講，明明過去、未來、現在三世的五陰是不一樣的，為什麼說「三世悉平等」？再從另一個層面來講，五陰的存在明明都在六塵五欲的境界中打滾；人間存在的就是五欲六入，世間人對五欲都有愛好，一定不空也不寂靜；而世間人在六塵中努力追逐時，一定不空也不寂靜，那爲什麼 佛說是「空寂」？沒有一個世俗法中的人，是不追求六情五欲的；然在六塵中起了六情，在五欲中產生了追逐，顯然是看待這五欲六情眞實，也認定五陰眞實，才會在世間六塵五欲諸法中追逐。那喇嘛們爲什麼要主張說他們的大樂光明、無上瑜伽是眞實法？正是因爲認爲五欲六塵諸境界是眞實法，所以他們的教義才會誤認爲雙身法的境界是成佛的最高境界，證明密宗古今中外所有祖師們全都沒有斷我見，更沒有證得佛菩提中的最初基：大乘眞見道——開悟明心。成佛也就別提了。

可是菩薩們跟二乘人不同，二乘人的修行是依於現象界中的五欲六塵當作外我所，同時要把自己給滅除而成爲無我，「不受後有」之後滅盡蘊處界及一切法，說那樣叫作「空寂」；但菩薩們不這樣看，菩薩們看待二乘人現前還在人間，尚未入無餘涅槃時就已經是「諸陰皆空寂」了，不管過去世、未來世、現在世的五陰全都一樣。也許有人想：「說不空寂是你講的，現在說空寂也是你講的，什麼好事都讓你佔盡了。」可我說了：「菩薩就是佔盡了好事，實相般若就是兩邊都通，菩薩本來就腳踏兩條船。」因爲菩薩一腳踩在現象界中，另一腳踩在實相界，兩界融爲一體而不相混淆。把這五欲六情中時時刻刻在運作的三世五陰，歸納到沒有三世的實相法界來談，那三世五陰就是當下「空寂」了，所以菩薩與諸佛的所見，正在喧鬧的當下就已經「空寂」。

所以有時學人來請問：「**如何是佛？**」禪師有時可能答他四個字：「**七情六欲**。」世間人都把「**七情六欲**」給錯用了，說人們在世間都是在追逐七情六欲。可是佛法中對七情六欲的定義並不是這麼講的，人間總共只有六塵沒有第七塵，只有對六塵產生的六情，哪來的第七情？人間總共只有五欲，沒有第六欲，哪來的六欲？所以佛法中講七情六欲時，是指不存在的東西，是說愚癡人把不存在的想像法當作眞實存在的常住法，虛妄地追求。所以《楞嚴經》中的演若達多，他沒看見自己的頭時就心狂迷亂，因爲他只是往外望，不懂得向內觀，所以他看不到自己的頭時，就心狂意亂而到處奔走尋求；原來他希望能夠看到自己頭上還有一個頭，然後認爲那個頭一定眞實有，他一定要找到它，可是又找不到，所以發狂了；那就像在追逐七情六欲一樣，根本就無法找到他想要找的不存在的頭。除了色聲香味觸法引生的六情，還有哪一塵可以產生第七情？根本沒有啊！除了人間財色名食睡或色聲香味觸以外，就沒有別的東西可以引生第六欲，哪來的第六欲？因此說「七情六欲」是不存在的。

那麼菩薩看待諸陰時，不論過去無量世的五陰，未來無量世的五陰，以及現在世的五陰，它們的本質都一樣，其實說穿了就只是如來藏的五陰，以外無別五陰。所以容或上一世名爲張三，這一世名爲李四，下一世名爲王五，但這三世的五陰悉皆平等，因爲都是同一如來藏所生，而世世的五陰無常、苦、無我，所以空。五陰本來附屬於如來藏，而眾生起顚倒想，認爲五陰自己是眞實的、是永恆不壞的，所以執著五陰就必須世世受生，就會不斷輪轉生死而有種種痛苦。但菩薩看待每一世的五陰都附屬於如來藏，而如來藏的境界中向來空、無我所，但不是無常苦，而是永恆的無苦無樂，是永遠的寂滅；這樣的寂滅才是眞實的樂，所以佛法中才說「寂滅爲樂」。

那麼從如來藏來看五陰時，過去世張三之前世也許是陳二，也許是蕭一，往昔有無量世就有無量名，下一世的王五之後可能是趙六，也可能是黃七，也可能是排行第八、第九、第十等無量無數，但永遠逃不掉的一個眞理，就是每一世都附屬於如來藏這「無名相法」。既然都是同一如來藏的五陰，三世的五陰又何曾不平等？所以無量世前也許當過轉輪聖王，這一世也許是個大富長者，未來無量世也有可能去當午夜牛郎，只要沒見道之前這都可能的，所以如來藏從無量世之前來到現在，乃至要到未來無量世後而無始無終，但永遠都是平等地看待祂所生的每一世五陰；不會因爲某一世當轉輪聖王，如來藏就特別看重那個五陰；也不會某一世去當了螞蟻，如來藏就不看重那一世的螞蟻五陰，全都平等看待——「三世悉平等」。假使未來無量世後當了螞蟻，那一隻螞蟻的壽命應該一萬歲，如來藏就會一樣給牠一萬歲壽命，不會因爲這是螞蟻五陰，生得賤，只要給牠活兩天就好。如來藏不這麼作，永遠都是平等看待的。

那麼眾生不能理解這一點，所以看轉輪聖王是轉輪聖王，看這一世大富長者是大富長者，或者看未來世的螞蟻是螞蟻；可菩薩不這麼看，菩薩看來看去都是如來藏；所以五陰世世容或不同，但從如來藏的所見卻是永遠平等無二，所以 世尊說：「三世悉平等。」也因此，依止如來藏而看待三世一切法時，永遠都是空而寂靜——「皆空寂」。其實現前正在忙亂，處在喧囂吵雜的環境中，如來藏祂自身的境界中同樣無一切法；不管你多喧鬧，祂永遠是空無一法而且寂靜；在祂的境界中沒有一法可得，何況能有五陰？所以如來作了定義：「猶若如虛空。」但是「如虛空」不等於是虛空，可別像達賴要往虛空討尋，也別像盧勝彥一樣說虛空就是實相。但這四句所說的內容，其實是從實相法界來函蓋現象法界諸法；所以如來藏的境界中沒有三世可言，祂函蓋了過去、現在、未來三世，因此不能用二乘法所說現象界的內涵來理解這四句，更不能像那些二乘法中的凡夫僧們墮於識陰六識之中、來解釋這四句的道理，否則永遠都是誤會。

如來接著開示說：「所有過去佛，亦說自相空；未來世諸佛，亦說自相空；」釋迦如來明著告訴我們：「已經過去的無量無邊諸佛，同樣是說自相空；未來世的諸佛，」這是與諸位息息相關的，是在說你們也說我，我們大家都一樣會在未來世成佛時，「也同樣解說自相空」。顯然這個「自相空」一定要弄清楚，絕不能含糊籠統囫圇吞棗。

「自相」首先要談的是「自」，「自」是相對於他來說；那麼自己的法相是空，究竟是指哪個自己？這裡面有講究的。如果有人說：「自就是五陰的自己呀！因爲是無常、苦、無我，所以是空啊！」那你如果也姓蕭，我就說你是蕭一半，因爲你少說了一半。這五陰的自己是生滅假有，不是眞實的自己，所以這個五陰的假我是無常、苦、無我，所以是空；但在背後還有一個眞實的自己——「無名相法」如來藏，而這個眞實的自己不斷現行運作之中，也有法相出現，雖然祂也有法相出現，但仍然是空；所以總共有兩個「自相」。

五陰自我有種種法相出現，所以才說有色受想行識等五法；既有五陰就有行來去止，在行來去止之中顯示出身口意行，因此就得加上各種的心所法；這些心所法可不少，有十一個善法，有六個根本煩惱，還有二十個隨煩惱；在這一些心所法的運行過程中，背後存在著五個別境心所法、五個遍行心所法，也是有法相的，也有貪瞋癡相等；所以救護一切眾生也是五陰幹的，燒殺擄掠也是五陰幹的，在這一些法相中不論怎麼看都是無常，沒有一法是常，那當然也是空。

可是也許有人這時心裡起個念：「那麼如來藏祂的運行過程中，有什麼法相呢？你蕭老師要是講了，我大概就悟了。」一定有人這麼想的。只要把祂運行的法相講出來，不就知道阿哪個是如來藏嗎？這時一定等著說：「那您講講看吧！」其實也沒什麼問題，我就跟諸位公開講：「祂運行的過程中，不斷地示現祂自己的眞如法相。」這下悟了沒？所以眞如有時是用來指涉如來藏，但一般說來眞如是用來指涉如來藏運行過程中所顯示出來的法相：祂是眞實的、祂是如如的，所以叫作眞如。祂和一切有情的五蘊和合似一，所以眾生分不清楚。有智慧的人拿到一杯牛奶時，懂得去分別牛奶中的什麼成分是奶粉，什麼成分是水，沒智慧的人分不清楚：「就是牛奶呀！裡面哪來的水？」那眞如就跟眾生和合似一，所以眾生看來看去看不見眞如，永遠不知道如來藏在哪兒。

也許有人想：「啊！原來我就是這樣的愚癡眾生！」可是我告訴你：「千萬別自責。」因爲那些大法師們，例如釋印順，以及各大山頭的大和尚們，其實跟你都一樣。還有宣稱比那一些大法師們更高級而自稱成佛的喇嘛們和四大法王，其實也跟你一樣；不一樣的只是他們比較下流而已，而且他們一樣分不清楚。所以當你弄清楚了以後說：「哇！原來一切都是如來藏，一切都是這個無分別法、無名相法。」可是當你把祂分析來看時，五陰的境界中容許有無量無邊法，雖然都含攝在如來藏之中，可是如來藏自己的境界中永遠無一法可得，而這個如來藏才是眞實的「自」，而這個「自」的法相永遠空而寂靜。

每一個有情眞實的自己其實是如來藏，而如來藏自己的境界中無一法可得，那當然也是空，這就是「自相空」。所以祂運行的過程中顯示出來眞如的法相，永遠空無一法，而祂能生一切法，卻是眞實而如如。這樣兼具現象界的「自相空」以及實相界的「自相空」，就沒有人能夠說我是蕭一半，因爲我具足函蓋全部的「自相空」了。

「所有過去佛，亦說自相空；」諸位正是「未來世諸佛」，包括我在內，「亦說自相空」。因爲這是實相界與現象界中的實相，眞實的法相正是這樣，永遠不可能改易。既然眞相是永遠不可能改易的，就表示佛法不可能演變；所以釋印順那個老糊塗說：「大乘佛法是演變到後來才成就的。」那他是在罵　瞿曇老爸說：「你的智慧比後代佛弟子更低。」他意思等於是這樣。因爲大乘法諸經所說的法義，明明超勝於四阿含百千萬倍。除非後世佛弟子的智慧眞的就像釋印順講的比　釋迦老爸智慧超勝很多倍，否則怎麼可能後世佛弟子結集出來的大乘經典比　釋迦老爸講的更勝妙？那他不是在謗佛嗎？可是我出來弘法以後，我已經證明佛法從來沒有演變過。

從佛世以來到現在都沒有演變，有演變的只是聲聞人的惡劣事相；他們從上座部分裂出來，只是因爲他們不承認上座部那些長老阿羅漢是眞的阿羅漢。他們認爲：「你們又沒有經過釋迦老爸印證，憑什麼說你們自己是阿羅漢？」但阿羅漢是自知自作證的，可是他們不信，所以分裂出去了。分裂出去以後他們也讀大乘經典，也開始弘揚大乘法，然後他們就一直演變；所以是那些六識論的凡夫不斷在演變大乘法，演變出來的所謂大乘法都是他們聲聞人所講的大乘法，不是 如來或菩薩們弘傳下來的大乘法。

從馬鳴、龍樹、提婆、無著、世親一直傳下來的大乘法，乃至來到今天的正覺，大乘佛法始終都沒有演變過。所以釋印順是個老糊塗，到死都還糊塗，乃至怎麼死的自己都不知道。佛法講的既然是法界中的實相，實相怎麼可能會演變？所以等我出來弘法以後，他再也不吭聲了。我許多本書中寫的，等於指著他的鼻子說他不對，那個一點點都不能忍的人，竟然可以對我默不吭聲，表示他那個絕頂聰明的人一樣無法回應我的論證。

所以「**自相空**」不論是從現象界的蘊處界來講，或是從實相界的第八識如來藏來講，一樣都是「自相空」。學佛法不能割取一半，把最精華的一大半丟了，只撿取一小半，而且釋印順撿取的那一小半還是錯誤的。世俗人上了菜市場，例如古時有個公案：有個禪師還沒有悟，師父有一天派他到村裡公幹（公幹聽懂嗎？爲闔寺的公事去辦事，叫作公幹），當他走到市鎮，正在經過市集時，聽到有個人說：「老闆！給我切一斤精肉。」精肉就是瘦肉。那老闆聽了不爽快，把剁肉的刀子往砧板這麼一甩，不就剁在砧板上了嗎？接著插起腰來質問說：「我哪一塊不是精肉？」在他想：「我賣的每一塊都是精肉，你還跟我要精肉，難道我還有哪一塊不是精肉嗎？」因爲世人都比較不喜肥肉，沒想到那個禪師就因爲這樣悟了！人家是這樣悟的喔！那我也這樣告訴諸位了。

拉回原來的話題，那個人開口要的是精肉，一點點肥肉就不要；那你來學佛也是一樣，那精肉絕對不能丟棄，別專撿肥肉買。有的聰明人說：「我要精肉中又夾雜著一些油花，要分布均勻。」說這樣的肉好吃。那日本的和牛不就這樣嗎？所以學佛以後不要學釋印順，專把精肉全都剔掉，只剩下肥油，這樣好吃嗎？可憐他要的正是這樣。我把二乘菩提譬喻作五花肉，現代那些大山頭和尚們說的法則是純粹的肥肉。五花肉當然比不上和牛那個肉，但至少比純粹吃肥油好多了吧？但印順偏不，他只要那一些肥油，連五花肉都不想要，就別說精肉大乘菩提了。所以他對四阿含的法義還是有加以簡擇——專擇他要的，因爲他喜歡吃肥油；所以裡面的五花肉，連同大乘經典中所有精肉他都剔除掉，這就是愚癡人。我雖然說他是愚癡人，到現在仍然有許多六識論的比丘尼們，繼續讚歎他有大智慧，但也就那一些比丘尼們。

我們證明佛法是一個整體，裡面什麼樣的法都不能遺失；如果缺漏了某一個部分，佛法就不完整了。有一件事情要順便跟諸位講清楚，我們現在親教師們常常去大陸弘揚佛法文化，就是禪宗文化、玄奘文化，親教師們到每一個地方都說：「玄奘文化是中國文化，不是外來文化。」一般人想：「不可能吧？因爲玄奘學的法也是從印度悟來的。」是吧？一般人都這樣想的。但我吩咐親教師們去內地不這麼講，我們說玄奘文化全都是中國的，因爲玄奘十幾歲就悟了；他在十幾歲就明心也見性，慧解脫的證量也撿回來了，所以他一個十幾歲少年，就能在當時聞名的大寺院裡上座說法，諸大法師們坐在下座聽法。所以他不是去天竺才悟的，當然是中國的佛法，不是外國文化。

這一點請諸位要記住，這是歷史上的事實。否則一個十幾歲的年輕人，憑什麼坐在上面講《大般涅槃經》？《大般涅槃經》是講見性的經典。而且一個十幾歲的少年僧人，憑什麼坐在座上講《攝大乘論》？那是講如來藏的妙論。那他如果不是把往世解脫果的證量找回來，憑什麼去西天的路途中能降伏西域那些非常有名、非常精通《俱舍論》的法師們？《俱舍論》講什麼內涵？講解脫道，講的是阿羅漢的境界啊！所以玄奘文化是中國本有的文化，不是印度的文化。

可是有個問題緊接著出現了，有人一定會想：「**那他去西天取經幹嘛？他不是悟了嗎？過去世已經是阿羅漢了！還要去西天取經喔？**」是的，但爲什麼要去西天取經？因爲已經解脫了，已經明心了，已經見性了，可是心裡很清楚仍然沒有成佛。這就表示成就阿羅漢果、明心見性之後，要到達佛地，這中間顯然是欠缺許多內容；而這些內容不能自己編派，得要依據如來聖教。那麼 如來聖教你想要把它收集完整，眞的很困難，特別是唐朝時中譯的經典非常少。好在天竺有一部論，名爲《瑜伽師地論》，又名《十七地論》，因爲是從凡夫的五識身相應地，一直講到佛地，總共有十七地。「地」是境界的意思，也就是總共有十七種主要的境界。在這部論中把悟後成佛應該有的內涵都講清楚了，所以他聽到有這一部論時，就勾起往世的回憶，他當然要去取這一部論回來唐朝；他是爲了這個而去印度，不是去印度想要求悟。

這表示什麼呢？即使證得二乘菩提，又在大乘菩提中明心也見性了，可是還有許多法尚未完成；想要完成那一些法的修證，就必須依照聖教，不能自己說了算，所以他要去西天取經。實證的人是這樣想的：「**我還有所不足，得去天竺設法去取得這一部論。**」有些其他的經典能找到的，當然順便盡量搬回來，這樣對自己有利益，對眾生也有利益，這叫作自利他利兼顧；這樣作，今世利、後世利，兩世俱利，這才是菩薩之所應爲。

人家證悟後是這樣想的，但他釋印順一個六識論者，還沒斷我見、也沒明心、更沒見性，然後他就自認爲說：「**我這樣就是懂得全部佛法了。**至於我都不懂的那些大乘經典，那是後人創造的，不算數。」這就是說：「**我只知道這個肥肉好吃，那些五花肉與精肉是我不曾吃過的，我不知道能不能吃。**」搞不好他心裡還想說：「**那精肉是給別人吃的，我沒福分，乾脆我就說那個不是佛法——不是精肉。**」就把它否定說那不是肉。他就是這樣的人。

所以「自相空」的道理一定要函蓋現象法界也函蓋實相法界，才不被限制於三世之中；能貫通三世就表示已經貫通過去無量世，也貫通未來的無量世。假使只依二乘菩提而且是六識論時，他眼裡所看到的就只有這一世，就等於去到肉案子前，人家聰明人說：「老闆！給我一斤精肉。」他說：「老闆！給我一斤肥肉，我不要精肉。」同樣的價錢，他只要買肥肉，就等於是這樣的愚癡人。所以「自相空」不能只要一半，當然一半是從歸類來講，實際上二乘菩提只是佛菩提道中的一小部分而已，還及不上一半再分析下去很多次的一半。

過去諸佛、未來諸佛都這樣講，那釋迦老爸祂自己呢？祂講了：「我今出於世，亦說一切法，自性自相空，三世無有異。」這是說：「過去無量諸佛，未來即將成佛的無量諸佛，」當然包括諸位，「都說自相空，如今我釋迦牟尼佛出現於世間，我也解說一切諸法自性是自相空；不但是現在這樣，三世無有異。」這裡因爲字數比較多，所以把自性也講了出來。所以說，空爲什麼又名爲空性？因爲空而有性，但是空的有性並無一切性；有性是說祂眞實的存在，祂有能出生一切有情的功德性，祂也有能出生器世間的功德性，所以有性。那爲什麼我又說祂無一切性？因爲蘊處界與山河大地等器世間出現之後，都會有種種的法性，可是如來藏自身並沒有這一些法性——無三界性，所以說祂無一切性。

這聽起來很玄，等你實證了就一點兒都不玄，因爲這就是眞相；宇宙的眞相就是這個，所以自性空、自相空。祂既然有自性，隨順著我們不斷在運行，沒有一剎那中斷過，可是祂顯現在外，被一切實證者所眼見的法相都是空，因爲祂的境界中無一法可得，所以祂的「自性自相空」。而這個「自性自相空」，放諸於過去無量劫以前，放諸於未來無量劫之後，或者依於現在這一世來看，祂的「自性自相」都一樣是空，永遠不會、也沒有變易。

那麼 如來講到這裡話鋒一轉就說：「當來人不知，佛所說實義，貪著我眾生，常墮於惡道。」世尊是說：「講這一部經時大家聽懂了，知道如來在解說什麼，可是到後末世時就很少人懂了。」且不說後末世，單說中國禪宗初興時就已經是這樣了，才要勞駕那麼多祖師來幫忙。而禪宗祖師還有一個傳統在，就是要拈提諸方。禪這個法不容許賣人情，不容許那些瞎眼阿師亂講話或亂說法。所以某一個假名善知識出來聚眾開法時，若是亂說佛法，禪師們就會拈提他說：「某某人這麼說，」接著就點了：「釋迦老子不這麼講，釋迦老子是怎麼講的……。」就是這樣。老子聽懂嗎？老子就是老爸。就像南部鄉下粗俗人有時會罵孩子：「你這麼惡劣，林北不願啦！」（臺語。）「林北」（臺語）是什麼？就是「你的老爸」，老子也就是老爸的意思。禪師們就拈提了：「你是這樣子講的，這樣不對，釋迦老爸不像你這樣講，釋迦老子是這麼說的……。」又把他拈提了，讓他臭名流傳天下。

你想中國禪宗剛開始時，等於是剛開始要步入末法時期，都還沒有到末法最後那五十二年，那時還是像法最後一、兩百年的事，都已經是這樣了！更何況末法時代的現在？所以二十世紀末臺灣佛教界、大陸佛教界，大家一起罵正覺：「天下人都悟錯了，就只有你一個蕭平實悟對？」不幸的是 釋迦老子講過了：「當來人不知，佛所說實義。」大部分人都是不知道的，只有菩薩再來人間才會知道的。可是我這麼一說，他們也有話說：「焉知我們不是菩薩再來？」說的也是！可問題是他們如果是菩薩再來，不應該落入五陰中呀！這是禪宗的開悟，就得超脫於五陰之外。所以大陸有的人想：「你蕭平實說是克勤大師的徒弟，而我是克勤大師的師父，所以我是你的師爺爺。」

（大眾笑…）他自稱是百丈大師再來。可問題是百丈大師有那麼衰嗎？再來時沒有進步，竟然還落到識陰裡面去，那會是百丈大師喔？

所以當他們抗議說：「焉知我們不是菩薩再來？」那好，既是菩薩再來，那就看你講出什麼法義來，咱們大家合計合計看。你們如果眞的是菩薩再來，得要如實爲大眾宣示「佛所說實義」，而且你們自己也不能成爲「貪著我眾生」。可他們全都是貪著五陰我的眾生，都執著自己這個我，所以一天到晚拍胸脯保證：離念靈知才是眞如佛性。他們都是這樣講的，不論是大陸八大修行人、臺灣四大修行人，以前全都一樣，都是落入離念靈知中，只是所說的名詞不同而已。既然全都落在識陰中，不就是貪著五陰自我嗎？貪著五陰這個自我時，就是沒有智慧，憑什麼說是菩薩再來？

如來爲這一類人作了授記：「常墮於惡道。」「常」是不變的意思，也就是說，墮落惡道是他們這一類人經常在經歷的事。換句話說，入三惡道以後終於回到人間了，可是不久又因爲「貪著我眾生」，所以又誤導眾生，於是大妄語之後又下墮三惡道。「常」也是經常的意思，因爲墮落惡道總有上來時，可是 如來加了個「常」，說這類人「常墮於惡道」，是因爲邪見的種子還沒有滅除，他們不信受有第七、第八識，永遠只信受六識論。當他們信受六識論時，一定會貪著於五陰自我，只是自己會變個法子來說：「**這不是五陰的我**。」其實依舊不離五陰。那麼這樣終於離開三惡道回到人間時又繼續修學佛法，然後又大妄語、又誤導眾生，又下三惡道，就這樣輪轉不停。前面講阿僧祇劫前那些惡比丘，已經經過九十九億諸佛奉侍供養而來到今天，依舊連順忍都無法證得，就是「**常墮於惡道**」的這一類人。

那麼未來世，也就是九千年後眞的不可愛，那時弘法比現在要困難十百千倍，所以　如來直接告訴我們說：「**當來世如是，大惡甚可畏，汝等勤精進，莫見是惡世**。」所以正法最後八十年，或者正法最後五十二年過去了，就不要再來人間了。如果到那個時候，有人想說：「**我要去極樂世界了**。」那我就跟他 Say goodbye，因爲我要去彌勒內院，得暫時分手了。等未來劫再相遇時，他就不可以跟我抱怨說：「**爲什麼我今天的證量離您這麼遠？**」因爲那是他自己的選擇。所以法已經滅了以後，千萬千萬別繼續留在人間，那時固然五欲隨手可得，但隨時都有各種危險存在，不如去彌勒內院安隱，而且進步神速；再不濟，當　彌勒尊佛要來人間成佛時，咱們先下來布局等祂，當祂成佛時，諸位至少也能混個阿羅漢和初地吧。

可是某甲去極樂世界，到那時可能都還在那邊睡覺，還沒有見佛聞法。不說這短短五億七千六百萬年，就說賢劫千佛都過了，他上品中生，彌勒佛下生人間時，他可能都還沒有聞佛說法，這樣想想看，這一進一出的差距有多遠？但不管怎麼樣，去極樂世界總比留在九千年後的五濁惡世好，因爲到那時有可能一不小心幹了惡事就下墮了，所以 如來勉勵說：「當來世就是像這樣，那是非常險惡的境界，對於善良的人來講，對於修菩薩道的人們來說，那是很可怖畏的境界，」所以 如來勉勵大家說：「你們應當要殷勤精進修行，不要留到那個時候看見那種惡劣的狀態。」吩咐完了，大家當然聽從 如來的說法；所以 佛說完這一部經以後，長老舍利弗以及比丘眾們，當場還有一切世間天人大眾等，聽完 如來的所說，皆大歡喜，信受佛語。好！這部經終於圓滿了！（全場鼓掌……。）

佛教正覺同修會〈修學佛道次第表〉

第一階段

＊以憶佛及拜佛方式修習動中定力。
＊學第一義佛法及禪法知見。
＊無相拜佛功夫成就。
＊具備一念相續功夫—動靜中皆能看話頭。
＊努力培植福德資糧，勤修三福淨業。

第二階段

＊參話頭，參公案。
＊開悟明心，一片悟境。
＊鍛鍊功夫求見佛性。
＊眼見佛性〈餘五根亦如是〉親見世界如幻，成就如幻觀。
＊學習禪門差別智。
＊深入第一義經典。
＊修除性障及隨分修學禪定。
＊修證十行位陽焰觀。

第三階段

＊學一切種智真實正理—楞伽經、解深密經、成唯識論…。
＊參究末後句。
＊解悟末後句。
＊透牢關—親自體驗所悟末後句境界，親見實相，無得無失。
＊救護一切眾生迴向正道。護持了義正法，修證十迴向位如夢觀。
＊發十無盡願，修習百法明門，親證猶如鏡像現觀。
＊修除五蓋，發起禪定。持一切善法戒。親證猶如光影現觀。
＊進修四禪八定、四無量心、五神通。進修大乘種智，求證猶如谷響現觀。

佛菩提二主要道次第概要表——二道並修，以外無別佛法

佛菩提道——大菩提道

十信位修集信心——一劫乃至一萬劫

資糧位

初住位修集布施功德（以財施爲主）。
二住位修集持戒功德。
三住位修集忍辱功德。
四住位修集精進功德。
五住位修集禪定功德。
六住位修集般若功德（熏習般若中觀及斷我見，加行位也）。

外門廣修六度萬行

見道位

七住位明心般若正觀現前，親證本來自性清淨涅槃。
八住位起於一切法現觀般若中道。漸除性障。
十住位眼見佛性，世界如幻觀成就。

一至十行位，於廣行六度萬行中，依般若中道慧，現觀陰處界猶如陽焰，至第十行滿心位，陽焰觀成就。
一至十迴向位熏習一切種智；修除性障，唯留最後一分思惑不斷。第十迴向滿心位成就菩薩道如夢觀。

內門廣修六度萬行

遠波羅蜜多

初地：第十迴向位滿心時，成就道種智一分（八識心王一一親證後，領受五法、三自性、七種第一義、七種性自性、二種無我法）復由勇發十無盡願，成通達位菩薩。復又永伏性障而不具斷，能證慧解脫而不取證，由大願故留惑潤生。此地主修法施波羅蜜多及百法明門。證「猶如鏡像」現觀，故滿初地心。

二地：初地功德滿足以後，再成就道種智一分而入二地；主修戒波羅蜜多及一切種智。滿心位成就「猶如光影」現觀，戒行自然清淨。

解脫道：二乘菩提

→ 斷三縛結，成初果解脫
→ 薄貪瞋癡，成二果解脫
→ 斷五下分結，成三果解脫

入地前的四加行令煩惱障現行悉斷，成四果解脫，留惑潤生。分段生死已斷，煩惱障習氣種子開始斷除，兼斷無始無明上煩惱。

圓滿波羅蜜多	大波羅蜜多	近波羅蜜多
究竟位	修道位	

三地：二地滿心再證道種智一分，故入三地。此地主修忍波羅蜜多及四禪八定、四無量心、五神通。能成就俱解脫果而不取證，留惑潤生。滿心位成就「猶如谷響」現觀及無漏妙定意生身。

四地：由三地再證道種智一分故入四地。主修精進波羅蜜多，於此土及他方世界廣度有緣，無有疲倦。進修一切種智，滿心位成就「如水中月」現觀。

五地：由四地再證道種智一分故入五地。主修禪定波羅蜜多及一切種智，斷除下乘涅槃貪。滿心位成就「變化所成」現觀。

六地：由五地再證道種智一分故入六地。此地主修般若波羅蜜多——依道種智現觀十二因緣一一有支及意生身化身，皆自心眞如變化所現，「非有似有」，成就細相觀，不由加行而自然證得滅盡定，成俱解脫大乘無學。

七地：由六地「非有似有」現觀，再證道種智一分故入七地。此地主修一切種智及方便波羅蜜多，由重觀十二有支一一支中之流轉門及還滅門一切細相，成就方便善巧，念念隨入滅盡定。滿心位證得「如犍闥婆城」現觀。

八地：由七地極細相觀成就故再證道種智一分而入八地。此地主修一切種智及願波羅蜜多。至滿心位純無相觀任運恆起，故於相土自在，滿心位復證「如實覺知諸法相意生身」故。

九地：由八地再證道種智一分故入九地。主修力波羅蜜多及一切種智，成就四無礙，滿心位證得「種類俱生無行作意生身」。

十地：由九地再證道種智一分故入此地。此地主修一切種智——智波羅蜜多。滿心位起大法智雲，及現起大法智雲所含藏種種功德，成受職菩薩。

等覺：由十地道種智成就故入此地。此地應修一切種智，圓滿等覺地無生法忍；於百劫中修集極廣大福德，以之圓滿三十二大人相及無量隨形好。

妙覺：示現受生人間已斷盡煩惱障一切習氣種子，並斷盡所知障一切隨眠，永斷變易生死無明，成就大般涅槃，四智圓明。人間捨壽後，報身常住色究竟天利樂十方地上菩薩；以諸化身利樂有情，永無盡期，成就究竟佛道。

圓滿成就究竟佛果

佛子蕭平實 謹製
（二〇〇九、〇二 修訂）
（二〇一二、〇二 增補）

七地滿心斷除故意保留之最後一分思惑時，煩惱障所攝色、受、想三陰有漏習氣種子全部斷盡。←

煩惱障所攝行、識二陰無漏習氣種子任運漸斷，所知障所攝上煩惱任運漸斷。←

斷盡變易生死成就大般涅槃

佛教正覺同修會 共修現況 及 招生公告　2022/10/14

一、共修現況：（請在共修時間來電，以免無人接聽。）

台北正覺講堂 103 台北市承德路三段 277 號九樓 捷運淡水線圓山站旁
Tel..**總機** 02-25957295（晚上）（**分機：九樓**辦公室 10、11；知客櫃檯 12、13。 **十樓**知客櫃檯 15、16；書局櫃檯 14。 **五樓**辦公室 18；知客櫃檯 19。**二樓**辦公室 20；知客櫃檯 21。）
Fax..25954493

第一講堂　台北市承德路三段 277 號九樓

禪淨班：週一晚班、週三晚班、週四晚班、週五晚班、週六下午班、週六上午班（共修期間二年半，全程免費。皆須報名建立學籍後始可參加共修，欲報名者詳見本公告末頁。）

增上班：成唯識論釋：單週六晚班。雙週六晚班（重播班）。17.50～20.50。平實導師講解，2022 年 2 月末開講，預定六年內講完，僅限已明心之會員參加。

禪門差別智：每月第一週日全天　平實導師主講（事冗暫停）。

解深密經詳解　本經從六度波羅蜜多談到八識心王，再詳論大乘見道所證眞如，然後論及悟後進修的相見道位所觀七眞如，以及入地後的十地所修，乃至成佛時的四智圓明一切種智境界，皆是可修可證之法，流傳至今依舊可證，顯示佛法眞是義學而非玄談，淺深次第皆所論及之第一義諦妙義。已於 2021 年三月下旬起開講，由平實導師詳解。每逢週二晚上開講，第一至第六講堂都可同時聽聞，歡迎菩薩種性學人，攜眷共同參與此殊勝法會現場聞法，不限制聽講資格。本會學員憑上課證進入第一至第四講堂聽講，會外學人請以身分證件換證進入聽講（此爲大樓管理處安全管理規定之要求，敬請諒解）；第五及第六講堂（B1、B2）對外開放，不需出示任何證件，請由大樓側門直接進入。

第二講堂　台北市承德路三段 267 號十樓。

禪淨班：週一晚班。

進階班：週三晚班、週四晚班、週五晚班、週六早班、週六下午班。禪淨班結業後轉入共修。

增上班：成唯識論釋：單週六晚班，影音同步傳播。雙週六晚班（重播班）

解深密經詳解：平實導師講解。每週二 18.50~20.50 影像音聲即時傳輸。

第三講堂　台北市承德路三段 277 號五樓。

禪淨班：週六下午班。

增上班：成唯識論釋：單週六晚班，影音同步傳播。雙週六晚班（重播班）

進階班：週一晚班、週三晚班、週四晚班、週五晚班。

解深密經詳解：平實導師講解。每週二 18.50~20.50 影像音聲即時傳輸。

第四講堂　台北市承德路三段 267 號二樓。

進階班：週一晚班、週三晚班、週四晚班（禪淨班結業後轉入共修）。

解深密經詳解：平實導師講解。每週二 18.50~20.50 影像音聲即時傳輸。

第五、第六講堂

念佛班　每週日晚上，第六講堂共修（B2），一切求生極樂世界的三寶弟子皆可參加，不限制共修資格。

進階班：週一晚班、週三晚班、週四晚班。

解深密經詳解：平實導師講解。每週二 18.50~20.50 影像音聲即時傳輸。第五、第六講堂爲**開放式講堂**，不需以身分證件換證即可進入聽講，台北市承德路三段 267 號地下一樓、地下二樓。每逢週二晚上講經時段開放給會外人士自由聽經，請由大樓側面梯階逕行進入聽講。**聽講者請尊重講者的著作權及肖像權，請勿錄音錄影，以免違法；若有錄音錄影被查獲者，將依法處理。**

第七講堂　台北市承德路三段 267 號六樓。

解深密經詳解：平實導師講解。每週二 18.50~20.50 影像音聲即時傳輸。

正覺祖師堂　大溪區美華里信義路 650 巷坑底 5 之 6 號（台 3 號省道 34 公里處 妙法寺對面斜坡道進入）電話 03-3886110　傳眞 03-3881692 本堂供奉 克勤圓悟大師，專供會員每年四月、十月各三次精進禪三共修，兼作本會出家菩薩掛單常住之用。開放參訪日期請參見本會公告。教內共修團體或道場，得另申請其餘時間作團體參訪，務請事先與常住確定日期，以便安排常住菩薩接引導覽，亦免妨礙常住菩薩之日常作息及修行。

桃園正覺講堂（第一、第二講堂）：桃園市介壽路 286、288 號 10 樓（陽明運動公園對面）電話：03-3749363(請於共修時聯繫，或與台北聯繫)

禪淨班：週一晚班（1）、週一晚班（2）、週三晚班、週四晚班、週五晚班。

進階班：週四晚班、週五晚班、週六上午班。

增上班：成唯識論釋。雙週六晚班（增上重播班）。

解深密經詳解：平實導師講解。每週二晚上，以台北正覺講堂所錄 DVD 放映；歡迎會外學人共同聽講，不需出示身分證件。

新竹正覺講堂　新竹市東光路 55 號二樓之一　電話 03-5724297（晚上）

第一講堂：

禪淨班：週五晚班。

進階班：週三晚班、週四晚班、週六上午班。由禪淨班結業後轉入共修

增上班：成唯識論釋。單週六晚班。雙週六晚班（重播班）。

解深密經詳解：平實導師講解。每週二晚上，以台北正覺講堂所錄 DVD 放映。歡迎會外學人共同聽講，不需出示身分證件。

第二講堂：

禪淨班：週一晚班、週三晚班、週四晚班、週六上午班。

解深密經詳解**：**每週二晚上與第一講堂同步播放講經 DVD。

第三、第四講堂：裝修完畢，已經啓用。

台中正覺講堂　04-23816090（晚上）

第一講堂　台中市南屯區五權西路二段 666 號 13 樓之四（國泰世華銀行樓上。鄰近縣市經第一高速公路前來者，由五權西路交流道可以快速到達，大樓旁有停車場，對面有素食館）。

禪淨班：週四晚班、週五晚班。

進階班：週一晚班、週三晚班、週六上午班（由禪淨班結業後轉入共修）。

增上班：成唯識論釋。單週六晚班。雙週六晚班（重播班）。

解深密經詳解**：**平實導師講解。每週二晚上，以台北正覺講堂所錄 DVD 放映。歡迎會外學人共同聽講，不需出示身分證件。

第二講堂　台中市南屯區五權西路二段 666 號 4 樓

禪淨班：週一晚班、週三晚班。

第三講堂台中市南屯區五權西路二段 666 號 4 樓

禪淨班：週一晚班。

第四講堂台中市南屯區五權西路二段 666 號 4 樓。

進階班：週一晚班、週四晚班、週六上午班，由禪淨班結業後轉入共修

解深密經詳解**：**每週二晚上與第一講堂同步播放講經 DVD。

嘉義正覺講堂　嘉義市友愛路 288 號八樓之一　電話：05-2318228

第一講堂：

禪淨班：週四晚班、週五晚班、週六上午班。

進階班：週一晚班、週三晚班（由禪淨班結業後轉入共修）。

增上班：成唯識論釋。單週六晚班。雙週六晚班（重播班）。

解深密經詳解**：**平實導師講解。每週二晚上，以台北正覺講堂所錄 DVD 放映。歡迎會外學人共同聽講，不需出示身分證件。

第二講堂　嘉義市友愛路 288 號八樓之二。

第三講堂　嘉義市友愛路 288 號四樓之七。

禪淨班：週一晚班、週三晚班。

台南正覺講堂

第一講堂　台南市西門路四段 15 號 4 樓。06-2820541（晚上）

禪淨班：週一晚班、週三晚班、週四晚班、週五晚班、週六下午班。

增上班：成唯識論釋。單週六晚班。雙週六晚班（重播班）。

解深密經詳解**：**平實導師講解。每週二晚上，以台北正覺講堂所錄 DVD 放映。歡迎會外學人共同聽講，不需出示身分證件。

第二講堂　台南市西門路四段 15 號 3 樓。

解深密經詳解：每週二晚上與第一講堂同步播放講經 DVD。

第三講堂　台南市西門路四段 15 號 3 樓。

進階班：週一晚班、週三晚班、週四晚班、週五晚班（由禪淨班結業後轉入共修）。

解深密經詳解：每週二晚上與第一講堂同步播放講經 DVD。

高雄正覺講堂　高雄市新興區中正三路 45 號五樓 07-2234248（晚上）

第一講堂（五樓）：

禪淨班：週一晚班、週三晚班、週四晚班、週五晚班、週六上午班。

增上班：**成唯識論釋**。單週六晚班。雙週六晚班（重播班）。

解深密經詳解：平實導師講解。每週二晚上，以台北正覺講堂所錄 DVD 放映。歡迎會外學人共同聽講，不需出示身分證件。

第二講堂（四樓）：

進階班：週三晚班、週四晚班、週六上午班（由禪淨班結業後轉入共修）。

解深密經詳解：每週二晚上與第一講堂同步播放講經 DVD。

第三講堂（三樓）：

進階班：週四晚班（由禪淨班結業後轉入共修）。

香港正覺講堂

香港新界葵涌打磚坪街 93 號維京科技商業中心A 座 18 樓。

電話：(852) 23262231

英文地址：18/F, Tower A, Viking Technology & Business Centre, 93 Ta Chuen Ping Street, Kwai Chung, N.T., Hong Kong.

禪淨班：雙週六下午班、雙週日下午班、單週六下午班、單週日下午班

進階班：雙週五晚上班、雙週日早上班（由禪淨班結業後轉入共修）。

增上班：每月第一週週日，以台北增上班課程錄成 DVD 放映之。

增上重播班：每月第一週週六，以台北增上班課程錄成 DVD 放映之。

大法鼓經詳解：平實導師講解。每週六、日 19:00～21:00，以台北正覺講堂所錄 DVD 放映；歡迎會外學人共同聽講，不需出示身分證件。

二、招生公告 本會台北講堂及全省各講堂、香港講堂，每逢四月、十月下旬開新班，每週共修一次（每次二小時。開課日起三個月內仍可插班）；各班共修期間皆爲二年半，全程免費，欲參加者請向本會函索報名表（各共修處皆於共修時間方有人執事，非共修時間請勿電詢或前來洽詢、請書），或直接從本會官方網站(http://www.enlighten.org.tw/newsflash/class)或成佛之道網站下載報名表。共修期滿時，若經報名禪三審核通過者，可參加四天三夜之禪三精進共修，有機會明心、取證如來藏，發起般若實相智慧，成爲實義菩薩，脫離凡夫菩薩位。

三、新春禮佛祈福 農曆年假期間停止共修：自農曆新年前七天起停止共修與弘法，正月 8 日起回復共修、弘法事務。新春期間正月初一～初七 9.00～17.00 開放台北講堂、正月初一~初三開放新竹、台中、嘉義、台南、高雄講堂，以及大溪禪三道場（正覺祖師堂），方便會員供佛、祈福及會外人士請書。

密宗四大派修雙身法，是外道性力派的邪法；又以生滅的識陰作為常住法，是常見外道，是假的藏傳佛教。

西藏覺囊巴以他空見弘揚第八識如來藏勝法，才是真藏傳佛教

佛教正覺同修會　弘法行事表　　2022/04/25

1、**禪淨班**　以無相念佛及拜佛方式修習動中定力，實證一心不亂功夫。傳授解脫道正理及第一義諦佛法，以及參禪知見。共修期間：二年六個月。每逢四月、十月開新班，詳見招生公告表。

2、**進階班**　禪淨班畢業後得轉入此班，進修更深入的佛法，期能證悟明心。各地講堂各有多班，繼續深入佛法、增長定力，悟後得轉入增上班修學道種智，期能證得無生法忍。

3、**增上班　成唯識論**詳解　詳解八識心王的唯識性、唯識相、唯識位，分說八識心王及其心所各別的自性、所依、所緣、相應心所、行相、功用等，並闡述緣生諸法的四緣：因緣、等無間緣、所緣緣、增上緣等四緣，並論及十因五果等。論中闡釋**佛法實證及成就的根本法即是第八識，由第八識成就三界世間及出世間的一切染淨諸法，方有成佛之道可修、可證、可成就，名爲圓成實性**。然後詳解末法時代學人極易混淆的見道位所函蓋的眞見道、相見道、通達位等內容，指正末法時代高慢心一類學人，於見道位前後不斷所墮的同一邪謬處。末後開示修道位的十地之中，各地所應斷的二愚及所應證的一智，乃至佛位的四智圓明及具足四種涅槃等一切種智之眞實正理。由平實導師講述，每逢一、三、五週之週末晚上開示，每逢二、四週之週末爲重播班，供作後悟之菩薩補聞所未聽聞之法。增上班課程僅限已明心之會員參加。未來每逢講完十分之一內容時，便予出書流通；總共十輯，敬請期待。(註：《瑜伽師地論》從 2003 年二月開講，至 2022 年 2 月 19 日已經圓滿，爲期 18 年整。)

4、**解深密經**詳解　本經所說妙法極爲甚深難解，非唯論及佛法中心主旨的八識心王及般若實證之標的，亦論及眞見道之後轉入相見道位中應該修學之法，即是七眞如之觀行內涵，然後始可入地。亦論及見道之後，如何與解脫及佛菩提智相應，兼論十地進修之道，末論如來法身及四智圓明的一切種智境界。如是眞見道、相見道、諸地修行之義，傳至今時仍然可證，顯示佛法眞是義學而非玄談或思想，有實證之標的與內容，非學術界諸思惟研究者之所能到，乃是離言絕句之第八識第一義諦妙義。重講本經之目的，在於令諸已悟之人明解大乘佛法之成佛次第，以及悟後進修一切種智之內涵，確實證知三種自性性，並得據此證解七眞如、十眞如等正理，成就三無性的境界。已於 2021 年三月下旬起每逢週二的晚上公開宣講，由平實導師詳解。不限制聽講資格。

5、**精進禪三**　主三和尚：平實導師。於四天三夜中，以克勤圓悟大師及大慧宗杲之禪風，施設機鋒與小參、公案密意之開示，幫助會員剋期取證，親證不生不滅之眞實心——人人本有之如來藏。每年四月、十月各舉辦三個梯次；平實導師主持。僅限本會會員參加禪淨班共修期滿，報名審核通過者，方可參加。並選擇會中定力、慧力、福德三條件皆已具足之已明心會員，給以指引，令得眼見自己無形無相之佛性遍佈山河大地，眞實而無障礙，得以肉眼現觀世界身心悉皆如幻，具足成就如幻觀，圓滿十住菩薩之證境。

6、**阿含經**詳解　選擇重要之阿含部經典，依無餘涅槃之實際而加以詳解，令大眾得以現觀諸法緣起性空，亦復不墮斷滅見中，顯示經中所隱說之涅槃實際—如來藏—確實已於四阿含中隱說；令大眾得以聞後觀行，確實斷除我見乃至我執，證得**見到**眞現觀，乃至**身證**……等眞現觀；已得大乘或二乘見道者，亦可由此聞熏及聞後之觀行，除斷我所之貪著，成就慧解脫果。由平實導師詳解。不限制聽講資格。

7、**精選如來藏系經典**詳解　精選如來藏系經典一部，詳細解說，以此完全印證會員所悟如來藏之眞實，得入不退轉住。另行擇期詳細解說之，由平實導師講解。僅限已明心之會員參加。

8、**禪門差別智**　藉禪宗公案之微細淆訛難知難解之處，加以宣說及剖析，以增進明心、見性之功德，啓發差別智，建立擇法眼。每月第一週日全天，由平實導師開示，僅限破參明心後，復又眼見佛性者參加（事冗暫停）。

9、**枯木禪**　先講智者大師的《小止觀》，後說《釋禪波羅蜜》，詳解四禪八定之修證理論與實修方法，細述一般學人修定之邪見與岔路，及對禪定證境之誤會，消除枉用功夫、浪費生命之現象。已悟般若者，可以藉此而實修初禪，進入大乘通教及聲聞教的三果心解脫境界，配合應有的大福德及後得無分別智、十無盡願，即可進入初地心中。親教師：平實導師。未來緣熟時將於正覺寺開講。不限制聽講資格。

註：本會例行年假，自 2004 年起，改爲每年農曆新年前七天開始停息弘法事務及共修課程，農曆正月 8 日回復所有共修及弘法事務。新春期間（每日 9.00~17.00）開放台北講堂，方便會員禮佛祈福及會外人士請書。大溪區的正覺祖師堂，開放參訪時間，詳見〈正覺電子報〉或成佛之道網站。本表得因時節因緣需要而隨時修改之，不另作通知。

佛教正覺同修會　贈閱書籍 目錄

2021/8/30

1.**無相念佛**　平實導師著　回郵 36 元
2.**念佛三昧修學次第**　平實導師述著　回郵 52 元
3.**正法眼藏—護法集**　平實導師述著　回郵 76 元
4.**真假開悟簡易辨正法&佛子之省思**　平實導師著　回郵 26 元
5.**生命實相之辨正**　平實導師著　回郵 31 元
6.**如何契入念佛法門**（附：印順法師否定極樂世界）平實導師著　回郵 26 元
7.**平實書箋**—答元覽居士書　平實導師著　回郵 52 元
8.**三乘唯識**—如來藏系經律彙編　平實導師編　回郵 80 元
（精裝本　長 27 cm　寬 21 cm　高 7.5 cm　重 2.8 公斤）
9.**三時繫念全集**—修正本　回郵掛號 52 元（長 26.5 cm×寬 19 cm）
10.**明心與初地**　平實導師述　回郵 31 元
11.**邪見與佛法**　平實導師述著　回郵 36 元
12.**甘露法雨**　平實導師述　回郵 36 元
13.**我與無我**　平實導師述　回郵 36 元
14.**學佛之心態**—修正錯誤之學佛心態始能與正法相應 孫正德老師著 回郵52元
附錄：平實導師著**《略說八、九識並存…等之過失》**
15.**大乘無我觀**—《悟前與悟後》別說　平實導師述著　回郵 36 元
16.**佛教之危機**—中國台灣地區現代佛教之真相（附錄：公案拈提六則）
平實導師著　回郵 52 元
17.**燈 影**—燈下黑（覆「求教後學」來函等）　平實導師著　回郵 76 元
18.**護法與毀法**—覆上平居士與徐恒志居士網站毀法二文
張正圜老師著　回郵 76 元
19.**淨土聖道**—兼評**選擇本願念佛**　正德老師著　**由正覺同修會購贈** 回郵52元
20.**辨唯識性相**—對「紫蓮心海《辯唯識性相》書中否定阿賴耶識」之回應
正覺同修會 台南共修處法義組 著　回郵 52 元
21.**假如來藏**—對法蓮法師《如來藏與阿賴耶識》書中否定阿賴耶識之回應
正覺同修會 台南共修處法義組 著　回郵 76 元
22.**入不二門**—公案拈提集錦 第一輯（於平實導師公案拈提諸書中選錄約二十則，合輯為一冊流通之）平實導師著　回郵 52 元
23.**真假邪說**—西藏密宗索達吉喇嘛《破除邪說論》真是邪說
釋正安法師著　上、下冊回郵各 52 元
24.**真假開悟**—真如、如來藏、阿賴耶識間之關係　平實導師述著　回郵 76 元
25.**真假禪和**—辨正釋傳聖之謗法謬說　孫正德老師著　回郵 76 元
26.**眼見佛性**—駁慧廣法師**眼見佛性的含義**文中謬說
游正光老師著　回郵 52 元

27.**普門自在**—公案拈提集錦 第二輯（於平實導師公案拈提諸書中選錄約二十則，合輯爲一冊流通之）平實導師著　回郵 52 元

28.**印順法師的悲哀**—以現代禪的質疑為線索　恒毓博士著　回郵 52 元

29.**識蘊真義**—現觀識蘊內涵、取證初果、親斷三縛結之具體行門。
—依《成唯識論》及《惟識述記》正義，略顯安慧《大乘廣五蘊論》之邪謬
平實導師著　回郵 76 元

30.**正覺電子報** 各期紙版本　免附回郵　每次最多函索三期或三本。
（已無存書之較早各期，不另增印贈閱）

31.**現代人應有的宗教觀**　蔡正禮老師 著　回郵 31 元

32.**遠惑趣道**—正覺電子報般若信箱問答錄　第一輯　回郵 52 元

33.**遠惑趣道**—正覺電子報般若信箱問答錄　第二輯　回郵 52 元

34.**確保您的權益**—器官捐贈應注意自我保護　游正光老師 著　回郵 31 元

35.**正覺教團電視弘法三乘菩提 DVD 光碟（一）**

由正覺教團多位親教師共同講述錄製 DVD 8 片，MP3 一片，共 9 片。有二大講題：一爲「三乘菩提之意涵」，二爲「學佛的正知見」。內容精闢，深入淺出，精彩絕倫，幫助大眾快速建立三乘法道的正知見，免被外道邪見所誤導。有志修學三乘佛法之學人不可不看。（製作工本費 100 元，回郵 52 元）

36.**正覺教團電視弘法 DVD 專輯（二）**

總有二大講題：一爲「三乘菩提之念佛法門」，一爲「學佛正知見（第二篇）」，由正覺教團多位親教師輪番講述，內容詳細闡述如何修學念佛法門、實證念佛三昧，以及學佛應具有的正確知見，可以幫助發願往生西方極樂淨土之學人，得以把握往生，更可令學人快速建立三乘法道的正知見，免於被外道邪見所誤導。有志修學三乘佛法之學人不可不看。（一套 17 片，工本費 160 元。回郵 76 元）

37.**喇嘛性世界**—揭開假藏傳佛教譚崔瑜伽的面紗　張善思 等人合著
由正覺同修會購贈　回郵 52 元

38.**假藏傳佛教的神話**—性、謊言、喇嘛教　張正玄教授編著
由正覺同修會購贈　回郵 52 元

39.**隨 緣**—理隨緣與事隨緣　平實導師述　回郵 52 元。

40.**學佛的覺醒**　正枝居士 著　回郵 52 元

41.**導師之真實義**　蔡正禮老師 著　回郵 31 元

42.**淺談達賴喇嘛之雙身法**—兼論解讀「密續」之達文西密碼
吳明芷居士 著　回郵 31 元

43.**魔界轉世**　張正玄居士 著　回郵 31 元

44.**一貫道與開悟**　蔡正禮老師 著　回郵 31 元

45.**博愛**—愛盡天下女人　正覺教育基金會 編印　回郵 36 元

46.**意識虛妄經教彙編**—實證解脱道的關鍵經文　正覺同修會編印　回郵 36 元

47.**邪箭囈語**—破斥藏密外道多識仁波切《破魔金剛箭雨論》之邪說

陸正元老師著　上、下冊回郵各 52 元

48.**真假沙門**—依 佛聖教闡釋佛教僧寶之定義

蔡正禮老師著　俟正覺電子報連載後結集出版

49.**真假禪宗**—藉評論釋性廣《印順導師對變質禪法之批判及對禪宗之肯定》以顯示真假禪宗

附論一：凡夫知見 無助於佛法之信解行證

附論二：世間與出世間一切法皆從如來藏實際而生而顯

余正偉老師著　俟正覺電子報連載後結集出版　回郵未定

★ 上列贈書之郵資，係台灣本島地區郵資，大陸、港、澳地區及外國地區，請另計酌增（大陸、港、澳、國外地區之郵票不許通用）。尚未出版之書，請勿先寄來郵資，以免增加作業煩擾。

★ 本目錄若有變動，唯於後印之書籍及「成佛之道」網站上修正公佈之，不另行個別通知。

函索書籍請寄：佛教正覺同修會　103 台北市承德路 3 段 277 號 9 樓

台灣地區函索書籍者請附寄郵票，無時間購買郵票者可以等值現金抵用，但不接受郵政劃撥、支票、匯票。大陸地區得以人民幣計算，國外地區請以美元計算（請勿寄來當地郵票，在台灣地區不能使用）。欲以掛號寄遞者，請另附掛號郵資。

親自索閱：正覺同修會各共修處。　★請於共修時間前往取書，餘時無人在道場，請勿前往索取；共修時間與地點，詳見書末正覺同修會共修現況表（以近期之共修現況表爲準）。

註：正智出版社發售之局版書，請向各大書局購閱。若書局之書架上已經售出而無陳列者，請向書局櫃台指定洽購；若書局不便代購者，請於正覺同修會共修時間前往各共修處請購，正智出版社已派人於共修時間送書前往各共修處流通。 郵政劃撥購書及 大陸地區 購書，請詳別頁正智出版社發售書籍目錄最後頁之說明。

成佛之道 網站：http://www.a202.idv.tw　正覺同修會已出版之結緣書籍，多已登載於 成佛之道 網站，若住外國、或住處遙遠，不便取得正覺同修會贈閱書籍者，可以從本網站閱讀及下載。

＊＊假藏傳佛教修雙身法，非佛教＊＊

正智出版社 籌募弘法基金發售書籍目錄 2022/10/19

1.**宗門正眼**—公案拈提 第一輯 重拈 平實導師著 500 元
因重寫內容大幅度增加故，字體必須改小，並增為 576 頁 主文 546 頁。比初版更精彩、更有內容。初版《禪門摩尼寶聚》之讀者，可寄回本公司免費調換新版書。免附回郵，亦無截止期限。（2007 年起，每冊附贈本公司精製公案拈提〈超意境〉CD 一片。市售價格 280 元，多購多贈。）

2.**禪淨圓融** 平實導師著 200 元（第一版舊書可換新版書。）

3.**真實如來藏** 平實導師著 400 元

4.**禪—悟前與悟後** 平實導師著 上、下冊，每冊 250 元

5.**宗門法眼**—公案拈提 第二輯 平實導師著 500 元
（2007 年起，每冊附贈本公司精製公案拈提〈超意境〉CD 一片）

6.**楞伽經詳解** 平實導師著 全套共 10 輯 每輯 250 元

7.**宗門道眼**—公案拈提 第三輯 平實導師著 500 元
（2007 年起，每冊附贈本公司精製公案拈提〈超意境〉CD 一片）

8.**宗門血脈**—公案拈提 第四輯 平實導師著 500 元
（2007 年起，每冊附贈本公司精製公案拈提〈超意境〉CD 一片）

9.**宗通與說通**—成佛之道 平實導師著 主文 381 頁 全書 400 頁售價 300 元

10.**宗門正道**—公案拈提 第五輯 平實導師著 500 元
（2007 年起，每冊附贈本公司精製公案拈提〈超意境〉CD 一片）

11.**狂密與真密 一～四輯** 平實導師著 西藏密宗是人間最邪淫的宗教，本質不是佛教，只是披著佛教外衣的印度教性力派流毒的喇嘛教。此書中將西藏密宗密傳之男女雙身合修樂空雙運所有祕密與修法，毫無保留完全公開，並將全部喇嘛們所不知道的部分也一併公開。內容比大辣出版社喧騰一時的《西藏慾經》更詳細。並且函蓋藏密的所有祕密及其錯誤的中觀見、如來藏見……等，藏密的所有法義都在書中詳述、分析、辨正。每輯主文三百餘頁 每輯全書約 400 頁 售價每輯 300 元

12.**宗門正義**—公案拈提 第六輯 平實導師著 500 元
（2007 年起，每冊附贈本公司精製公案拈提〈超意境〉CD 一片）

13.**心經密意**—心經與解脫道、佛菩提道、祖師公案之關係與密意 平實導師述 300 元

14.**宗門密意**—公案拈提 第七輯 平實導師著 500 元
（2007 年起，每冊附贈本公司精製公案拈提〈超意境〉CD 一片）

15.**淨土聖道**—兼評「選擇本願念佛」 正德老師著 200 元

16.**起信論講記** 平實導師述著 共六輯 每輯三百餘頁 售價各 250 元

17.**優婆塞戒經講記** 平實導師述著 共八輯 每輯三百餘頁 售價各 250 元

18.**真假活佛**—略論附佛外道盧勝彥之邪說（對前岳靈犀網站主張「盧勝彥是證悟者」之修正） 正犀居士（岳靈犀）著 流通價 140 元

19.**阿含正義**—唯識學探源 平實導師著 共七輯 每輯 300 元

20.**超意境** CD 以平實導師公案拈提書中超越意境之頌詞，加上曲風優美的旋律，錄成令人嚮往的超意境歌曲，其中包括正覺發願文及平實導師親自譜成的黃梅調歌曲一首。詞曲雋永，殊堪翫味，可供學禪者吟詠，有助於見道。內附設計精美的彩色小冊，解說每一首詞的背景本事。每片 280 元。【每購買公案拈提書籍一冊，即贈送一片。】

21.**菩薩底憂鬱** CD 將菩薩情懷及禪宗公案寫成新詞，並製作成超越意境的優美歌曲。 1.主題曲〈菩薩底憂鬱〉，描述地後菩薩能離三界生死而迴向繼續生在人間，但因尚未斷盡習氣種子而有極深沈之憂鬱，非三賢位菩薩及二乘聖者所知，此憂鬱在七地滿心位方才斷盡；本曲之詞中所說義理極深，昔來所未曾見；此曲係以優美的情歌風格寫詞及作曲，聞者得以激發嚮往諸地菩薩境界之大心，詞、曲都非常優美，難得一見；其中勝妙義理之解說，已印在附贈之彩色小冊中。 2.以各輯公案拈提中直示禪門入處之頌文，作成各種不同曲風之超意境歌曲，值得玩味、參究；聆聽公案拈提之優美歌曲時，請同時閱讀內附之印刷精美說明小冊，可以領會超越三界的證悟境界；未悟者可以因此引發求悟之意向及疑情，眞發菩提心而邁向求悟之途，乃至因此眞實悟入般若，成眞菩薩。 3.正覺總持咒新曲，總持佛法大意；總持咒之義理，已加以解說並印在隨附之小冊中。本 CD 共有十首歌曲，長達 63 分鐘。每盒各附贈二張購書優惠券。每片 320 元。

22.**禪意無限** CD 平實導師以公案拈提書中偈頌寫成不同風格曲子，與他人所寫不同風格曲子共同錄製出版，幫助參禪人進入禪門超越意識之境界。盒中附贈彩色印製的精美解說小冊，以供聆聽時閱讀，令參禪人得以發起參禪之疑情，即有機會證悟本來面目而發起實相智慧，實證大乘菩提般若，能如實證知般若經中的眞實意。本 CD 共有十首歌曲，長達 69 分鐘，每盒各附贈二張購書優惠券。每片 320 元。

23.**我的菩提路**第一輯　釋悟圓、釋善藏等人合著　售價 300 元

24.**我的菩提路**第二輯　郭正益等人合著　售價 300 元

（初版首刷至第四刷，都可以寄來免費更換爲第二版，免附郵費）

25.**我的菩提路**第三輯　王美伶等人合著　售價 300 元

26.**我的菩提路**第四輯　陳晏平等人合著　售價 300 元

27.**我的菩提路**第五輯　林慈慧等人合著　售價 300 元

28.**我的菩提路**第六輯　劉惠莉等人合著　售價 300 元

29.**我的菩提路**第七輯　余正偉等人合著　售價 300 元

30.**鈍鳥與靈龜**—考證後代凡夫對大慧宗杲禪師的無根誹謗。

平實導師著 共 458 頁 售價 350 元

31.**維摩詰經講記** 平實導師述 共六輯 每輯三百餘頁 售價各 250 元

32.**真假外道**—破劉東亮、杜大威、釋證嚴常見外道見　正光老師著　200 元

33.**勝鬘經講記**—兼論印順《勝鬘經講記》對於《勝鬘經》之誤解。
平實導師述　共六輯　每輯三百餘頁　售價 250 元
34.**楞嚴經講記** 平實導師述 共 **15** 輯，每輯三百餘頁 售價 300 元
35.**明心與眼見佛性**—駁慧廣〈蕭氏「眼見佛性」與「明心」之非〉文中謬說
正光老師著　共 448 頁　售價 300 元
36.**見性與看話頭** 黃正倖老師 著，本書是禪宗參禪的方法論。
內文 375 頁，全書 416 頁，售價 300 元。
37.**達賴真面目**—玩盡天下女人 白正偉老師 等著 中英對照彩色精裝大本 800 元
38.**喇嘛性世界**—揭開假藏傳佛教譚崔瑜伽的面紗　張善思 等人著　200 元
39.**假藏傳佛教的神話**—性、謊言、喇嘛教　正玄教授編著　200 元
40.**金剛經宗通**　平實導師述　共九輯　每輯售價 250 元。
41.**空行母**—性別、身分定位，以及藏傳佛教。
珍妮·坎貝爾著 呂艾倫 中譯 售價 250 元
42.**末代達賴**—性交教主的悲歌　張善思、呂艾倫、辛燕編著 售價 250 元
43.**霧峰無霧**—給哥哥的信　辨正釋印順對佛法的無量誤解
游宗明 老師著　售價 250 元
44.**霧峰無霧**—第二輯—救護佛子向正道　細說釋印順對佛法的各類誤解
游宗明 老師著　售價 250 元
45.**第七意識與第八意識？**—穿越時空「超意識」
平實導師述　每冊 300 元
46.**黯淡的達賴**—失去光彩的諾貝爾和平獎
正覺教育基金會編著　每冊 250 元
47.**童女迦葉考**—論呂凱文〈佛教輪迴思想的論述分析〉之謬。
平實導師 著 定價 180 元
48.**人間佛教**—實證者必定不悖三乘菩提
平實導師 述，定價 400 元
49.**實相經宗通**　平實導師述　共八輯　每輯 250 元
50.**真心告訴您(一)**—達賴喇嘛在幹什麼？
正覺教育基金會編著　售價 250 元
51.**中觀金鑑**—詳述應成派中觀的起源與其破法本質
孫正德老師著　分為上、中、下三冊，每冊 250 元
52.**藏傳佛教要義**—《狂密與真密》之簡體字版　平實導師 著 上、下冊
僅在大陸流通　每冊 300 元
53.**法華經講義**　平實導師述　共二十五輯　每輯 300 元
已於 2015/05/31 起開始出版，每二個月出版一輯
54.**西藏「活佛轉世」制度**—附佛、造神、世俗法
許正豐、張正玄老師合著　定價 150 元
55.**廣論三部曲**　郭正益老師著　定價 150 元
56.**真心告訴您(二)**—達賴喇嘛是佛教僧侶嗎？
—補祝達賴喇嘛八十大壽
正覺教育基金會編著　售價 300 元

57.**次法**—實證佛法前應有的條件
張善思居士著　分為上、下二冊，每冊 250 元
58.**涅槃**—解說四種涅槃之實證及內涵　平實導師著 上、下冊 各 350 元
59.**山法**—西藏關於他空與佛藏之根本論
篤補巴 · 喜饒堅贊著　　傑弗里 · 霍普金斯英譯
張火慶教授、呂艾倫老師中譯　精裝大本 1200 元
60.**佛藏經講義**　平實導師述　2019 年 7 月 31 日開始出版　共 21 輯
每二個月出版一輯，每輯 300 元。
61.**成唯識論**　大唐 玄奘菩薩所著鉅論。重新正確斷句，並以不同字體及標點符號顯示質疑文，令得易讀。全書 288 頁，精裝大本 400 元。
62.**成唯識論釋**—詳解大唐玄奘菩薩所著《成唯識論》，平實導師述著。共十輯，於每講完一輯的分量以後即予出版，預計 2023 年八月出版第一輯，以後每七到九個月出版一輯，每輯 400 元。
63.**假鋒虛焰金剛乘**—揭示顯密正理，兼破索達吉師徒《般若鋒兮金剛焰》
釋正安法師著 簡體字版 即將出版 售價未定
64.**廣論之平議**—宗喀巴《菩提道次第廣論》之平議　正雄居士著
約二或三輯　俟正覺電子報連載後結集出版　書價未定
65.**大法鼓經講義**　平實導師講述 《佛藏經講義》出版後發行，每輯 300 元
66.**不退轉法輪經講義** 平實導師講述 《大法鼓經講義》出版後發行
67.**八識規矩頌**詳解　○○居士 註解　出版日期另訂　書價未定。
68.**中觀正義**—註解平實導師《中論正義頌》。
○○法師（居士）著　出版日期未定　書價未定
69.**中論正義**—釋龍樹菩薩《中論》頌正理。
孫正德老師著　出版日期未定　書價未定
70.**中國佛教史**—依中國佛教正法史實而論。 ○○老師 著　書價未定。
71.**印度佛教史**—法義與考證。依法義史實評論印順《印度佛教思想史、佛教史地考論》之謬說　正偉老師著　出版日期未定　書價未定
72.**阿含經講記**—將選錄四阿含中數部重要經典全經講解之，講後整理出版。
平實導師述　約二輯　每輯 300 元　出版日期未定
73.**實積經講記** 平實導師述　每輯三百餘頁 優惠價 300 元 出版日期未定
74.**解深密經講義**　平實導師述 約四輯　將於重講後整理出版
75.**修習止觀坐禪法要講記**　平實導師述　每輯三百餘頁
將於正覺寺建成後重講、以講記逐輯出版　出版日期未定
76.**無門關**—《無門關》公案拈提　平實導師著　出版日期未定
77.**中觀再論**—兼述印順《中觀今論》謬誤之平議。 正光老師著 出版日期未定
78.**輪迴與超度**—佛教超度法會之真義。
○○法師（居士）著　出版日期未定　書價未定
79.**《釋摩訶衍論》平議**—對偽稱龍樹所造《釋摩訶衍論》之平議
○○法師（居士）著　出版日期未定　書價未定

80.**正覺發願文**註解—以真實大願為因 得證菩提
正德老師著　出版日期未定　書價未定
81.**正覺總持咒**—佛法之總持　正圜老師著　出版日期未定　書價未定
82.**三自性**—依四食、五蘊、十二因緣、十八界法，說三性三無性。
作者未定　出版日期未定
83.**道品**—從三自性說大小乘三十七道品　作者未定　出版日期未定
84.**大乘緣起觀**—依四聖諦七真如現觀十二緣起 作者未定　出版日期未定
85.**三德**—論解脫德、法身德、般若德。　作者未定　出版日期未定
86.**真假如來藏**—對印順《如來藏之研究》謬說之平議　作者未定 出版日期未定
87.**大乘道次第**　作者未定　出版日期未定　書價未定
88.**四緣**—依如來藏故有四緣。　作者未定　出版日期未定
89.**空之探究**—印順《空之探究》謬誤之平議　作者未定 出版日期未定
90.**十法義**—論阿含經中十法之正義　作者未定　出版日期未定
91.**外道見**—論述外道六十二見　作者未定　出版日期未定

正智出版社有限公司 書籍介紹

禪淨圓融：言淨土諸祖所未曾言，示諸宗祖師所未曾示；禪淨圓融，另闢成佛捷徑，兼顧自力他力，闡釋淨土門之速行易行道，亦同時揭櫫聖教門之速行易行道；令廣大淨土行者得免緩行難證之苦，亦令聖道門行者得以藉著淨土速行道而加快成佛之時劫。乃前無古人之超勝見地，非一般弘揚禪淨法門典籍也，先讀為快。平實導師著 200元。

宗門正眼—公案拈提第一輯：繼承克勤圜悟大師碧巖錄宗旨之禪門鉅作。先則舉示當代大法師之邪說，消弭當代禪門大師鄉愿之心態，摧破當今禪門「世俗禪」之妄談；次則旁通教法，表顯宗門正理；繼以道之次第，消弭古今狂禪；後藉言語及文字機鋒，直示宗門入處。悲智雙運，禪味十足，數百年來難得一睹之禪門鉅著也。平實導師著 500元（原初版書《禪門摩尼寶聚》，改版後補充為五百餘頁新書，總計多達二十四萬字，內容更精彩，並改名為《宗門正眼》，讀者原購初版《禪門摩尼寶聚》皆可寄回本公司免費換新，免附回郵，亦無截止期限）（2007年起，凡購買公案拈提第一輯至第七輯，每購一輯皆贈送本公司精製公案拈提〈超意境〉CD一片，市售價格280元，多購多贈）。

禪—悟前與悟後：本書能建立學人悟道之信心與正確知見，圓滿具足而有次第地詳述禪悟之功夫與禪悟之內容，指陳參禪中細微淆訛之處，能使學人明自真心、見自本性。若未能悟入，亦能以正確知見辨別古今中外一切大師究係真悟？或屬錯悟？便有能力揀擇，捨名師而選明師，後時必有悟道之緣。一旦悟道，遲者七次人天往返，便出三界，速者一生取辦。學人欲求開悟者，不可不讀。平實導師著。上、下冊共500元，單冊250元。

眞實如來藏：如來藏眞實存在，乃宇宙萬有之本體，並非印順法師、達賴喇嘛等人所說之「唯有名相、無此心體」。如來藏是涅槃之本際，是一切有智之人竭盡心智、不斷探索而不能得之生命實相；是古今中外許多大師自以爲悟而當面錯過之生命實相。如來藏即是阿賴耶識，乃是一切有情本自具足、不生不滅之眞實心。當代中外大師於此書出版之前所未能言者，作者於本書中盡情流露、詳細闡釋。眞悟者讀之，必能增益悟境、智慧增上；錯悟者讀之，必能檢討自己之錯誤，免犯大妄語業；未悟者讀之，能知參禪之理路，亦能以之檢查一切名師是否眞悟。此書是一切哲學家、宗教家、學佛者及欲昇華心智之人必讀之鉅著。　平實導師著　售價400元。

宗門法眼—公案拈提第二輯：列舉實例，闡釋土城廣欽老和尚之悟處；並直示這位不識字的老和尚妙智橫生之根由，繼而剖析禪宗歷代大德之開悟公案，解析當代密宗高僧卡盧仁波切之錯悟證據，並例舉當代顯宗高僧、大居士之錯悟證據（凡健在者，爲免影響其名聞利養，皆隱其名）。藉辨正當代名師之邪見，向廣大佛子指陳禪悟之正道，彰顯宗門法眼。悲勇兼出，強捋虎鬚；慈智雙運，巧探驪龍；摩尼寶珠在手，直示宗門入處，禪味十足；若非大悟徹底，不能爲之。禪門精奇人物，允宜人手一冊，供作參究及悟後印證之圭臬。本書於2008年4月改版，增寫爲大約500頁篇幅，以利學人研讀參究時更易悟入宗門正法，以前所購初版首刷及初版二刷舊書，皆可免費換取新書。平實導師著　500元（2007年起，凡購買公案拈提第一輯至第七輯，每購一輯皆贈送本公司精製公案拈提〈超意境〉CD一片，市售價格280元，多購多贈）。

宗門道眼—公案拈提第三輯：繼宗門法眼之後，再以金剛之作略、慈悲之胸懷、犀利之筆觸，舉示寒山、拾得、布袋三大士之悟處，消弭當代錯悟者對於寒山大士……等之誤會及誹謗。　亦舉出民初以來與虛雲和尚齊名之蜀郡鹽亭袁煥仙夫子——南懷瑾老師之師，其「悟處」何在？並蒐羅許多眞悟祖師之證悟公案，顯示禪宗歷代祖師之睿智，指陳部分祖師、奧修及當代顯密大師之謬悟，作爲殷鑑，幫助禪子建立及修正參禪之方向及知見。假使讀者閱此書已，一時尚未能悟，亦可一面加功用行，一面以此宗門道眼辨別眞假善知識，避開錯誤之印證及歧路，可免大妄語業之長劫慘痛果報。欲修禪宗之禪者，務請細讀。平實導師著　售價500元（2007年起，凡購買公案拈提第一輯至第七輯，每購一輯皆贈送本公司精製公案拈提〈超意境〉CD一片，市售價格280元，多購多贈）。

楞伽經詳解：本經是禪宗見道者印證所悟眞僞之根本經典，亦是禪宗見道者悟後起修之依據經典；故達摩祖師於印證二祖慧可大師之後，將此經典連同佛鉢祖衣一併交付二祖，令其依此經典佛示金言、進入修道位，修學一切種智。由此可知此經對於眞悟之人修學佛道，是非常重要之一部經典。此經能破外道邪說，亦破佛門中錯悟名師之謬說，亦破禪宗部分祖師之狂禪：不讀經典、一向主張「一悟即成究竟佛」之謬執。並開示愚夫所行禪、觀察義禪、攀緣如禪、如來禪等差別，令行者對於三乘禪法差異有所分辨；亦糾正禪宗祖師古來對於如來禪之誤解，嗣後可免以訛傳訛之弊。此經亦是法相唯識宗之根本經典，禪者悟後欲修一切種智而入初地者，必須詳讀。　平實導師著，全套共十輯，已全部出版完畢，每輯主文約320頁，每冊約352頁，定價250元。

宗門血脈—公案拈提第四輯：末法怪象—許多修行人自以爲悟，每將無念靈知認作眞實；崇尚二乘法諸師及其徒衆，則將外於如來藏之緣起性空—無因論之無常空、斷滅空、一切法空—錯認爲　佛所說之般若空性。這兩種現象已於當今海峽兩岸及美加地區顯密大師之中普遍存在；人人自以爲悟，心高氣壯，便敢寫書解釋祖師證悟之公案，大多出於意識思惟所得，言不及義，錯誤百出，因此誤導廣大佛子同陷大妄語之地獄業中而不能自知。彼等書中所說之悟處，其實處處違背第一義經典之聖言量。彼等諸人不論是否身披袈裟，都非佛法宗門血脈，或雖有禪宗法脈之傳承，亦只徒具形式；猶如螟蛉，非眞血脈，未悟得根本眞實故。禪子欲知　佛、祖之眞血脈者，請讀此書，便知分曉。平實導師著，主文452頁，全書464頁，定價500元（2007年起，凡購買公案拈提第一輯至第七輯，每購一輯皆贈送本公司精製公案拈提〈超意境〉CD一片，市售價格280元，多購多贈）。

宗通與說通：古今中外，錯誤之人如麻似粟，每以常見外道所說之靈知心，認作眞心；或妄想虛空之勝性能量爲眞如，或錯認物質四大元素藉冥性（靈知心本體）能成就吾人色身及知覺，或認初禪至四禪中之了知心爲不生不滅之涅槃心。此等皆非通宗者之見地。復有錯悟之人一向主張「宗門與教門不相干」，此即尚未通達宗門之人也。其實宗門與教門互通不二，宗門所證者乃是眞如與佛性，教門所說者乃說宗門證悟之眞如佛性，故教門與宗門不二。本書作者以宗教二門互通之見地，細說「宗通與說通」，從初見道至悟後起修之道、細說分明；並將諸宗諸派在整體佛教中之地位與次第，加以明確之教判，學人讀之即可了知佛法之梗概也。欲擇明師學法之前，允宜先讀。平實導師著，主文共381頁，全書392頁，只售成本價300元。

宗門正道—公案拈提第五輯：修學大乘佛法有二果須證—解脫果及大菩提果。二乘人不證大菩提果，唯證解脫果；此果之智慧，名爲聲聞菩提、緣覺菩提。大乘佛子所證二果之菩提果爲佛菩提，故名大菩提果，其慧名爲一切種智—函蓋二乘解脫果。然此大乘二果修證，須經由禪宗之宗門證悟方能相應。而宗門證悟極難，自古已然；其所以難者，咎在古今佛教界普遍存在三種邪見：1.以修定認作佛法，　2.以無因論之緣起性空—否定涅槃本際如來藏以後之一切法空作爲佛法，3.以常見外道邪見（離語言妄念之靈知性）作爲佛法。　如是邪見，或因自身正見未立所致，或因邪師之邪教導所致，或因無始劫來虛妄熏習所致。若不破除此三種邪見，永劫不悟宗門眞義、不入大乘正道，唯能外門廣修菩薩行。　平實導師於此書中，有極爲詳細之說明，有志佛子欲摧邪見、入於內門修菩薩行者，當閱此書。主文共496頁，全書512頁。售價500元（2007年起，凡購買公案拈提第一輯至第七輯，每購一輯皆贈送本公司精製公案拈提〈超意境〉CD一片，市售價格280元，多購多贈）。

狂密與真密：密教之修學，皆由有相之觀行法門而入，其最終目標仍不離顯教經典所說第一義諦之修證；若離顯教第一義經典、或違背顯教第一義經典，即非佛教。西藏密教之觀行法，如灌頂、觀想、遷識法、寶瓶氣、大聖歡喜雙身修法、喜金剛、無上瑜伽、大樂光明、樂空雙運等，皆是印度教兩性生生不息思想之轉化，自始至終皆以如何能運用交合淫樂之法達到全身受樂爲其中心思想，純屬欲界五欲的貪愛，不能令人超出欲界輪迴，更不能令人斷除我見；何況大乘之明心與見性，更無論矣！故密宗之法絕非佛法也。而其明光大手印、大圓滿法教，又皆同以常見外道所說離語言妄念之無念靈知心錯認爲佛地之眞如，不能直指不生不滅之眞如。西藏密宗所有法王與徒衆，都尚未開頂門眼，不能辨別眞僞，以依人不依法、依密續不依經典故，不肯將其上師喇嘛所說對照第一義經典，純依密續之藏密祖師所說爲準，因此而誇大其證德與證量，動輒謂彼祖師上師爲究竟佛、爲地上菩薩；如今台海兩岸亦有自謂其師證量高於　釋迦文佛者，然觀其師所述，猶未見道，仍在觀行即佛階段，尚未到禪宗相似即佛、分證即佛階位，竟敢標榜爲究竟佛及地上法王，誑惑初機學人。凡此怪象皆是狂密，不同於眞密之修行者。近年狂密盛行，密宗行者被誤導者極衆，動輒自謂已證佛地眞如，自視爲究竟佛，陷於大妄語業中而不知自省，反謗顯宗眞修實證者之證量粗淺；或如義雲高與釋性圓…等人，於報紙上公然誹謗眞實證道者爲「騙子、無道人、人妖、癩蛤蟆…」等，造下誹謗大乘勝義僧之大惡業；或以外道法中有爲有作之甘露、魔術……等法，誑騙初機學人，狂言彼外道法爲眞佛法。如是怪象，在西藏密宗及附藏密之外道中，不一而足，舉之不盡，學人宜應愼思明辨，以免上當後又犯毀破菩薩戒之重罪。密宗學人若欲遠離邪知邪見者，請閱此書，即能了知密宗之邪謬，從此遠離邪見與邪修，轉入眞正之佛道。　平實導師著　共四輯　每輯約400頁（主文約340頁）每輯售價300元。

宗門正義—公案拈提第六輯：佛教有六大危機，乃是藏密化、世俗化、膚淺化、學術化、宗門密意失傳、悟後進修諸地之次第混淆；其中尤以宗門密意之失傳，爲當代佛教最大之危機。由宗門密意失傳故，易令 世尊本懷普被錯解，易令 世尊正法被轉易爲外道法，以及加以淺化、世俗化，是故宗門密意之廣泛弘傳與具緣佛弟子，極爲重要。然而欲令宗門密意之廣泛弘傳予具緣之佛弟子者，必須同時配合錯誤知見之解析、普令佛弟子知之，然後輔以公案解析之直示入處，方能令具緣之佛弟子悟入。而此二者，皆須以公案拈提之方式爲之，方易成其功、竟其業，是故平實導師續作宗門正義一書，以利學人。 全書500餘頁，售價500元（2007年起，凡購買公案拈提第一輯至第七輯，每購一輯皆贈送本公司精製公案拈提〈超意境〉CD一片，市售價格280元，多購多贈）。

心經密意—心經與解脫道、佛菩提道、祖師公案之關係與密意。二乘菩提所證之解脫道，實依第八識心之斷除煩惱障現行而立解脫之名；大乘菩提所證之佛菩提道，實依親證第八識如來藏之涅槃性、清淨自性、及其中道性而立般若之名；禪宗祖師公案所證之眞心，即是此第八識如來藏；是故三乘佛法所修所證之三乘菩提，皆依此如來藏心而立名也。此第八識心，即是《心經》所說之心也。證得此如來藏已，即能漸入大乘佛菩提道，亦可因證知此心而了知二乘無學所不能知之無餘涅槃本際，是故《心經》之密意，與三乘佛菩提之關係極爲密切、不可分割，三乘佛法皆依此心而立名故。今者平實導師以其所證解脫道之無生智及佛菩提之般若種智，將《心經》與解脫道、佛菩提道、祖師公案之關係與密意，以演講之方式，用淺顯之語句和盤托出，發前人所未言，呈三乘菩提之眞義，令人藉此《心經密意》一舉而窺三乘菩提之堂奧，迥異諸方言不及義之說；欲求眞實佛智者、不可不讀！主文317頁，連同跋文及序文…等共384頁，售價300元。

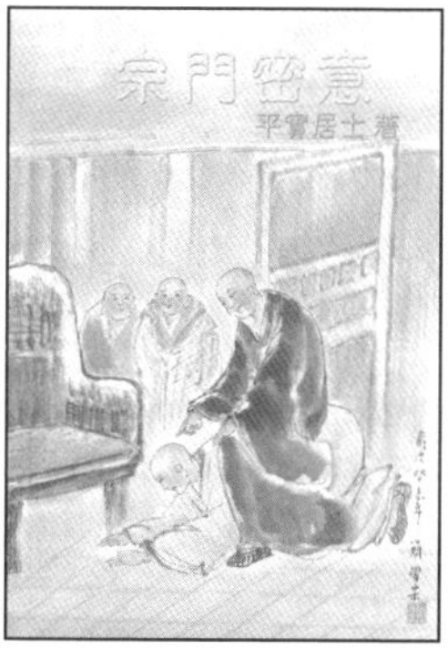

宗門密意—公案拈提第七輯：佛教之世俗化，將導致學人以信仰作爲學佛，則將以感應及世間法之庇祐，作爲學佛之主要目標，不能了知學佛之主要目標爲親證三乘菩提。大乘菩提則以般若實相智慧爲主要修習目標，以二乘菩提解脫道爲附帶修習之標的；是故學習大乘法者，應以禪宗之證悟爲要務，能親入大乘菩提之實相般若智慧中故，般若實相智慧非二乘聖人所能知故。此書則以台灣世俗化佛教之三大法師，說法似是而非之實例，配合眞悟祖師之公案解析，提示證悟般若之關節，令學人易得悟入。平實導師著，全書五百餘頁，售價500元（2007年起，凡購買公案拈提第一輯至第七輯，每購一輯皆贈送本公司精製公案拈提〈超意境〉CD一片，市售價格280元，多購多贈）。

淨土聖道—兼評選擇本願念佛：佛法甚深極廣，般若玄微，非諸二乘聖僧所能知之，一切凡夫更無論矣！所謂一切證量皆歸淨土是也！是故大乘法中「聖道之淨土、淨土之聖道」，其義甚深，難可了知；乃至眞悟之人，初心亦難知也。今有正德老師眞實證悟後，復能深探淨土與聖道之緊密關係，憐憫眾生之誤會淨土實義，亦欲利益廣大淨土行人同入聖道，同獲淨土中之聖道門要義，乃振奮心神、書以成文，今得刊行天下。主文279頁，連同序文等共301頁，總有十一萬六千餘字，正德老師著，成本價200元。

起信論講記：詳解大乘起信論心生滅門與心眞如門之眞實意旨，消除以往大師與學人對起信論所說心生滅門之誤解，由是而得了知眞心如來藏之非常非斷中道正理；亦因此一講解，令此論以往隱晦而被誤解之眞實義，得以如實顯示，令大乘佛菩提道之正理得以顯揚光大；初機學者亦可藉此正論所顯示之法義，對大乘法理生起正信，從此得以眞發菩提心，眞入大乘法中修學，世世常修菩薩正行。平實導師演述，共六輯，都已出版，每輯三百餘頁，售價各250元。

優婆塞戒經講記：本經詳述在家菩薩修學大乘佛法，應如何受持菩薩戒？對人間善行應如何看待？對三寶應如何護持？應如何正確地修集此世後世證法之福德？應如何修集後世「行菩薩道之資糧」？並詳述第一義諦之正義：五蘊非我非異我、自作自受、異作異受、不作不受……等深妙法義，乃是修學大乘佛法、行菩薩行之在家菩薩所應當了知者。出家菩薩今世或未來世登地已，捨報之後多數將如華嚴經中諸大菩薩，以在家菩薩身而修行菩薩行，故亦應以此經所述正理而修之，配合《楞伽經、解深密經、楞嚴經、華嚴經》等道次第正理，方得漸次成就佛道；故此經是一切大乘行者皆應證知之正法。平實導師講述，每輯三百餘頁，售價各250元；共八輯，已全部出版。

真假活佛—略論附佛外道盧勝彥之邪說：人人身中都有眞活佛，永生不滅而有大神用，但衆生都不了知，所以常被身外的西藏密宗假活佛籠罩欺瞞。本來就眞實存在的眞活佛，才是眞正的密宗無上密！諾那活佛因此而說禪宗是大密宗，但藏密的所有活佛都不知道、也不曾實證自身中的眞活佛。本書詳實宣示眞活佛的道理，舉證盧勝彥的「佛法」不是眞佛法，也顯示盧勝彥是假活佛，直接的闡釋第一義佛法見道的眞實正理。眞佛宗的所有上師與學人們，都應該詳細閱讀，包括盧勝彥個人在內。正犀居士著，優惠價140元。

阿含正義—唯識學探源：廣說四大部《阿含經》諸經中隱說之眞正義理，一一舉示佛陀本懷，令阿含時期初轉法輪根本經典之眞義，如實顯現於佛子眼前。並提示末法大師對於阿含眞義誤解之實例，一一比對之，證實唯識增上慧學確於原始佛法之阿含諸經中已隱覆密意而略說之，證實 世尊確於原始佛法中已曾密意而說第八識如來藏之總相；亦證實 世尊在四阿含中已說此藏識是名色十八界之因、之本—證明如來藏是能生萬法之根本心。佛子可據此修正以往受諸大師（譬如西藏密宗應成派中觀師：印順、昭慧、性廣、大願、達賴、宗喀巴、寂天、月稱、……等人）誤導之邪見，建立正見，轉入正道乃至親證初果而無困難；書中並詳說三果所證的心解脫，以及四果慧解脫的親證，都是如實可行的具體知見與行門。全書共七輯，已出版完畢。平實導師著，每輯三百餘頁，售價300元。

超意境CD：以平實導師公案拈提書中超越意境之頌詞，加上曲風優美的旋律，錄成令人嚮往的超意境歌曲，其中包括正覺發願文及平實導師親自譜成的黃梅調歌曲一首。詞曲雋永，殊堪翫味，可供學禪者吟詠，有助於見道。內附設計精美的彩色小冊，解說每一首詞的背景本事。每片280元。【每購買公案拈提書籍一冊，即贈送一片。】

我的菩提路第一輯：凡夫及二乘聖人不能實證的佛菩提證悟，末法時代的今天仍然有人能得實證，由正覺同修會釋悟圓、釋善藏法師等二十餘位實證如來藏者所寫的見道報告，已爲當代學人見證宗門正法之絲縷不絕，證明大乘義學的法脈仍然存在，爲末法時代求悟般若之學人照耀出光明的坦途。由二十餘位大乘見道者所繕，敘述各種不同的學法、見道因緣與過程，參禪求悟者必讀。全書三百餘頁，售價300元。

我的菩提路第二輯：由郭正益老師等人合著，書中詳述彼等諸人歷經各處道場學法，一一修學而加以檢擇之不同過程以後，因閱讀正覺同修會、正智出版社書籍而發起抉擇分，轉入正覺同修會中修學；乃至學法及見道之過程，都一一詳述之。**本書已改版印製重新流通**，讀者原購的初版書，不論是第一刷或第二、三、四刷，都可以寄回換新，免附郵費。

我的菩提路第三輯：由王美伶老師等人合著。自從正覺同修會成立以來，每年夏初、冬初都舉辦精進禪三共修，藉以助益會中同修們得以證悟明心發起般若實相智慧；凡已實證而被平實導師印證者，皆書具見道報告用以證明佛法之眞實可證而非玄學，證明佛法並非純屬思想、理論而無實質，是故每年都能有人證明正覺同修會的「實證佛教」主張並非虛語。特別是眼見佛性一法，自古以來中國禪宗祖師實證者極寡，較之明心開悟的證境更難令人信受；至2017年初，正覺同修會中的證悟明心者已近五百人，然而其中眼見佛性者至今唯十餘人爾，可謂難能可貴，是故明心後欲冀眼見佛性者實屬不易。黃正倖老師是懸絕七年無人見性後的第一人，她於2009年的見性報告刊於本書的第二輯中，爲大衆證明佛性確實可以眼見；其後七年之中求見性者都屬解悟佛性而無人眼見，幸而又經七年後的2016冬初，以及2017夏初的禪三，復有三人眼見佛性，希冀鼓舞四衆佛子求見佛性之大心，今則具載一則於書末，顯示求見佛性之事實經歷，供養現代佛教界欲得見性之四衆弟子。全書四百頁，售價300元，已於2017年6月30日發行。

我的菩提路第四輯：由陳晏平等人著。中國禪宗祖師往往有所謂「見性」之言，所言多屬看見如來藏具有能令人發起成佛之自性，並非《大般涅槃經》中 如來所說之眼見佛性。眼見佛性者，於親見佛性之時，即能於山河大地眼見自己佛性，亦能於他人身上眼見自己佛性及對方之佛性，如是境界無法爲尚未實證者解釋；勉強說之，縱使眞實明心證悟之人聞之，亦只能以自身明心之境界想像之，但不論如何想像多屬非量，能有正確之比量者亦是稀有，故說眼見佛性極爲困難。眼見佛性之人若所見極分明時，在所見佛性之境界下所眼見之山河大地、自己五蘊身心皆是虛幻，自有異於明心者之解脫功德受用，此後永不思證二乘涅槃，必定邁向成佛之道而進入第十住位中，已超第一阿僧祇劫三分有一，可謂之爲超劫精進也。今又有明心之後眼見佛性之人出於人間，將其明心及後來見性之報告，連同其餘證悟明心者之精彩報告一同收錄於此書中，供養眞求佛法實證之四眾佛子。全書380頁，售價300元，已於2018年6月30日發行。

我的菩提路第五輯：林慈慧老師等人著，本輯中所舉學人從相似正法中來到正覺同修會的過程，各人都有不同，發生的因緣亦是各有差別，然而都會指向同一個目標——證實生命實相的源底，確證自己生從何來、死往何去的事實，所以最後都證明佛法眞實而可親證，絕非玄學；本書將彼等諸人的始修及末後證悟之實例，羅列出來以供學人參考。本期亦有一位會裡的老師，是從1995年即開始追隨 平實導師修學，1997年明心後持續進修不斷，直到2017年眼見佛性之實例，足可證明《大般涅槃經》中世尊開示眼見佛性之法正眞無訛，第十住位的實證在末法時代的今天仍有可能，如今一併具載於書中以供學人參考，並供養現代佛教界欲得見性之四眾弟子。全書四百頁，售價300元，已於2019年12月31日發行。

我的菩提路第六輯：劉惠莉老師等人著，本輯中舉示劉老師明心多年以後的眼見佛性實錄，供末法時代學人了知明心之異於見性本質，足可證明《大般涅槃經》中世尊開示眼見佛性之法正眞無訛。亦列舉多篇學人從各道場來到正覺學法之不同過程，以及如何發覺邪見之異於正法的所在，最後終能在正覺禪三中悟入的實況，以證明佛教正法仍在末法時代的人間繼續弘揚的事實，鼓舞一切眞實學法的菩薩大眾思之：我等諸人亦可有因緣證悟，絕非空想白思。約四百頁，售價300元，已於2020年6月30日發行。

我的菩提路第七輯：余正偉老師等人著，本輯中舉示余老師明心二十餘年以後的眼見佛性實錄，供末法時代學人了知明心異於見性之本質，並且舉示其見性後與平實導師互相討論眼見佛性之諸多疑訛處；除了證明《大般涅槃經》中世尊開示眼見佛性之法正真無訛以外，亦得一解明心後尚未見性者之所未知處，甚為精彩。此外亦列舉多篇學人從各不同宗教進入正覺學法之不同過程，以及發覺諸方道場邪見之內容與過程，最終得於正覺精進禪三中悟入的實況，足供末法精進學人借鑑，以彼鑑己而生信心，得以投入了義正法中修學及實證。凡此，皆足以證明不唯明心所證之第七住位般若智慧及解脫功德仍可實證，乃至第十住位的實證與當場發起如幻觀之實證，於末法時代的今天皆仍有可能。本書約四百頁，售價300元。

鈍鳥與靈龜：鈍鳥及靈龜二物，被宗門證悟者說為二種人：前者是精修禪定而無智慧者，也是以定為禪的愚癡禪人；後者是或有禪定、或無禪定的宗門證悟者，凡已證悟者皆是靈龜。但後者被人虛造事實，用以嘲笑大慧宗杲禪師，說他雖是靈龜，卻不免被天童禪師預記「患背」痛苦而亡：「鈍鳥離巢易，靈龜脫殼難。」藉以貶低大慧宗杲的證量。同時將天童禪師實證如來藏的證量，曲解為意識境界的離念靈知。自從大慧禪師入滅以後，錯悟凡夫對他的不實毀謗就一直存在著，不曾止息，並且捏造的假事實也隨著年月的增加而越來越多，終至編成「鈍鳥與靈龜」的假公案、假故事。本書是考證大慧與天童之間的不朽情誼，顯現這件假公案的虛妄不實；更見大慧宗杲面對惡勢力時的正直不阿，亦顯示大慧對天童禪師的至情深義，將使後人對大慧宗杲的誣謗至此而止，不再有人誤犯毀謗賢聖的惡業。書中亦舉證宗門的所悟確以第八識如來藏為標的，詳讀之後必可改正以前被錯悟大師誤導的參禪知見，日後必定有助於實證禪宗的開悟境界，得階大乘真見道位中，即是實證般若之賢聖。全書459頁，售價350元。

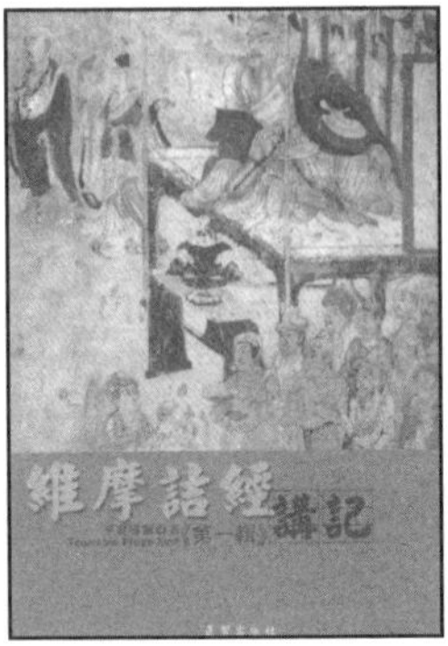

維摩詰經講記：本經係　世尊在世時，由等覺菩薩維摩詰居士藉疾病而演說之大乘菩提無上妙義，所說函蓋甚廣，然極簡略，是故今時諸方大師與學人讀之悉皆錯解，何況能知其中隱含之深妙正義，是故普遍無法為人解說；若強為人說，則成依文解義而有諸多過失。今由平實導師公開宣講之後，詳實解釋其中密意，令維摩詰菩薩所說大乘不可思議解脫之深妙正法得以正確宣流於人間，利益當代學人及與諸方大師。書中詳實演述大乘佛法深妙不共二乘之智慧境界，顯示諸法之中絕待之實相境界，建立大乘菩薩妙道於永遠不敗不壞之地，以此成就護法偉功，欲冀永利娑婆人天。已經宣講圓滿整理成書流通，以利諸方大師及諸學人。全書共六輯，每輯三百餘頁，售價各250元。

真假外道：本書具體舉證佛門中的常見外道知見實例，並加以教證及理證上的辨正，幫助讀者輕鬆而快速的了知常見外道的錯誤知見，進而遠離佛門內外的常見外道知見，因此即能改正修學方向而快速實證佛法。游正光老師著 。成本價200元。

勝鬘經講記：如來藏爲三乘菩提之所依，若離如來藏心體及其含藏之一切種子，即無三界有情及一切世間法，亦無二乘菩提緣起性空之出世間法；本經詳說無始無明、一念無明皆依如來藏而有之正理，藉著詳解煩惱障與所知障間之關係，令學人深入了知二乘菩提與佛菩提相異之妙理；聞後即可了知佛菩提之特勝處及三乘修道之方向與原理，邁向攝受正法而速成佛道的境界中。平實導師講述，共六輯，每輯三百餘頁，售價各250元。

楞嚴經講記：楞嚴經係大乘祕密教之重要經典，亦是佛教中普受重視之經典；經中宣說明心與見性之內涵極爲詳細，將一切法都會歸如來藏及佛性—妙眞如性；亦闡釋五陰區宇及五陰盡的境界，作諸地菩薩自我檢驗證量之依據，旁及佛菩提道修學過程中之種種魔境，以及外道誤會涅槃之狀況，亦兼述明三界世間之起源，具足宣示大乘菩提之奧祕。然因言句深澀難解，法義亦復深妙寬廣，學人讀之普難通達，是故讀者大多誤會，不能如實理解佛所說之明心與見性內涵，亦因是故多有悟錯之人引爲開悟之證言，成就大妄語罪。今由平實導師詳細講解之後，整理成文，以易讀易懂之語體文刊行天下，以利學人。全書十五輯，全部出版完畢。每輯三百餘頁，售價每輯300元。

明心與眼見佛性：本書細述明心與眼見佛性之異同，同時顯示了中國禪宗破初參明心與重關眼見佛性二關之間的關聯；書中又藉法義辨正而旁述其他許多勝妙法義，讀後必能遠離佛門長久以來積非成是的錯誤知見，令讀者在佛法的實證上有極大助益。也藉慧廣法師的謬論來教導佛門學人回歸正知正見，遠離古今禪門錯悟者所墮的意識境界，非唯有助於斷我見，也對未來的開悟明心實證第八識如來藏有所助益，是故學禪者都應細讀之。游正光老師著　共448頁　售價300元。

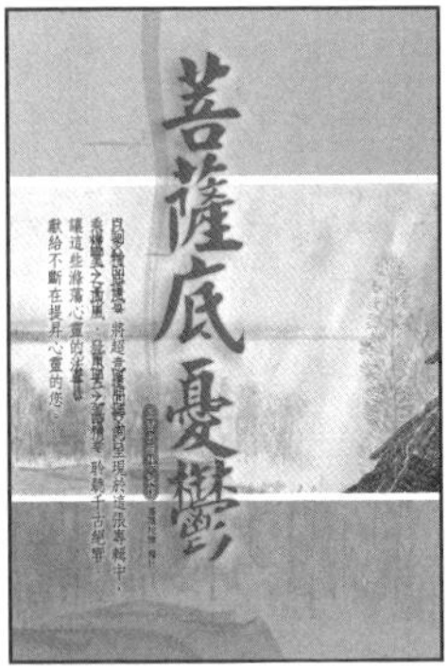

菩薩底憂鬱CD：將菩薩情懷及禪宗公案寫成新詞，並製作成超越意境的優美歌曲。　1.主題曲〈菩薩底憂鬱〉，描述地後菩薩能離三界生死而迴向繼續生在人間，但因尚未斷盡習氣種子而有極深沈之憂鬱，非三賢位菩薩及二乘聖者所知，此憂鬱在七地滿心位方才斷盡；本曲之詞中所說義理極深，昔來所未曾見；此曲係以優美的情歌風格寫詞及作曲，聞者得以激發嚮往諸地菩薩境界之大心，詞、曲都非常優美，難得一見；其中勝妙義理之解說，已印在附贈之彩色小冊中。2.以各輯公案拈提中直示禪門入處之頌文，作成各種不同曲風之超意境歌曲，值得玩味、參究；聆聽公案拈提之優美歌曲時，請同時閱讀內附之印刷精美說明小冊，可以領會超越三界的證悟境界；未悟者可以因此引發求悟之意向及疑情，眞發菩提心而邁向求悟之途，乃至因此眞實悟入般若，成眞菩薩。3.正覺總持咒新曲，總持佛法大意；總持咒之義理，已加以解說並印在隨附之小冊中。本CD共有十首歌曲，長達63分鐘，附贈二張購書優惠券。每片320元。

金剛經宗通：三界唯心，萬法唯識，是成佛之修證內容，是諸地菩薩之所修；般若則是成佛之道（實證三界唯心、萬法唯識）的入門，若未證悟實相般若，即無成佛之可能，必將永在外門廣行菩薩六度，永在凡夫位中。然而實相般若的發起，全賴實證萬法的實相；若欲證知萬法的眞相，則必須探究萬法之所從來，則須實證自心如來—金剛心如來藏，然後現觀這個金剛心的金剛性、眞實性、如如性、清淨性、涅槃性、能生萬法的自性性、本住性，名爲證眞如；進而現觀三界六道唯是此金剛心所成，人間萬法須藉八識心王和合運作方能現起。如是實證《華嚴經》的「三界唯心、萬法唯識」以後，由此等現觀而發起實相般若智慧，繼續進修第十住位的如幻觀、第十行位的陽焰觀、第十迴向位的如夢觀，再生起增上意樂而勇發十無盡願，方能滿足三賢位的實證，轉入初地；自知成佛之道而無偏倚，從此按部就班、次第進修乃至成佛。第八識自心如來是般若智慧之所依，般若智慧的修證則要從實證金剛心自心如來開始；《金剛經》則是解說自心如來之經典，是一切三賢位菩薩所應進修之實相般若經典。這一套書，是將平實導師宣講的《金剛經宗通》內容，整理成文字而流通之；書中所說義理，迥異古今諸家依文解義之說，指出大乘見道方向與理路，有益於禪宗學人求開悟見道，及轉入內門廣修六度萬行。已於2013年9月出版完畢，總共9輯，每輯約三百餘頁，售價各250元。

禪意無限CD：平實導師以公案拈提書中偈頌寫成不同風格曲子，與他人所寫不同風格曲子共同錄製出版，幫助參禪人進入禪門超越意識之境界。盒中附贈彩色印製的精美解說小冊，以供聆聽時閱讀，令參禪人得以發起參禪之疑情，即有機會證悟本來面目，實證大乘菩提般若。本CD共有十首歌曲，長達69分鐘，每盒各附贈二張購書優惠券。每片320元。

空行母—性別、身分定位，以及藏傳佛教：本書作者爲蘇格蘭哲學家，因爲嚮往佛教深妙的哲學內涵，於是進入當年盛行於歐美的假藏傳佛教密宗，擔任卡盧仁波切的翻譯工作多年以後，被邀請成爲卡盧的空行母（又名佛母、明妃），開始了她在密宗裡的實修過程；後來發覺在密宗雙身法中的修行，其實無法使自己成佛，也發覺密宗對女性岐視而處處貶抑，並剝奪女性在雙身法中擔任一半角色時應有的身分定位。當她發覺自己只是雙身法中被喇嘛利用的工具，沒有獲得絲毫應有的尊重與基本定位時，發現了密宗的父權社會控制女性的本質；於是作者傷心地離開了卡盧仁波切與密宗，但是卻被恐嚇不許講出她在密宗裡的經歷，也不許她說出自己對密宗的教義與教制下對女性剝削的本質，否則將被咒殺死亡。後來她去加拿大定居，十餘年後方才擺脫這個恐嚇陰影，下定決心將親身經歷的實情及觀察到的事實寫下來並且出版，公諸於世。出版之後，她被流亡的達賴集團人士大力攻訐，誣指她爲精神狀態失常、說謊……等。但有智之士並未被達賴集團的政治操作及各國政府政治運作吹捧達賴的表相所欺，使她的書銷售無阻而又再版。正智出版社鑑於作者此書是親身經歷的事實，所說具有針對「藏傳佛教」而作學術研究的價值，也有使人認清假藏傳佛教剝削佛母、明妃的男性本位實質，因此洽請作者同意中譯而出版於華人地區。珍妮·坎貝爾女士著，呂艾倫 中譯，每冊250元。

霧峰無霧—給哥哥的信 本書作者藉兄弟之間信件往來論義，略述佛法大義；並以多篇短文辨義，舉出釋印順對佛法的無量誤解證據，並一一給予簡單而清晰的辨正，令人一讀即知。久讀、多讀之後即能認清楚釋印順的六識論見解，與眞實佛法之牴觸是多麼嚴重；於是在久讀、多讀之後，於不知不覺之間提升了對佛法的極深入理解，正知正見就在不知不覺間建立起來了。當三乘佛法的正知見建立起來之後，對於三乘菩提的見道條件便將隨之具足，於是聲聞解脫道的見道也就水到渠成；接著大乘見道的因緣也將次第成熟，未來自然也會有親見大乘菩提之道的因緣，悟入大乘實相般若也將自然成功，自能通達般若系列諸經而成實義菩薩。作者居住於南投縣霧峰鄉，自喻見道之後不復再見霧峰之霧，故鄉原野美景一一明見，於是立此書名爲《霧峰無霧》；讀者若欲撥霧見月，可以此書爲緣。游宗明 老師著 已於2015年出版 售價250元。

霧峰無霧—第二輯—救護佛子向正道 本書作者藉釋印順著作中之各種錯謬法義提出辨正，以詳實的文義一一提出理論上及實證上之解析，列舉釋印順對佛法的無量誤解證據，藉此教導佛門大師與學人釐清佛法義理，遠離岐途轉入正道，然後知所進修，久之便能見道明心而入大乘勝義僧數。被釋印順誤導的大師與學人極多，很難救轉，是故作者大發悲心深入解說其錯謬之所在，佐以各種義理辨正而令讀者在不知不覺之間轉歸正道。如是久讀之後欲得斷身見、證初果，即不爲難事；乃至久之亦得大乘見道而得證眞如，脫離空有二邊而住中道，實相般若智慧生起，於佛法不再茫然，漸漸亦知悟後進修之道。屆此之時，對於大乘般若等深妙法之迷雲暗霧亦將一掃而空，生命及宇宙萬物之故鄉原野美景一一明見，是故本書仍名《霧峰無霧》，爲第二輯；讀者若欲撥雲見日、離霧見月，可以此書爲緣。游宗明 老師著 已於2019年出版 售價250元。

假藏傳佛教的神話—性、謊言、喇嘛教：本書編著者是由一首名爲「阿姊鼓」的歌曲爲緣起，展開了序幕，揭開假藏傳佛教—喇嘛教—的神秘面紗。其重點是蒐集、摘錄網路上質疑「喇嘛教」的帖子，以揭穿「假藏傳佛教的神話」爲主題，串聯成書，並附加彩色插圖以及說明，讓讀者們瞭解西藏密宗及相關人事如何被操作爲「神話」的過程，以及神話背後的眞相。作者：張正玄教授。售價200元。

達賴真面目—玩盡天下女人：假使您不想戴綠帽子，請記得詳細閱讀此書；假使您不想讓好朋友戴綠帽子，請您將此書介紹給您的好朋友。假使您想保護家中的女性，也想要保護好朋友的女眷，請記得將此書送給家中的女性和好友的女眷都來閱讀。本書爲印刷精美的大本彩色中英對照精裝本，爲您揭開達賴喇嘛的眞面目，內容精彩不容錯過，爲利益社會大眾，特別以優惠價格嘉惠所有讀者。編著者：白志偉等。大開版雪銅紙彩色精裝本。售價800元。

童女迦葉考—論呂凱文〈佛教輪迴思想的論述分析〉之謬：童女迦葉是佛世率領五百大比丘遊行於人間的歷史事實，是以童貞行而依止菩薩戒弘化於人間的大菩薩，不依別解脫戒（聲聞戒）來弘化於人間。這是大乘佛教與聲聞佛教同時存在於佛世的歷史明證，證明大乘佛教不是從聲聞法中分裂出來的部派佛教的產物，卻是聲聞佛教分裂出來的部派佛教聲聞凡夫僧所不樂見的史實；於是古今聲聞法中的凡夫都欲加以扭曲而作詭說，更是末法時代高聲大呼「大乘非佛說」的六識論聲聞凡夫極力想要扭曲的佛教史實之一，於是想方設法扭曲迦葉菩薩爲聲聞僧，以及扭曲迦葉童女爲比丘僧等荒謬不實之論著便陸續出現，古時聲聞僧寫作的《分別功德論》是最具體之事例，現代之代表作則是呂凱文先生的〈佛教輪迴思想的論述分析〉論文。鑑於如是假藉學術考證以籠罩大眾之不實謬論，未來仍將繼續造作及流竄於佛教界，繼續扼殺大乘佛教學人法身慧命，必須舉證辨正之，遂成此書。平實導師 著，每冊180元。

末代達賴—性交教主的悲歌：簡介從藏傳僞佛教（喇嘛教）的修行核心—性力派男女雙修，探討達賴喇嘛及藏傳僞佛教的修行內涵。書中引用外國知名學者著作、世界各地新聞報導，包含：歷代達賴喇嘛的祕史、達賴六世修雙身法的事蹟，以及《時輪續》中的性交灌頂儀式……等；達賴喇嘛書中開示的雙修法、達賴喇嘛的黑暗政治手段；達賴喇嘛所領導的寺院爆發喇嘛性侵兒童；新聞報導《西藏生死書》作者索甲仁波切性侵女信徒、澳洲喇嘛秋達公開道歉、美國最大假藏傳佛教組織領導人邱陽創巴仁波切的性氾濫，等等事件背後眞相的揭露。作者：張善思、呂艾倫、辛燕。售價250元。

黯淡的達賴—失去光彩的諾貝爾和平獎：本書舉出很多證據與論述，詳述達賴喇嘛不爲世人所知的一面，顯示達賴喇嘛並不是眞正的和平使者，而是假借諾貝爾和平獎的光環來欺騙世人；透過本書的說明與舉證，讀者可以更清楚的瞭解，達賴喇嘛是結合暴力、黑暗、淫欲於喇嘛教裡的集團首領，其政治行爲與宗教主張，早已讓諾貝爾和平獎的光環染污了。　本書由財團法人正覺教育基金會寫作、編輯，由正覺出版社印行，每冊250元。

第七意識與第八意識？—穿越時空「超意識」：「三界唯心，萬法唯識」是佛教中應該實證的聖教，也是《華嚴經》中明載而可以實證的法界實相。唯心者，三界一切境界、一切諸法唯是一心所成就，即是每一個有情的第八識如來藏，不是意識心。唯識者，即是人類各各都具足的八識心王—眼識、耳鼻舌身意識、意根、阿賴耶識，第八阿賴耶識又名如來藏，人類五陰相應的萬法，莫不由八識心王共同運作而成就，故說萬法唯識。依聖教量及現量、比量，都可以證明意識是二法因緣生，是由第八識藉意根與法塵二法為因緣而出生，又是夜夜斷滅不存之生滅心，即無可能反過來出生第七識意根、第八識如來藏，當知不可能從生滅性的意識心中，細分出恆審思量的第七識意根，更無可能細分出恆而不審的第八識如來藏。本書是將演講內容整理成文字，細說如是內容，並已在《正覺電子報》連載完畢，今彙集成書以廣流通，欲幫助佛門有緣人斷除意識我見，跳脫於識陰之外而取證聲聞初果；嗣後修學禪宗時即得不墮外道神我之中，得以求證第八識金剛心而發起般若實智。平實導師 述，每冊300元。

中觀金鑑—詳述應成派中觀的起源與其破法本質：學佛人往往迷於中觀學派之不同學說，被應成派與自續派所迷惑；修學般若中觀二十年後自以為實證般若中觀了，卻仍不曾入門，甫聞實證般若中觀者之所說，則茫無所知，迷惑不解；隨後信心盡失，不知如何實證佛法；凡此，皆因惑於這二派中觀學說所致。自續派中觀所說同於常見，以意識境界立為第八識如來藏之境界，應成派所說則同於斷見，但又同立意識為常住法，故亦具足斷常二見。今者孫正德老師有鑑於此，乃將起源於密宗的應成派中觀學說，追本溯源，詳考其來源之外，亦一一舉證其立論內容，詳加辨正，令密宗雙身法祖師以識陰境界而造之應成派中觀學說本質，詳細呈現於學人眼前，令其維護雙身法之目的無所遁形。若欲遠離密宗此二大派中觀謬說，欲於三乘菩提有所進道者，允宜具足閱讀並細加思惟，反覆讀之以後將可捨棄邪道返歸正道，則於般若之實證即有可能，證後自能現觀如來藏之中道境界而成就中觀。本書分上、中、下三冊，每冊250元，全部出版完畢。

人間佛教—實證者必定不悖三乘菩提：「大乘非佛說」的講法似乎流傳已久，卻只是日本人企圖擺脫中國正統佛教的影響，而在明治維新時期才開始提出來的說法；台灣佛教、大陸佛教的淺學無智之人，由於未曾實證佛法而迷信日本人錯誤的學術考證，錯認為這些別有用心的日本佛學考證的講法為天竺佛教的真實歷史；甚至還有更激進的反對佛教者提出「釋迦牟尼佛並非真實存在，只是後人捏造的假歷史人物」，竟然也有少數佛教徒願意跟著「學術」的假光環而信受不疑，亦導致部分台灣佛教界人士，造作了反對中國大乘佛教而推崇南洋小乘佛教的行為，使台灣佛教的信仰者難以檢擇，亦導致一般大陸人士開始轉入基督教的盲目迷信中。在這些佛教及外教人士之中，也就有一分人根據此邪說而大聲主張「大乘非佛說」的謬論，這些人以「人間佛教」的名義來抵制中國正統佛教，公然宣稱中國的大乘佛教是由聲聞部派佛教的凡夫僧所創造出來的。這樣的說法流傳於台灣及大陸佛教界凡夫僧之中已久，卻非真正的佛教歷史中曾經發生過的事，只是繼承六識論的聲聞法中凡夫僧，以及別有居心的日本佛教界，依自己的意識境界立場，純憑臆想而編造出來的妄想說法，卻已經影響許多無智之凡夫僧俗信受不移。本書則是從佛教的經藏法義實質及實證的現量內涵本質立論，證明大乘佛法本是佛說，是從《阿含正義》尚未說過的不同面向來討論「人間佛教」的議題，證明「大乘真佛說」。閱讀本書可以斷除六識論邪見，迴入三乘菩提正道發起實證的因緣；也能斷除禪宗學人學禪時普遍存在之錯誤知見，對於建立參禪時的正知見有很深的著墨。平實導師 述，內文488頁，全書528頁，定價400元。

喇嘛性世界—揭開假藏傳佛教譚崔瑜伽的面紗：這個世界中的喇嘛，號稱來自世外桃源的香格里拉，穿著或紅或黃的喇嘛長袍，散布於我們的身邊傳教灌頂，吸引了無數的人嚮往學習；這些喇嘛虔誠地為大眾祈福，手中拿著寶杵（金剛）與寶鈴（蓮花），口中唸著咒語：「唵・嘛呢・叭咪・吽……」，咒語的意思是說：「我至誠歸命金剛杵上的寶珠伸向蓮花寶穴之中」！「喇嘛性世界」是什麼樣的「世界」呢？本書將為您呈現喇嘛世界的面貌。當您發現真相以後，您將會唸：「噢！喇嘛・性・世界，譚崔性交嘛！」作者：張善思、呂艾倫。售價200元。

見性與看話頭：黃正倖老師的《見性與看話頭》於《正覺電子報》連載完畢，今結集出版。書中詳說禪宗看話頭的詳細方法，並細說看話頭與眼見佛性的關係，以及眼見佛性者求見佛性前必須具備的條件。本書是禪宗實修者追求明心開悟時參禪的方法書，也是求見佛性者作功夫時必讀的方法書，內容兼顧眼見佛性的理論與實修之方法，是依實修之體驗配合理論而詳述，條理分明而且極為詳實、周全、深入。本書內文375頁，全書416頁，售價300元。

實相經宗通：學佛之目的在於實證一切法界背後之實相，禪宗稱之為本來面目或本地風光，佛菩提道中稱之為實相法界；此實相法界即是金剛藏，又名佛法之祕密藏，即是能生有情五陰、十八界及宇宙萬有（山河大地、諸天、三惡道世間）的第八識如來藏，又名阿賴耶識心，即是禪宗祖師所說的眞如心，此心即是三界萬有背後的實相。證得此第八識心時，自能瞭解般若諸經中隱說的種種密意，即得發起實相般若——實相智慧。每見學佛人修學佛法二十年後仍對實相般若茫然無知，亦不知如何入門，茫無所趣；更因不知三乘菩提的互異互同，是故越是久學者對佛法越覺茫然，都肇因於尚未瞭解佛法的全貌，亦未瞭解佛法的修證內容即是第八識心所致。本書對於修學佛法者所應實證的實相境界提出明確解析，並提示趣入佛菩提道的入手處，有心親證實相般若的佛法實修者，宜詳讀之，於佛菩提道之實證即有下手處。平實導師述著，共八輯，已於2016年出版完畢，每輯成本價250元。

真心告訴您(一)**——達賴喇嘛在幹什麼？**這是一本報導篇章的選集，更是「破邪顯正」的暮鼓晨鐘。「破邪」是戳破假象，說明達賴喇嘛及其所率領的密宗四大派法王、喇嘛們，弘傳的佛法是仿冒的佛法；他們是假藏傳佛教，是坦特羅(譚崔性交)外道法和藏地崇奉鬼神的苯教混合成的「喇嘛教」，推廣的是以所謂「無上瑜伽」的男女雙身法冒充佛法的假佛教，詐財騙色誤導眾生，常常造成信徒家庭破碎、家中兒少失怙的嚴重後果。「顯正」是揭櫫眞相，指出眞正的藏傳佛教只有一個，就是覺囊巴，傳的是　釋迦牟尼佛演繹的第八識如來藏妙法，稱為他空見大中觀。正覺教育基金會即以此古今輝映的如來藏正法正知見，在眞心新聞網中逐次報導出來，將箇中原委「眞心告訴您」，如今結集成書，與想要知道密宗眞相的您分享。售價250元。

法華經講義：此書爲平實導師始從2009/7/21演述至2014/1/14之講經錄音整理所成。世尊一代時教，總分五時三教，即是華嚴時、聲聞緣覺教、般若教、種智唯識教、法華時；依此五時三教區分爲藏、通、別、圓四教。本經是最後一時的圓教經典，圓滿收攝一切法教於本經中，是故最後的圓教聖訓中，特地指出無有三乘菩提，其實唯有一佛乘；皆因衆生愚迷故，方便區分爲三乘菩提以助衆生證道。世尊於此經中特地說明如來示現於人間的唯一大事因緣，便是爲有緣衆生「開、示、悟、入」諸佛的所知所見——第八識如來藏妙眞如心，並於諸品中隱說「妙法蓮花」如來藏心的密意。然因此經所說甚深難解，眞義隱晦，古來難得有人能窺堂奧；平實導師以知如是密意故，特爲末法佛門四衆演述《妙法蓮華經》中各品蘊含之密意，使古來未曾被古德註解出來的「此經」密意，如實顯示於當代學人眼前。乃至〈藥王菩薩本事品〉、〈妙音菩薩品〉、〈觀世音菩薩普門品〉、〈普賢菩薩勸發品〉中的微細密意，亦皆一併詳述之，可謂開前人所未曾言之密意，示前人所未見之妙法。最後乃至以〈法華大義〉而總其成，全經妙旨貫通始終，而依佛旨圓攝於一心如來藏妙心，厥爲曠古未有之大說也。平實導師述，共有25輯，已於2019/05/31出版完畢。每輯300元。

西藏「活佛轉世」制度——附佛、造神、世俗法：歷來關於喇嘛教活佛轉世的研究，多針對歷史及文化兩部分，於其所以成立的理論基礎，較少系統化的探討。尤其是此制度是否依據「佛法」而施設？是否合乎佛法眞實義？現有的文獻大多含糊其詞，或人云亦云，不曾有明確的闡釋與如實的見解。因此本文先從活佛轉世的由來，探索此制度的起源、背景與功能，並進而從活佛的尋訪與認證之過程，發掘活佛轉世的特徵，以確認「活佛轉世」在佛法中應具足何種果德。定價150元。

真心告訴您(二)—達賴喇嘛是佛教僧侶嗎？補祝達賴喇嘛八十大壽：這是一本針對當今達賴喇嘛所領導的喇嘛教，冒用佛教名相、於師徒間或師兄姊間，實修男女邪淫，而從佛法三乘菩提的現量與聖教量，揭發其謊言與邪術，證明達賴及其喇嘛教是仿冒佛教的外道，是「假藏傳佛教」。藏密四大派教義雖有「八識論」與「六識論」的表面差異，然其實修之內容，皆共許「無上瑜伽」四部灌頂為究竟「成佛」之法門，也就是共以男女雙修之邪淫法為「即身成佛」之密要，雖美其名曰「欲貪為道」之「金剛乘」，並誇稱其成就超越於（應身佛）釋迦牟尼佛所傳之顯教般若乘之上；然詳考其理論，則或以意識離念時之粗細心為第八識如來藏，或以中脈裡的明點為第八識如來藏，或如宗喀巴與達賴堅決主張第六意識為常恆不變之眞心者，分別墮於外道之常見與斷見中；全然違背 佛說能生五蘊之如來藏的實質。售價300元。

涅槃—解說四種涅槃之實證及內涵：眞正學佛之人，首要即是見道，由見道故方有涅槃之實證，證涅槃者方能出生死，但涅槃有四種：二乘聖者的有餘涅槃、無餘涅槃，以及大乘聖者的本來自性清淨涅槃、佛地的無住處涅槃。大乘聖者實證本來自性清淨涅槃，入地前再取證二乘涅槃，然後起惑潤生捨離二乘涅槃，繼續進修而在七地心前斷盡三界愛之習氣種子，依七地無生法忍之具足而證得念念入滅盡定；八地後進斷異熟生死，直至妙覺地下生人間成佛，具足四種涅槃，方是眞正成佛。此理古來少人言，以致誤會涅槃正理者比比皆是，今於此書中廣說四種涅槃、如何實證之理、實證前應有之條件，實屬本世紀佛教界極重要之著作，令人對涅槃有正確無訛之認識，然後可以依之實行而得實證。本書共有上下二冊，每冊各四百餘頁，對涅槃詳加解說，每冊各350元。

佛藏經講義：本經說明為何佛菩提難以實證之原因，都因往昔無數阿僧祇劫前的邪見，引生此世求證時之業障而難以實證。即以諸法實相詳細解說，繼之以念佛品、念法品、念僧品，說明諸佛與法之實質；然後以淨戒品之說明，期待佛弟子四眾堅持清淨戒而轉化心性，並以往古品的實例說明歷代學佛人在實證上的業障由來，教導四眾務必滅除邪見轉入正見中，不再造作謗法及謗賢聖之大惡業，以免未來世尋求實證之時被業障所障；然後以了戒品的說明和囑累品的付囑，期望末法時代的佛門四眾弟子皆能清淨知見而得以實證。平實導師於此經中有極深入的解說，總共21輯，每輯300元，於2019/07/31開始每二個月發行一輯。

大法鼓經講義：本經解說佛法的總成：法、非法。由開解法、非法二義，說明了義佛法與世間戲論法的差異，指出佛法實證之標的即是法——第八識如來藏；並顯示實證後的智慧，如實擊大法鼓、演深妙法，演說如來祕密教法，非二乘定性及諸凡夫所能得聞，唯有具足菩薩性者方能得聞。正聞之後即得依於 世尊大願而拔除邪見，入於正法而得實證；深解不了義經之方便說，亦能實解了義經所說之眞實義，得以證法——如來藏，而得發起根本無分別智，乃至進修而發起後得無分別智；並堅持布施及受持清淨戒而轉化心性，得以現觀眞我眞法如來藏之各種層面。此爲第一義諦聖教，並授記末法最後餘四十年時，一切世間樂見離車童子將繼續護持此經所說正法。平實導師於此經中有極深入的解說，總共六輯，每輯300元，於《佛藏經講義》出版完畢後開始發行，每二個月發行一輯。

成唯識論釋：本論係大唐玄奘菩薩揉合當時天竺十大論師的說法加以辨正而著成，攝盡佛門證悟菩薩及部派佛教聲聞凡夫論師對佛法的論述，並函蓋當時天竺諸大外道對生命實相的錯誤論述加以辨正，是由玄奘大師依據無生法忍證量加以評論確定而成爲此論。平實導師弘法初期即已依於證量略講過一次，歷時大約四年，當時正覺同修會規模尙小，聞法成員亦多尙未證悟，是故並未整理成書；如今正覺同修會中的證悟同修已超過六百人，鑑於此論在護持正法、實證佛法及悟後進修上的重要性，已於2022年初重講，並已經預先註釋完畢編輯成書，名爲《成唯識論釋》，總共十輯，每輯目次41頁、序文7頁、內文四百餘頁，並將原本13級字縮小爲12級字編排，以增加其內容；於增上班宣講時的內容將會更詳細於書中所說，涉及佛法密意的詳細內容只於增上班中宣講，於書中皆依佛誡隱覆密意而說，攝屬判教的〈目次〉已經詳盡判定論中諸段句義，用供學人參考；是故讀者閱完此論之釋，即可深解成佛之道的正確內涵；預定將於每一輯內容講述完畢時即予出版，預計每七個月出版一輯，每輯定價400元。

不退轉法輪經講義：世尊弘法有五時三教之別，分為藏、通、別、圓四教之理，本經是大乘般若期前的通教經典，所說之大乘般若正理與所證解脫果，通於二乘解脫道，佛法智慧則通大乘般若，皆屬大乘般若與解脫甚深之理，故其所證解脫果位通於二乘法教；而其中所說第八識無分別法之正理，即是世尊降生人間的第一大事因緣。如是第八識能仁而且寂靜，恆順眾生於生死之中從無乖違，識體中所藏之本來無漏性的有為法以及眞如涅槃境界，皆能助益學人最後成就佛道；此謂釋迦意為能仁、牟尼意為寂靜，此第八識即名釋迦牟尼，釋迦牟尼即是能仁寂靜的第八識眞如；若有人聽聞如是第八識常住、如來不滅之正理，信受奉行之人皆有大乘實證之因緣，永得不退於成佛之道，是故聽聞釋迦牟尼名號而解其義者，皆得不退轉無上正等正覺，未來必有實證之因緣。如是深妙經典，已由平實導師詳述圓滿並整理成書，預定於《大法鼓經講義》發行圓滿之後接著梓行，每二個月發行一輯，總共十輯，每輯300元。

解深密經講義：本經是所有尋求大乘見道及悟後欲入地者所應詳習串習的三經之一，即是《楞伽經》、《解深密經》、《楞嚴經》三經中的一經，亦可作為見道眞假的自我印證依據。此經是 世尊晚年第三轉法輪時，宣說地上菩薩所應熏修之無生法忍唯識正義經典；經中總說眞見道位所見的智慧總相，兼及相見道位所應熏修的七眞如等法，以及入地應修之十地眞如等義理，乃是大乘一切種智增上慧學，以阿陀那識—如來藏—阿賴耶識為成佛之道的主體。禪宗之證悟者，若欲修證初地無生法忍乃至八地無生法忍者，必須修學《楞伽經、解深密經、楞嚴經》所說之八識心王一切種智。此三經所說正法，方是眞正成佛之道；印順法師否定第八識如來藏之後所說萬法緣起性空之法，墮於六識論中而著作的《成佛之道》，乃宗本於密宗宗喀巴六識論邪思而寫成的邪見，是以誤會後之二乘解脫道取代大乘眞正成佛之道，承襲自古天竺部派佛教聲聞凡夫論師的邪見，尚且不符二乘解脫道正理，亦已墮於斷滅見及常見中，所說全屬臆想所得的外道見，不符本經中佛所說的正義。平實導師曾於本會郭故理事長往生時，於喪宅中從首七開始宣講此經，於每一七起各宣講三小時，至第十七而快速略講圓滿，作為郭老之往生後的佛事功德，迴向郭老早證八地、速返娑婆住持正法。茲為今時後世學人故，已經開始重講《解深密經》，以淺顯之語句講畢後，將會整理成文並梓行流通，用供證悟者進道；亦令諸方未悟者，據此經中佛語正義修正邪見，依之速能入道。平實導師述著，全書輯數未定，每輯三百餘頁，將於未來重講完畢後逐輯陸續出版。

修習止觀坐禪法要講記：修學四禪八定之人，往往錯會禪定之修學知見，欲以無止盡之坐禪而證禪定境界，卻不知修除性障之行門才是修證四禪八定不可或缺之要素，故智者大師云「性障初禪」；性障不除，初禪永不現前，云何修證二禪等？又：行者學定，若唯知數息，而不解六妙門之方便善巧者，欲求一心入定，未到地定極難可得，智者大師名之爲「事障未來」：障礙未到地定之修證。又禪定之修證，不可違背二乘菩提及第一義法，否則縱使具足四禪八定，亦不能實證涅槃而出三界。此諸知見，智者大師於《修習止觀坐禪法要》中皆有闡釋。作者平實導師以其第一義之見地及禪定之實證證量，曾加以詳細解析。將俟正覺寺竣工啓用後重講，不限制聽講者資格；講後將以語體文整理出版。欲修習世間定及增上定之學者，宜細讀之。平實導師述著。

阿含經講記—小乘解脫道之修證：數百年來，南傳佛法所說證果之不實，所說解脫道之虛妄，所弘解脫道法義之世俗化，皆已少人知之；從南洋傳入台灣與大陸之後，所說法義虛謬之事，亦復少人知之；今時台灣全島印順系統之法師居士，多不知南傳佛法數百年來所說解脫道之義理已然偏斜、已然世俗化、已非眞正之二乘解脫正道，猶極力推崇與弘揚。彼等南傳佛法近代所謂之證果者皆非眞實證果者，譬如阿迦曼、葛印卡、帕奧禪師、一行禪師……等人，悉皆未斷我見故。近年更有台灣南部大願法師，高抬南傳佛法之二乘修證行門爲「捷徑究竟解脫之道」者，然而南傳佛法縱使眞修實證，得成阿羅漢，至高唯是二乘菩提解脫之道，絕非究竟解脫，無餘涅槃中之實際尚未得證故，法界之實相尚未了知故，習氣種子待除故，一切種智未實證故，焉得謂爲「究竟解脫」？即使南傳佛法近代眞有實證之阿羅漢，尚且不及三賢位中之七住明心菩薩本來自性清淨涅槃智慧境界，則不能知此賢位菩薩所證之無餘涅槃實際，仍非大乘佛法中之見道者，何況普未實證聲聞果乃至未斷我見之人？謬充證果已屬逾越，更何況是誤會二乘菩提之後，以未斷我見之凡夫知見所說之二乘菩提解脫偏斜法道，焉可高抬爲「究竟解脫」？而且自稱「捷徑之道」？又妄言解脫之道即是成佛之道，完全否定般若實智、否定三乘菩提所依之如來藏心體，此理大大不通也！平實導師爲令修學二乘菩提欲證解脫果者，普得迴入二乘菩提正見、正道中，是故選錄四阿含諸經中，對於二乘解脫道法義有具足圓滿說明之經典，預定未來十年內將會加以詳細講解，令學佛人得以了知二乘解脫道之修證理路與行門，庶免被人誤導之後，未證言證，梵行未立，干犯道禁自稱阿羅漢或成佛，成大妄語，欲升反墮。本書首重斷除我見，以助行者斷除我見而實證初果爲著眼之目標，若能根據此書內容，配合平實導師所著《識蘊眞義》《阿含正義》內涵而作實地觀行，實證初果非爲難事，行者可以藉此三書自行確認聲聞初果爲實際可得現觀成就之事。此書中除依二乘經典所說加以宣示外，亦依斷除我見等之證量，及大乘法中道種智之證量，對於意識心之體性加以細述，令諸二乘學人必定得斷我見、常見，免除三縛結之繫縛。次則宣示斷除我執之理，欲令升進而得薄貪瞋痴，乃至斷五下分結…等。平實導師將擇期講述，然後整理成書。共二冊，每冊三百餘頁。每輯300元。

＊喇嘛教修外道雙身法，墮識陰境界，非佛教＊

＊弘揚如來藏他空見的覺囊派才是真正藏傳佛教＊

總經銷： 聯合發行股份有限公司

231 新北市新店區寶橋路 235 巷 6 弄 6 號 4F

Tel.02－2917-8022（代表號） Fax.02－2915-6275（代表號）

零售：1.**全台連鎖經銷書局：**

三民書局、誠品書局、何嘉仁書店

敦煌書店、紀伊國屋、金石堂書局、建宏書局

諾貝爾圖書城、墊腳石圖書文化廣場

2.**台北市：**佛化人生 **大安區**羅斯福路 3 段 325 號 6 樓之 4 台電大樓對面

3.**新北市：**春大地書店 **蘆洲區**中正路 117 號

4.**桃園市：**御書堂 **龍潭區**中正路 123 號

5.**新竹市：**大學書局 **東區**建功路 10 號

6.**台中市：**瑞成書局 **東區**雙十路 1 段 4 之 33 號

佛教詠春書局 **南屯區**永春東路 884 號

文春書店 **霧峰區**中正路 1087 號

7.**彰化市：**心泉佛教文化中心 南瑤路 286 號

8.**高雄市：**政大書城 **前鎮區**中華五路 789 號 2 樓（高雄夢時代店）

明儀書局 **三民區**明福街 2 號

青年書局 **苓雅區**青年一路 141 號

9.**台東市：**東普佛教文物流通處 博愛路 282 號

10.**其餘鄉鎮市經銷書局：**請電詢總經銷**聯合**公司。

11.**大陸地區請洽：**

香港：樂文書店

銅鑼灣店 :香港銅鑼灣駱克道 506 號 2 樓

電話 : (852) 2881 1150 email: luckwinbs@gmail.com

廈門：廈門外圖臺灣書店有限公司

地址：廈門市思明區湖濱南路809 號 廈門外圖書城3 樓 郵編：361004

電話：0592-5061658（臺灣地區請撥打 86-592-5061658）

E-mail：JKB118＠188.COM

12.**美國：世界日報圖書部：**紐約圖書部 電話 7187468889#6262

洛杉磯圖書部 電話 3232616972#202

13.**國內外地區網路購書：**

正智出版社 書香園地 http://books.enlighten.org.tw/

（書籍簡介、經銷書局可直接聯結下列網路書局購書）

三民 網路書局 http://www.sanmin.com.tw

誠品 網路書局 http://www.eslitebooks.com

博客來 網路書局 http://www.books.com.tw

金石堂 網路書局 http://www.kingstone.com.tw

聯合 網路書局 http:// www.nh.com.tw

附註：1.請儘量向各經銷書局購買：郵政劃撥需要八天才能寄到（本公司在您劃撥後第四天才能接到劃撥單，次日寄出後第二天您才能收到書籍，此六天中可能會遇到週休二日，是故共需八天才能收到書籍）若想要早日收到書籍者，請劃撥完畢後，將劃撥收據貼在紙上，旁邊寫上您的姓名、住址、郵區、電話、買書詳細內容，直接傳真到本公司 02-28344822，並來電 02-28316727、28327495 確認是否已收到您的傳真，即可提前收到書籍。 2.因台灣每月皆有五十餘種宗教類書籍上架，書局書架空間有限，故唯有新書方有機會上架，通常每次只能有一本新書上架；本公司出版新書，大多上架不久便已售出，若書局未再叫貨補充者，書架上即無新書陳列，則請直接向書局櫃台訂購。 3.若書局不便代購時，可於晚上共修時間向正覺同修會各共修處請購（共修時間及地點，詳閱**共修現況表**。每年例行年假期間請勿前往請書，年假期間請見共修現況表）。 4.郵購：郵政劃撥帳號 19068241。 5.正覺同修會會員購書都以八折計價（戶籍台北市者為一般會員，外縣市為護持會員）都可獲得優待，欲一次購買全部書籍者，可以考慮入會，節省書費。入會費一千元（第一年初加入時才需要繳），年費二千元。**6.尚未出版之書籍，請勿預先郵寄書款與本公司，謝謝您！** 7.若欲一次購齊本公司書籍，或同時取得正覺同修會贈閱之全部書籍者，請於正覺同修會共修時間，親到各共修處請購及索取；**台北市讀者**請洽：103 台北市承德路三段 267 號 10 樓（捷運淡水線 圓山站旁）請書時間：週一至週五為 18.00~21.00，第一、三、五週週六為 10.00~21.00，雙週之週六為 10.00~18.00 請購處專線電話：25957295-分機 14（於請書時間方有人接聽）。

敬告大陸讀者：

大陸讀者購書、索書捷徑（尚未在大陸出版的書籍，以下二個途徑都可以購得，電子書另包括結緣書籍）：

1.廈門外國圖書公司：廈門市思明區湖濱南路 809 號 廈門外圖書城 3F
郵編：361004　　電話：0592-5061658　　網址：http://www.xibc.com.cn/

2.電子書：正智出版社有限公司及正覺同修會在台灣印行的各種局版書、結緣書，已有『**正覺電子書**』陸續上線中，提供讀者於手機、平板電腦上購書、下載、閱讀正智出版社、正覺同修會及正覺教育基金會所出版之電子書，詳細訊息敬請參閱『正覺電子書』專頁：http://books.enlighten.org.tw/ebook

關於平實導師的書訊，請上網查閱：

成佛之道　http://www.a202.idv.tw
正智出版社 書香園地　http://books.enlighten.org.tw/

中國網採訪佛教正覺同修會、正覺教育基金會訊息：

http://foundation.enlighten.org.tw/newsflash/20150817_1

http://video.enlighten.org.tw/zh-CN/visit_category/visit10

★ 正智出版社有限公司售書之稅後盈餘，全部捐助財團法人正覺寺籌備處、佛教正覺同修會、正覺教育基金會，供作弘法及購建道場之用；懇請諸方大德支持，功德無量。

★ 聲　明 ★

本社於 2015/01/01 開始調整本目錄中部分書籍之售價，以因應各項成本的持續增加。

＊喇嘛教修外道雙身法、墮識陰境界，非佛教＊

＊弘揚如來藏他空見的覺囊派才是真正藏傳佛教＊

售後服務—換書啓事（免附回郵）　2017/12/05

《楞伽經詳解》第三輯初版免費調換新書啓事：茲因 平實導師弘法早期尚未回復往世全部證量，有些法義接受他人的說法，寫書當時並未察覺而有二處（同一種法義）跟著誤說，如今發現已將之修正。茲爲顧及讀者權益，已開始免費調換新書；敬請所有讀者將以前所購第三輯（不論第幾刷），攜回或寄回本公司免費換新；郵寄者之回郵由本公司負擔，不需寄來郵票。因此而造成讀者閱讀、以及換書的不便，在此向所有讀者致上萬分的歉意，祈請讀者大眾見諒！

《楞嚴經講記》第 14 輯初版首刷本免費調換新書啓事：本講記第 14 輯出版前因 平實導師諸事繁忙，未將之重新閱讀而只改正校對時發現的錯別字，故未能發覺十年前所說法義有部分錯誤，於第 15 輯付印前重閱時才發覺第 14 輯中有部分錯誤尚未改正。今已重新審閱修改並已重印完成，煩請所有讀者將以前所購第 14 輯初版首刷本，寄回本公司免費換新（初版二刷本無錯誤），本公司將於寄回新書時同時附上您寄書來換新時的郵資，並在此向所有讀者致上最誠懇的歉意。

《心經密意》初版書免費調換二版新書啓事：本書係演講錄音整理成書，講時因時間所限，省略部分段落未講。後於再版時補寫增加 13 頁，維持原價流通之。茲爲顧及初版讀者權益，自 2003/9/30 開始免費調換新書，原有初版一刷、二刷書籍，皆可寄來本公司換書。

《宗門法眼》已經增寫改版爲 464 頁新書，2008 年 6 月中旬出版。讀者原有初版之第一刷、第二刷書本，都可以寄回本公司免費調換改版新書。改版後之公案及錯悟事例維持不變，但將內容加以增說，較改版前更具有廣度與深度，將更能助益讀者參究實相。

換書者**免附回郵**，亦無截止期限；舊書請寄：111 台北郵政 73-151 號信箱 或 103 台北市承德路三段 267 號 10 樓 正智出版社有限公司。舊書若有塗鴨、殘缺、破損者，仍可換取新書；但缺頁之舊書至少應仍有五分之三頁數，方可換書。所有讀者不必顧念本公司是否有盈餘之問題，都請踴躍寄來換書；本公司成立之目的不是營利，只要能眞實利益學人，即已達到成立及運作之目的。若以郵寄方式換書者，免附回郵；並於寄回新書時，由本公司附上您寄來書籍時耗用的郵資。造成您不便之處，再次致上萬分的歉意。

正智出版社有限公司 啓

國家圖書館出版品預行編目(CIP)資料

佛藏經講義 / 平實導師述著. -- 初版.
-- 臺北市 : 正智, 2019.07 面 ; 公分
ISBN 978-986-97233-8-1(第一輯;平裝)
ISBN 978-986-98038-1-6(第二輯;平裝)
ISBN 978-986-98038-5-4(第三輯;平裝)
ISBN 978-986-98038-8-5(第四輯;平裝)
ISBN 978-986-98038-9-2(第五輯;平裝)
ISBN 978-986-98891-3-1(第六輯;平裝)
ISBN 978-986-98891-5-5(第七輯;平裝)
ISBN 978-986-98891-9-3(第八輯;平裝)
ISBN 978-986-99558-0-5(第九輯;平裝)
ISBN 978-986-99558-3-6(第十輯;平裝)
ISBN 978-986-99558-5-0(第十一輯;平裝)
ISBN 978-986-99558-6-7(第十二輯;平裝)
ISBN 978-986-99558-9-8(第十三輯;平裝)
ISBN 978-986-06961-2-7(第十四輯;平裝)
ISBN 978-986-06961-3-4(第十五輯;平裝)
ISBN 978-986-06961-8-9(第十六輯;平裝)
ISBN 978-626-95796-2-4(第十七輯;平裝)
ISBN 978-626-95796-5-5(第十八輯;平裝)
ISBN 978-626-95796-7-9(第十九輯;平裝)
ISBN 978-626-95796-9-3(第二十輯;平裝)
ISBN 978-626-96703-1-4(第二十一輯;平裝)
1. 經集部
221.733 108011014

佛藏經講義——第二十一輯

著 述 者：平實導師
音文轉換：蔡正利 黃昇金
校　　對：章乃鈞 陳介源 孫淑貞 傅素嫻 王美伶
出 版 者：正智出版社有限公司
電話：〇二 28327495 28316727（白天）
傳眞：〇二 28344822
111 台北郵政 73-151 號信箱
郵政劃撥帳號：一九〇六八二四一
正覺講堂：總機〇二 25957295（**夜間**）
總 經 銷：聯合發行股份有限公司
231 新北市新店區寶橋路 235 巷 6 弄 6 號 4 樓
電話：〇二 29178022（代表號）
傳眞：〇二 29156275
初版首刷：二〇二二年十一月三十日 二千冊
定　　價：三〇〇元